刘伯根，安徽桐城人，1962 年出生。1983年起从事编辑出版工作，历任中国大百科全书出版社编辑部主任、总编室主任、副总编辑，中国出版集团秘书长，2004 年起任中国出版集团公司党组成员、副总裁至今。编审职称。

全国出版专业学位研究生教育指导委员会委员，中国出版协会常务理事，北京出版产业与文化研究基地学术委员会委员。国务院政府特殊津贴获得者，全国先进工作者，韬奋出版奖获得者，全国优秀中青年编辑，全国宣传文化系统"四个一批"人才，全国新闻出版行业领军人才，中共十六大代表。

著有《出版集团战略投资论》《编辑出版论谭》，合著有《健康学》，译有《质量铄金》。曾发表论文 90 余篇。

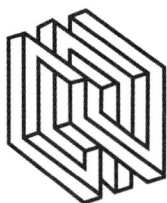

出版行思录

《出版行思录》反映了刘伯根 30 多年来对出版产业的所思、所感、所历、所为，计 8 卷、196 万字。本书体现了作者在学术研究上秉持的慎思明辨之风，展现了作者在出版实践上坚守的求真求新之路，内容丰富、立论精当、资料翔实。本书以出版人的视角全方位地展示了 30 多年来我国出版产业的发展变迁，具有重要的史料价值和理论价值。

　　杨牧之先生为本书作序。

出版
行思录

刘伯根 著

人民出版社

责 任 编 辑：张双子
特约责任编辑：岑 红
编 辑：王春霞
责 任 校 对：魏 星 刘 青 苏小昭 吴容华
装 帧 设 计：罗 洪

图书在版编目（CIP）数据

出版行思录 / 刘伯根著 . — 北京：人民出版社，2019.9

ISBN 978-7-01-021135-0

Ⅰ . ①出… Ⅱ . ①刘… Ⅲ . ①出版业—产业发展—研究—中国
Ⅳ . ① G239.2

中国版本图书馆 CIP 数据核字（2019）第 172694 号

出版行思录

Practice and Reflection on Publishing

刘伯根 著

人 民 出 版 社 出版发行

（100706 北京市东城区隆福寺街 99 号）

北京飞达印刷有限责任公司印刷 新华书店经销

2019 年 9 月第 1 版 2019 年 9 月北京第 1 次印刷
开本：710 毫米 × 1000 毫米 1/16 印张：185.25
字数：1960 千字

ISBN 978-7-01-021135-0 定价：580.00 元（全八卷）

邮购地址 100706 北京市东城区隆福寺街 99 号
人民东方图书销售中心 电话（010）65250042 65289539

总序：出版事业的追求者

杨德炎

一

　　读完伯根同志的《出版行思录》，我首先想到的是他的两个特点。第一，他确实是个追求事业的人，干什么事都讲求个快，讲求效率。但他又不是毛毛糙糙的人。他思考问题，十分细密，有多少种可能，每种可能是什么原因、什么背景，采取什么对策，上下左右，周周到到。所以，工作中我有事常爱找他商量，听听他的意见。第二，他是一个追求完美的人。他的家、他的办公室，连他的手机，都"管理"得井井有条，令人惊叹。有一次他生病，我去他家看望。他家房间不大，但窗明几净，每一个空间都利用起来，又不显拥挤。本以为是他夫人之功，夫人说，我哪有这本事啊！他工作中联络的朋友数千名，他的手机设置科学讲究，找哪个人一查便查到。我想，这种严谨、细密的作风，是不是他做百科全书编辑培养出来的？1983 年，21 岁，他大学一毕业，便进入中国大百科全书出版社，由编辑、编辑部副主任、编辑部主任、副总编辑，副编审、编审，一路走下来，编辑工作的职责、修养，出好书的使命感，让他养成追求完美的性格。他是安徽桐城人，那里出了很多大学问家，桐城派成为文学史上一大美谈，伯根沐浴熏陶其中，受益颇多吧？

我认识他很偶然。2001年，中宣部、新闻出版总署策划成立中国出版集团，有同志说，中国大百科全书出版社刚刚采取竞争上岗的形式，提拔了一位年轻的副总编辑，只有39岁，很能干。我听了后很感兴趣。集团领导班子有五十岁上下的，有六十岁上下的，再有四十岁上下的，岂不是梯次分明，接班有序吗？大家讨论之后，派人去考察。2001年年底，伯根便进入中国出版集团筹备工作领导小组。集团成立后，先做秘书长，后做副总裁。可以说，少负重任，雄姿英发。

伯根同志在集团工作的17年，前5年，我们是一个班子的成员，后来，我去编辑"中国大百科全书"第三版。编辑大百科全书又是伯根的基本功、入出版行业的第一项工作，我常常与他讨论关于百科全书的事，他对我帮助很大。他著作论文颇丰，这我早就知道。但今天他一下子拿出这样一套大书，却让我钦佩不已。

二

纵览《出版行思录》8大卷196万字的记述，正是他一步一个图景的具体画卷，一个思考接一个思考的鲜活记录。从具体的编辑工作研讨、编辑经验的论述，到出版改革和出版管理的宏观思考；从出版信息化、数字化新趋势的追索，到建设国际化企业、中国文化走向世界的具体实践和论述，等等，真是"岁月留痕""改革制胜""本立道生""国际视野"，展现了一个现代出版家的思考和追求。

伯根同志从事出版工作35年。在这35年中，他先后任职三个工作单位，即中国大百科全书出版社、中国出版集团公司、中国图书进出口（集团）总公司，其中在中图公司虽然时间只有两年多，但他兼任总经理，担子不轻。在这35年，他和大家一样，经历了出版体制的三个变化，即事业单位体制、事业单位企业管理体制、企业体制；经历了文化产业发展的三个阶段，即供给不足需要多出产品时期、引入市场机制争做出版大国时期、参与国际竞争争做出版强国时期。这样一个急剧变化、多姿多彩的时期，给他提供了舞台，提供了机会，向他提出了挑战，他探索、苦恼、艰难、劳累，但无疑这是他的幸运，在这35年的长途中，他也收获了许多快乐。

先说伯根同志在中国大百科全书出版社工作的18年。这18年，他在"百科"这所没有围墙的大学里，编纂百科、策划图书，参与市场化探索，参与出版企业管理。用他自己的话说，"在思想深处和行为规范上，都深深烙下了'百科'的印痕"，这个印痕就是：知无涯、行有品的人生追求，较真、执着的职业精神，严谨、精细的工作作风。

伯根同志先是做《中国大百科全书（第一版）》之《机械工程》卷的学科编辑，后来又和其他同志一起做《轻工》卷的责任编辑。

在大百科第一版接近完成的时候，他先后担任《中国大百科全书（简明版）》《简明中华百科全书》等大型综合性百科全书的主任编辑和责任编辑。在这个过程中，他向许多造诣深厚的专家学者和资深编辑学习，长了见识，开了眼界，积累了扎实的编辑经验，这些经历使他成为一个懂出版、会出版，不断创新推出优秀出版物的资深编辑。这是他后来参与构建国家知识体系、丰富发展百科全书和辞书的编辑体例（编辑规范）的储备阶段。

不久，伯根同志顺应出版业的趋势，积极开拓音像、电子出版物，组建电子音像部并兼任主任，先后策划、组织出版了《中华百科全书 CD-ROM》《中国大百科全书·简明版 CD-ROM》《中国大百科全书图文数据光盘》《步步高多媒体专用系列软件》《中国上市公司基本分析 CD-ROM》等一系列双效良好的电子、音像出版物。

在出版社工作期间，伯根同志先后 10 次获得中国图书奖、中国辞书奖、全国优秀畅销书奖、国家电子出版物奖等国家级出版奖励；他 37 岁获编审职称，39 岁获国务院政府特殊津贴并担任副总编辑；他还先后获得全国优秀中青年编辑、全国先进工作者等称号，获韬奋出版奖等。这是一份很体面、很完美的履历。

三

2002 年伯根同志虽然到中国出版集团仅仅只有一年，就光荣地当选为党的十六大代表。可以说，这是党组织和集团群众对他前 20 年工作的认可，也是对他筹办集团工作的赞许。伯根同志带着这份光荣，也是一项使命，开始了建立、开拓和创新国有大型出版企业的事业。

2002 年 4 月 9 日，中国出版集团成立后，伯根同志先是担任集团秘书长，不久，担任集团公司党组成员、副总裁。伯根同志从一个编辑、副编审、编审到副总编辑，成长为一个国有大型出版集团的领导成员。

中国出版集团的成立是时代的要求。国际上文化产业的建设、发展风起云涌。当代中国正在新的历史起点上向新的目标迈进。文化在建设中国特色社会主义事业中、在国际竞争中的地位日益凸显。党中央在《关于制定国民经济和社会发展第十个五年计划的建议》中，适时地提出了"文化产业"的概念，要求完善文化产业政策，加强文化市场建设和管理，推动文化产业发展。"文化产业"概念的提出，对于文化体制改革具有决定性的意义，标志着我国对文化产业的地位的认可和重视。中央领导还具体指出，"要推进文化产业结构调整，鼓励有实力的文化企业跨地域、跨行业经营和重组，提高文化产业规模化、集约化、专业化水平。要推进文化和科技融合，提高文化企业装备水平和科技含量，培育新的文化业态。要鼓励和引导文化企业面向资本市场融资，促进金融资本、社会资本和文化资源的对接"。这些精辟的论述，为我国文化产业的未来道路、发展方式指明了方向，一场文化体制改革的风暴到来了。

　　我在这里之所以引述这样一大段大家熟知并奉为圭臬的文字，是因为中国出版集团正是在这场改革风暴中诞生的，正是循着这样一条道路前进的，而伯根同志在他的《出版行思录》中，对其中的风风雨雨、艰难奋斗，都有体现，都有论述，都有实践的总结。

　　在他有关出版改革的论文中，有如下五点给我印象深刻。文中提到的有些我经历过，也实践过，有些是后来的同志干得更好，更有成绩，让我引为骄傲的。

　　第一，伯根同志在出版集团建立的经验中总结道：集团要规模化、集约化、专业化，培养集团的新业态，首先是集团几十家本来各自为政的单位的自我整合。特别是集团中的老字号：百年老店商务、中华、荣宝斋，古稀名店三联、人民文学、人民美术、人民音乐，以及百科、中译公司，个个响当当，羽翼丰满，名满中华，要从情感上认同集团、融入集团，而不仅仅是量的叠加，才能真正成为一只大船，一艘航空母舰，形成一支市场竞争中的巨大力量。而认同和融合又谈何容易。

　　书中记述了中国出版集团成立之初在整合和重组方面做的巨大努力。比如开设"香山论坛"，立足于集团本身，又邀集全国出版改革先进单位、名编大家，共同研讨出版改革之路，图书选题创新之关键，提高质量、打造重大工程的方方面面。看似一场讨论会，客观上中国出版集团无形中成为一个改革研讨中心。目的是为了整合。编辑大型系列丛书《中国文库》，把集团二十余家出版社几十年出版的优秀作品遴选出来，又邀集全国的近百家出版社把精品图书选送过来，先后出版5辑，500多种，产生了巨大影响。中国出版集团无形中成为一个打造精品的中心。目的是为了整合。"读者大会"，中国出版集团在每次书博会期间安排举行，邀请全国的作者、读者、出版者和编辑代表，共同畅谈读书和读者对书的要求。中国出版集团无形中成为一个号召和引导读好书、出好书的中心。目的也是为了整合。

整合的结果既增强了这个新生集团的凝聚力，也增强了中国出版集团成员的自豪感，而且在全国出版业中起到了中央领导期望的带头和表率作用。

第二，在"产业观察"卷中，伯根同志在多篇文章中所谈的另一重点是集团成立后，国有资产所有权和经营权问题。出版单位企业化，出版企业集团化，在全国、在当时是新事物，所以要试点。作为试点单位之一，中国出版集团率先推动了所有权和经营权分离的改革，推动国务院授权中版集团经营所属成员单位的国有资产。以此为先声，各省、各部门出版集团、出版企业的政府授权经营工作渐次展开。

在这个探索整合的过程中，集团公司管什么？成员单位管什么？集团早期建立的两级法人、分级管理体制，是适合中国出版集团实际的，至今仍在发挥基本作用。

集团：管人、管资产，定规划、目标、任务。

成员单位：管事、管生产，主要是经营中心、利润中心。

在这中间，首要的，不论是哪一层级都要坚持社会效益第一，坚持服务大局。坚持集约化与专业化分工相结合；坚持行业领先，发挥示范、带头和表率作用。

第三，关于"走出去"，讲好中国故事，传播好中国声音，伯根同志有多篇论述。他说，早在2004年，中国出版集团即组建对外合作部，提出"两翼齐飞"的思路，统筹海内外资源，开展国际合作，开辟走出去渠道。近年来，伯根同志又提出"开启海外连锁经营""加快社科类图书对外翻译出版""建设国际化集团""从让世界了解中国到让世界适应中国"等重要观点，对中国出版集团走向世界，让中国出版的图书适应世界读者，意义重大。

第四，重视数字化出版，紧跟时代脚步。伯根同志在1996年就筹办中国大百科全书出版社电子音像部，后来又筹建了北京大百科电子有限公司。在集团成立初期，首批组建的信息技术部就由他负责，组建了"中版通"公司，开展管理信息化、数字化建设。在他分管集团信息化、数字化建设时期，组建了集团信息管理平台和网站，论证了集团信息化、数字化建设项目，为集团的信息化、数字化建设打下了基础。因为有这些具体实践，伯根同志对于信息化、数字化建设，提出了很多颇具创新价值的见解。他曾介绍"国际数字内容传播渠道的合作与共生"，论述"数字出版业态的变、不变与应变"，提出"融合创新，携手打造数字新阅读"，可以说，伯根同志是数字时代的积极推动者和创新者。

第五，伯根同志重视党的建设。他认为唯有如此，集团才能有核心，才能尽快推动集团发展。作为中国出版集团党组成员、中国出版集团机关党委书记，他强调要"永葆共产党人的先进性"，认为此点是根本，"本立而道生"。他在《出版行思录》中有20多篇文章论述这个道理，一再强调"出版要以导向正确为前提"，"营造风清气正的发展氛围"，"认真践行'三严三实'"，"抓好党建纪检，增强活力和动力"，"不忘初心，坚守信仰"。

四

在2012年3月至2014年7月，根据集团党组决定，伯根同志兼任中国图书进出口（集团）总公司总经理。这期间，伯根同志同中图广大职工一起，应对重大挑战，推动转型发展，使得中图公司的发展上了大台阶、管理达到新水准。

中图公司是中国出版集团最大的成员单位，中图公司所从事的出版物进出口业务与出版业务、艺术品经营业务一起，构成了出版集团三大主体业务。但在当时，受到数字化、国际化、市场化冲击，中图公司面临传统进口业务下滑、出口业务亏损、数字产品进出口行业的龙头地位受到威胁的巨大困难，部分职工甚至有的领导班子成员都感到前景暗淡。

就任中图总公司总经理后，伯根同志面对挑战，通过广泛调研，集中大家智慧，主持制定了"56119"改革发展思路，为中图的数字化转型发展提供了思想共识；加强体制机制建设，提出各种形式的激励措施，实施"干部梯队建设计划""员工成长计划""员工收入增长计划",为加快转型发展提供了制度保障;加强资源融合、推进业务重组、调整机构设置,开展中层干部竞聘上岗,为加快转型发展提供了干部准备;采取有力措施,保障进口产品和重大国际会展的文化安全,为加快转型发展提供了文化安全保障。在两年多的时间里,中图公司的销售收入由23亿元增加到43亿元,利润由6400万元增加到9200万元,收入占出版集团的45%,增长幅度和贡献率在出版集团居于领先地位,中图公司也因此获得第三届中国出版政府奖先进单位奖。在较短的时间里,中图公司改变了业务下滑、人心不稳的局面,取得了较快较大的发展,初步建成数字化、多样化、专业化、规模化、国际化的,跨国经营的全媒体信息服务企业。

这两年多的基层一线工作实践,给伯根同志很大锻炼。从集团领导层下去,带着集团党组的发展思路,带着集约化、数字化、国际化的经营发展方针,和中图公司广大员工共同实践、探索改革路径,突破面临的困境,取得很多第一手经验,再从下面带着基层经验和问题上来,用来指导整个集团面上工作,说话、办事更有底气,更有把握和信心。我想,这种从上到下、从下到上,每天不光固定在一个环境,不光天天面对同样一群面孔,不光面对同样一些工作和问题,生动、活泼、刺激和多变的环境,也许是伯根同志快速成长,抑或人才成长的途径或捷径吧?这种做法,不仅是应对一时困难的临时之举,也应该成为培养干部、锻炼干部的一种长远措施。

五

书中内容几乎涉及了出版业的方方面面，我不再一一列举。写到这里，我突然意识到，伯根同志这 17 年的中国出版集团经历，还有 18 年的编辑生涯，他的追求完美，他的深思熟虑，其实是在纷繁复杂、剧烈变革的时期，是在千帆竞发、百舸争流的改革大潮中，探索着规律，总结着规律。这个探索和总结，找出规律性的东西供大家去参考、去借鉴，也许就是这部 8 卷本大书的一个贡献吧？

中国出版集团成立 17 年来，取得了令人瞩目的成果，进展巨大：

中国出版集团品牌影响力提升了，获得国家级奖励的数量和频率继续领先。经典作品成百上千，但更为重要的是，中国出版集团的图书代表了"国家出版品质"，集团以构建代表"国家标准"的国家知识体系为目标，形成了一系列知识体系。诸如：国家语言工具书知识体系、国家百科知识体系、国家古籍整理知识体系、国家文学艺术知识体系，为中国出版业作出了重大贡献，显示了"国家队"水平。

中国出版集团体量增大了，从 2002 年到 2017 年，资产总额从 49 亿元增长到 205 亿元，增加了 3.2 倍；净资产由 23 亿元增长到 124 亿元，增加了 4.4 倍；营业收入由 31 亿元增长到 119 亿元，增加了 2.9 倍；利润由 1.74 亿元增长到 8.82 亿元，增加了 4.1 倍。

"走出去"，版权输出全国第一。动销品种的市场占有率达到

7%，全国第一。

成果显著，硕果累累。

伯根同志的《出版行思录》正是从这些数据出发，以这些数据为背景，因此他的文章才显得真实、厚重和有价值。

伯根同志的每一篇文章，始终都贯穿着一种精神，即中央对中国出版集团"建设国际一流出版传媒企业"的要求。

"国际一流"，这是对中国出版集团的一个高标准要求，当然也是一个巨大的激励。我体会"建设国际一流出版传媒企业"，至少有两个要点：第一，中国出版集团是国家队，就要在国家文化出版改革和发展中起到带头、表率、引领、示范的作用，在出版物中，体现国家意志，反映国家关于文化体制改革的要求，为文化发展、繁荣作出突出的、重要贡献。第二，既是国家队，就要能够代表国家，参与国际竞争，并在国际上占有较为突出的一席之地。简要地说，一是多出优秀的、代表国家水平的图书，二是成为国际上著名的大出版集团。这两点我们做到了吗？

回顾中国出版集团 17 年成长之路，回顾中国改革开放 40 个春秋，颇多感慨。正如伯根同志在 2011 年 10 月的一篇文章中所说："中国出版业任重道远，士不可以不弘毅。"好在伯根同志正年轻。好在伯根同志和他的战友们目标更明确，办法更妥当，步伐更坚定。中国出版集团一定会有更多优秀图书问世并长留读者间。

2018 年 11 月 25 日

01

出版
行思录

刘伯根 著

产业观察

人民出版社

◇ 本卷说明 ◇

　　主要收录作者 2002 年至 2017 年的论文、报告、讲话等，计 36 篇。内容涉及对出版产业的观察与思考，宏观的如文化软实力、出版规划、产业趋势，微观的如集团管理、出版社管理、企业经营。从中，我们可以看到出版单位企业化、出版企业集团化的发展脉络。

目 录

中国出版业飞速发展的十三年★

改革开放以来，特别是 1989 年党的十三届四中全会以来，我国的各项事业都取得了巨大成就。经济上，我国的经济总量已位居世界第六位，物质产品极大丰富，人民生活水平极大提高，"中国制造"的产品遍及全球；政治上，我国社会稳定，民族团结，在国际事务中发挥着越来越重要的作用；文化上，我国的教育、科学、文学艺术、新闻出版、广播电视、卫生、体育事业发展迅速，人民思想道德素质和科学文化素质明显提高，文化生活空前丰富。可以说，我国不仅是一个经济、政治大国，也是一个气度恢宏、绚丽多彩的文化大国。

作为一名出版工作者，对出版事业的迅速发展尤其深有感触。

1. 出版法制建设成效显著

我 1983 年 8 月从事出版工作时，主要只有一个《关于加强出版工作的决定》（1983 年 6 月，中共中央、国务院）。现在执行

★ 此文撰于中共十六大召开前夕的 2002 年 11 月 4 日。

的出版法规和相关法规多数是在十三届四中全会以后制定的，比较重要的有一法、五条例、五规、两办法：《著作权法》；《著作权法实施条例》《出版管理条例》《印刷业管理条例》《音像制品管理条例》《计算机软件保护条例》；《电子出版物管理规定》《图书质量管理规定》《关于严格禁止买卖书号、刊号、版号等问题的若干规定》《互联网出版管理暂行规定》《设立外商投资印刷企业暂行规定》；《图书、期刊、音像制品、电子出版物重大选题备案办法》《计算机软件著作权登记办法》。

2. 出版改革不断深化

十一届三中全会后，重新确定了出版方针、性质、功能和任务，不断改进出版管理，迎来了出版市场竞争发展的新时代。

十三届四中全会后，强化了管理，健全了规范，促进了出版事业的理性发展和繁荣。

十五大后，新闻出版业以推进集团化建设为突破口进行产业结构调整。进入 21 世纪，中办、国办 17 号、16 号文件等一系列文件先后出台，要求新闻出版广播影视业，面对新形势，抓住新机遇，深化改革，加快发展。出版改革跃升到新的阶段。

新一轮改革，对必须坚持的指导思想、方针原则、总体要求、基本格局，对集团化建设、跨地区经营、拓宽融资渠道、改革中小学教材出版发行体制、改革出版单位内部机制、实施"走出去"战略等，都有明确要求。

新一轮改革已取得明显进展。至 2002 年 10 月，经中宣部、新闻出版总署正式批准组建的集团已有 51 家：出版集团 7 家，发行集团 5 家，期刊集团 1 家，报业集团 38 家。正待批准成立的出版集团还有 4 家。此外，已建立较大规模的连续经营总部 12 家，各连锁店 4000 多家，大型物流配送中心 8 家。

3. 出版规模日益壮大，品种日益丰富

据统计，到 2001 年底，中国有史以来共出版图书 260.4 万种（不含台湾、香港地区）。其中，辛亥革命前出版 18 万种；辛亥革命至 1949 年出版 10 万种；1950～1989 年出版 95 万种（年均 2.44 万种）；十三届四中全会后，发展速度加快，1990～2001 年出版 137.4 万种（年均 11.45 万种，1990 年 8 万种，2001 年 15.4 万种，年增长 8.4%）。年出版种数从 20 世纪 90 年代初的 10 万种上下跃升到现在的 15 万种上下，上了一个大台阶（还是在总量控制的前提下）。

2001 年出版期刊 8889 种，较 1978 年的 930 种增长 8.56 倍；报纸 2111 种，较 1978 年的 186 种增长 10.35 倍；音像 2.1 万种；电子出版物 2396 种。其中多媒体出版发展尤其迅速，1997 年时才有电子出版物几十种。

2001 年有出版社 562 家（其中副牌 37 家）；音像出版单位 294 家（音像社 209 家，图书社的音像部门 85 家）；电子出版单位 85 家（2000 年，电子社 17 家，图书社软件企业出版权 68 家）；各类印刷企业 15 万家（其中全国、省两级定点企业 1160 家）；光盘复制单位 61 家，生产线 154 条（2000 年）；图书发行网点 7.4

万处；新闻出版从业人员 300 余万人。

出版业已形成纸、磁、电、光媒体协调发展，编、印、复、发相互配套，较为完整的产业体系。

4. 出版效益不断提高

①出版物的社会效益明显提高。

2001 年出版新图书 15.4 万种，其中新书 9.1 万种，再版、重印 6.3 万种，再版、重印率 41%；期刊中，期发行量百万册以上的达 27 种；报纸、音像制品整体实力也明显增强。

十三届四中全会以来，特别是十五大以来实施的"精品战略"取得明显成效，在国家图书奖、五个一工程一本好书奖、国家期刊奖、国家音像制品奖、国家电子出版物奖等评选中，涌现了一大批优秀代表作。以《中国大百科全书》《中国美术全集》《辞海》《辞源》《汉语大字典》《汉语大词典》《中国军事百科全书》《中国农业百科全书》《当代中国丛书》等精品图书为标志的一大批优秀出版物，对于总结、传播科学文化知识，满足人民日益增长的文化需求，促进社会进步和发展，起到了巨大的推动作用。

②出版的经济效益也取得快速增长。

2001 年全国出版系统（不含报纸）实现销售收入 694 亿元，其中图书销售收入 408 亿元，同比增长 8.4%，销售量 70 亿册。出版系统利润 53 亿元。

我国已成为名副其实的出版大国。据伦敦"欧洲监测"机构发表的《世界图书报告》预测，2001 年，全球图书销售总额 800

亿美元，中国是世界十大图书市场之一。

5. 对外开放程度不断提高

1992 年 10 月 15 日和 10 月 30 日，中国分别成为《保护文学和艺术作品伯尔尼公约》和《世界版权公约》成员国。1993 年 4 月 30 日，中国成为《保护录音制品作者防止未经许可复制其录音制品公约》的成员国。随着中国融入国际版权体系和国内一系列出版法规的制定和完善，出版业的对外开放程度不断提高，版权贸易迅速增长。

加入 WTO 前后，我国颁布了新修订的《著作权法》，使我国对著作权人的保护水平与《与贸易有关的知识产权协定》（《TRIPs 协定》）的规定基本一致。"一法"外，"五条例"也作了相应修订。

近年，先后出台了 17 号文件、16 号文件以及配套的出版集团、报业集团、发行集团组建基本条件和审批程序，以及《设立外商投资印刷企业暂行规定》，即将出台《外资从事图书、报纸、期刊分销服务的暂行规定》。这些措施，对于改进我国出版业体制、机制和经营管理水平，拓宽融资渠道，提高对外开放程度，建立开放竞争的面向国际的出版大市场提供了法制基础。

我国政府正履行加入 WTO 后对出版物准入问题所作的承诺：三年内逐步开放出版物分销服务，第三年允许外资从事出版物批发经营业务。在内资开放方面，也制定了一些相关政策。

6. 出版市场有所净化

1994 年提出"一手抓繁荣，一手抓管理"以来，一手抓出版的品种、规模、效益，抓评奖、抓质量；一手抓整治买卖书号、违规出版，抓打击盗版、非法、黄色出版物，出版市场得到净化。

7. 出版队伍建设不断规范

随着出版业作为朝阳产业的迅速崛起，近年来，一大批优秀人才加入到出版队伍中，出版从业人员素质不断提高。2002 年 9 月，我国首次实行出版从业人员职业资格考试，标志着我国出版专业也和会计、律师等专业一样，建立起了专业技术人员职业资格制度。这一举措，对于加强出版队伍建设，提高队伍素质，建立从业规范，保证多出好作品、多出精品，推进先进文化建设提供了坚实的组织和人才保证。

8. 出版技术手段不断进步

十三届四中全会以来，我国的出版技术手段发生了革命性的变化。

出版技术的迅速进步，极大地促进了出版业的发展，同时也对出版管理和规范运作提出了新的更高的要求。

展望十六大以后的中国出版业，将是一个更加辉煌灿烂的明天！

好风生作推移力　出版巨舰破浪行★
——观中国出版集团改革发展走势

　　一年之计在于春。在全国人民深入贯彻十六大精神、庆祝"两会"胜利闭幕的氛围中，中国出版集团迎来了自己一周岁生日。中国出版集团于 2003 年 2 月 26 日至 27 日召开了年度工作会议，就贯彻十六大精神和开展集团今后一个时期的工作做出了部署。集团必须深化改革，加快发展，尽快由物理变化过渡到化学变化，尽快地做强做大。为此，集团及时调整发展战略，加快了以资产为纽带、以集约经营为核心的发展步伐。

　　中国出版集团确定 2003 年的工作重点是"整合资源、调整结构、重组业务"，基本实现化学变化，形成集团一体，并为下一步"积累资本、规模经营、跨越发展"打好基础。集团决定加大改革力度，提高创新能力，积极参与市场竞争，用改革的办法、市场的办法解决困难和矛盾，求得突破和跨越式发展。

★　此文撰于 2003 年 3 月。

2003 年，中国出版集团将按照现代企业制度的要求，从七个方面入手加强管理：一是组织制订集团的长期发展规划，协调成员单位的发展计划，实现集团内集约经营、分工协作、整体发展；二是指导成员单位的重大生产经营活动，审核、调整集团内的重大投资和重点项目，确立集团法人治理结构；三是监控成员单位的经济运行，确保国有资产的保值增值；四是对成员单位领导班子，特别是主要负责人进行目标考核和奖惩，建立任期目标责任制；五是积极争取国家有关政策，合理安排和监管文化发展专项资金的使用；六是整合集团内现有出版资源，实现资源的合理配置，努力提高生产力和生产效益；七是整合各单位信息资源，构建集团业务信息平台，提升信息交换水平，促进以信息流为基础的多种生产要素的流通。

与此同时，集团进一步明确了 2003 年的工作重点：一是继续做好统一思想工作，不断强化集团意识，牢固树立发展观念、创新观念和效益观念，努力增强凝聚力、战斗力和创造力；二是认真分析社会发展形势和出版形势，从十六大提出的时代要求和集团实际出发，按照发展是第一要务的原则，尽快制订出操作性强、实现度高、振奋人心而又切实可行的长期发展规划；三是积极开展集约经营，建立和完善集团法人治理结构，在集团平台上实现化学反应，实现整体发展；四是加强集团机关内部特别是党组的思想建设，不断提高开拓创新、奋发有为、清正廉洁的意识。

过去的一年，中国出版集团分期分批调整充实了成员单位领导班子，完善了人事统一调配机制；制定了财务负责人委派制实施方案，以财务委派制为中心，加快财务统一管理步伐；开始筹建可供书目数据库、纸张公司等专业化经营公司，迈开了整合资源和集约化经营的步伐。这一系列举措，为未来的改革和发展开了个好头。如今，党和人民对中国出版集团的发展寄予了更多期望，振奋人心的中长期发展目标也让集团上下对事业的发展充满了信心……这一切，犹如阵阵春风，不断吹向中国出版集团这艘出版界的朦胧巨舰。我们会欣喜地看到，好风生作推移力，出版巨舰破浪行！

对我国出版业及中国出版集团改革和发展的一点思考★

一、对我国出版业的一些认识

改革开放以来，我国出版业有了长足的发展，在法制建设、体制改革、品种规模、质量效益、人才素质、技术手段等方面，都取得了令人瞩目的成就，已然成为世界出版大国。

然而，与发达国家相比，我国的出版业还有很大差距。一方面，我国出版的经济总量不大。2003 年，我国图书发行行业纯销售额为 462 亿元，合 56 亿美元，只相当于美国的五分之一。2001 年，世界著名出版集团的销售收入，德国贝塔斯曼集团（仅出版部分）为 85 亿美元，英国培生集团为 62 亿美元，美国麦格劳 - 希尔集团为 46 亿美元，而我们全国出版系统的总销售收入才 84 亿美元，只与某些国际出版集团相当。另一方面，我国出版业的产业化、市场化程度不高。570 家图书出版单位、320 家音像出版单位、

★　此文撰于 2005 年 1 月。

121 家电子出版单位中，未有一家达到国际大型出版集团的水平；6.7 万处图书发行网点，分割于不同的地域市场，全国性的"统一、开放、竞争、有序"的出版大市场远未形成。第三方面，随着出版物销售市场逐渐放开，原有的以国内市场为绝对主体的出版市场必然要被国际同一的出版市场逐渐取代，在国际出版市场的平等竞争当中，我们尚未具备足够的弄潮能力。 第四方面，出版物作为文化产品的消费水平不高。我国人民正在建设全面小康社会。"全面小康"意味着，文化产业对经济总量的影响加大，人民的物质、政治、精神、生态文明程度普遍提高，文化消费在人民的总体消费中占据重要比重。发达国家经验表明，当人均国内生产总值达到 800 美元以上时，文化产业和文化消费将明显增长。但我国目前的情况是，2003 年，全国只有 51.7％的识字国民读书，较 5 年前下降了 8.7％；读杂志的比例，更是较 5 年前下降了一半多。又据统计，目前每个国民一年的读书量，我国是 0.7 本，韩国是 7 本，日本是 40 本。俄罗斯每 20 人拥有一套《普希金全集》，对应地，我国每 4500 人才拥有一套《鲁迅全集》。读书消费固然与国民的文化水平、整体消费水平及获取知识的方式有关，也与图书的内容、定价、销售方式相关。第五方面，我国包括出版物在内的文化产品对整个人类文化的辐射与影响程度还比较薄弱，我国的文化产品特别是出版产品还没有阔步走出国门。作为先进文化的传播者、民族精神的铸造者之一的我国出版业，在积极开拓国际市场、努力弘扬民族精神方面，还有大量工作要做。

就出版企业内部而言，也存在一些矛盾和问题。矛盾主要集中在以下五个方面：第一，图书生产（品种）与销售（册数）的矛盾，1978～2003年，图书品种增加12倍，而销售册数增长不到1倍；第二，销售增长与整体增长的矛盾，图书销售的增长远远低于GDP的增长；第三，定价总额与印张总量的矛盾，图书总定价的增长高于总印张的增长；第四，销售面积和库存总量的矛盾，卖场越来越大，而出版社库存也越来越大；第五，大量退货与回款过慢的问题，退货越来越严重，而回款越来越慢。[1]

以上矛盾突出反映了如下问题：第一，图书品种总量增长过快，国家宏观调控不力；第二，图书产业较之其他产业增长缓慢，市场化、产业化程度不高；第三，图书定价虚高，也是市场化程度不高的表现；第四，大型发行集团成立、转制过程中的清产核资，导致出版社退货的增加；第五，大型发行集团不断推出大型卖场，但社会销售总额增加不大，导致出版社要以大量造货填充超大卖场，但销售总额的不足反而增加了出版社的库存。

针对上述矛盾和问题，政府宜加强宏观调控和管理，主要是图书总品种的总量调控和出版范围的管理；出版业要加快市场化、产业化进程，主要应在体制和机制方面进行改革；出版发行业的

---

[1] 2003年，我国图书的年纯销售额为400多亿元，而库存则超过300亿元，其中中央级的出版社占了一半多。每家出版社积压的资金平均在1000万～3000万元，有的高达上亿元。如果再加上民营渠道和发行渠道内的库存数字，出版物库存至少有500亿～600亿元的规模。有人称，90%的库存图书只能以千克计价。

发展应该百花齐放，不可一刀切，应鼓励大、中、小出版机构并存，而不是一味推崇集团化；出版行政管理部门应充分注意并解决出版业集团化带来的更为严重的地区保护和贸易壁垒问题。每个省都成立出版、发行集团，遍地开花、画地为牢，永远也无法建成统一、开放、竞争、有序的全国大市场。

二、对中国出版集团改革和发展的一点思考

中国出版集团公司的改革和发展，应当围绕公司宗旨、结合有效行使出资人权利展开。《中国出版集团公司章程》确定集团公司的宗旨，是要"依靠科技进步，深化企业改革，优化资源配置，提高集约水平，强化经营管理，增强竞争能力，增值国有资产，提升企业实力"，要"实施国家重大文化工程"，要"加强出版专业技术人才和经营管理人才队伍建设"。集团的战略目标，是要"成为主业突出、多媒体兼营、实力雄厚、效益一流的出版物生产和发行基地，成为充满活力和竞争力的大型文化企业，成为对外文化交流的重要窗口"，成为"旗舰式航空母舰"。

要在较短的时间里实现既定的战略目标，就要谨记宗旨，紧紧围绕转制后国务院授予集团公司的出资人权利，即人事管理权、资产收益权、资源配置和重大事项决策权，以资本为纽带，建立真正意义上的、确保社会效益和经济效益的母子公司体制。

以上述思路为出发点，我们对集团公司改革和发展有如下一

些思考。

（一）在狠抓出版导向、出版安全，确保社会效益第一的前提下，鼓励成员单位自主决定出版品种、规模、速度和方式

集团无论怎样改革和转制，最终目标，都是要在坚持出版导向、保证出版安全的前提下多出好书，在坚持社会效益第一的前提下取得更多的经济效益。

中国经济发展和发达国家出版集团发展的实践都表明：整体的壮大有赖于个体积极性最大程度的发挥。集团所属的出版单位，长期以来形成了自己的品牌特色和品牌优势，但是，品牌既需要维护，也需要扬弃和发展，这种扬弃和发展主要应依靠出版社自身的动力。比如，三联书店过去出版过大量的教材和地图，后来放弃了；原来以杂志起家，后来以出书为主，再后来，20 世纪 90 年代末以后，又把杂志的出版作为重点来抓，目前杂志的效益已超过图书的效益。这是三联书店自身对品牌扬弃和发展的结果。编辑出版活动的创造力在出版社，在出版社中彼此默契的、有品牌共识的编辑群体。集团公司要想在出版主业方面更加有所作为，着力点也许并非是组织重大出版项目、审查调整各社的选题计划，而是在适度的宏观调控的基础上，进一步抓大放小，充分给予成员单位决定生产品种、规模、速度、方式等自主权，充分发挥其创造性和积极性。这样，或许能更好地弘扬各社的优势、更快地增强整个集团的出版主业实力。

（二）在保持传统出版优势的前提下，制定倾斜政策，鼓励成员单位积极发展跨介质、多媒体出版

多媒体兼营是集团的战略目标之一。新技术能开辟出版新天地，对于中国出版集团这样拥有丰厚出版资源、悠久出版历史的"名"社、"老"社更是如此。搞好电子音像制品出版，会给集团注入新的活力和血液，衍生出新的经济增长点。集团所属 14 家出版单位中，多数拥有音像电子出版权及社办网站。多年来，这些单位的电子音像出版物大多默默无闻，少有精彩之作呈现，有的单位几近名存实亡，鲜有作品出版。比如人民音乐出版社，出了那么多好的乐谱、乐曲，与音乐界关系那么密切，又有音像出版权，这些年竟然没有出版过有较大影响的音乐磁带、唱盘，音像店里少见，卡拉 OK 厅里也鲜闻。集团公司应立足音像电子出版物正在快速占领阅读市场的现实，制定倾斜政策，用好文化发展专项资金，鼓励各出版社充分依托既有的出版资源优势，加快发展音像、电子和网络出版业务。

（三）坚持"以人为本"的原则，既要加强对成员单位正职的选拔、任免、监督和考核，又要给予正职对其副职和其他管理人员的推荐权

在实行母子公司体制的企业集团内，集团公司层面人事管理的责任，重在对成员单位正职的选拔、任免、监督、考核，这方面的管理、考核力度宜进一步加强。

成员单位正职的工资、福利由集团发放；成员单位副职的任免，2005 年 1 月已由向中宣部事先备案制改为事后报告制，说明中宣部、中组部正在逐步向集团公司放权。相应地，集团公司是否也可以给予成员单位正职更多的自主权，允许他们选择、推荐其副职和其他管理人员人选，由集团公司考察、任免，以利正职更多地承担责任和风险，更好地发挥积极性和主动性。

（四）在财务管理方面，利用科技手段，加强监控，加大管理力度

在已搭建的集团信息管理平台的基础上，投入资金，尽快构筑囊括编辑、制作、发行、财务、人员薪酬等环节的生产信息管理系统，全面监控成员单位的生产经营活动，掌控其真实生产经营状况、费用开支状况、资金流动状况、收益状况。以此为基础，做到有效监督、有力管理和科学决策。

发挥集团公司的主导作用，既要真正掌控成员单位的真实经营状况，又要有收有放，除对重大项目、资产、投融资进行严格管理外，侧重对集团内部资金进行合理调配。通过成立"集团资金管理中心"，形成"内部借贷"机制，调控集团内部资金，解决有的成员单位资金闲置，而有的成员单位大量向银行举债的现实问题，提高集团整体的资金使用效能，真正发挥集团的集约优势。这方面的潜力很大。

（五）摒弃小而全的生产方式，强化集约经营

除编辑出版等创造性强、单位特色明显的环节之外，对成员单位的管理，一要把握重点投资项目，而不干预成员单位的具体经营过程；二要实行生产物资、印制、物流、发行的统一管理、集约经营，以解决成员单位分散经营、重复投资、成本过高的问题。

对各成员单位的物资、印制、物流、发行实行集约经营，已经迈开了步伐。现在的问题，是要进一步凝聚共识，加大整合力度——包括行政干预的力度，这里面涉及集团整体利益与成员单位局部利益的矛盾，单靠市场手段不能解决问题。否则，容易半途而废，或半死不活。

（六）坚持搁置争议、务实发展的态度，既要认真勾画新华发行集团公司的发展远景，又要从实际出发，以新华书店总店为母公司和突破口，把发行集团的工作尽快开展起来

新华发行集团总公司目前处于出版集团和成员单位之间的夹层，发行集团的 3 家成员与出版集团的 12 家成员重叠交错，导致发行集团不上不下，权责不明。这样下去，上级要求以发行为突破口，实际很难突破。

建议中宣部和集团公司党组痛下决心，暂时放弃发行集团由中图、版图、总店 3 家单位组成、一起发展的思路。改以新华书店总店为发行集团的母公司、核心企业，发行集团的牌子挂在总店，办事人员安在总店，办事机构依托总店，领导班子适当调整；

发行集团暂时不包括中图、版图（对外宣传时，名义上可包括）；中图、版图的进出口业务与国内发行业务相距较远，故暂时回到由出版集团直接管理。

以总店为核心企业，先行整合集团各出版社的发行业务，以各社发行部门为基础，逐步成立专业发行公司，作为发行集团的子公司或控股公司；与此同时，逐步吸纳偏远省份、周边省份的发行业务，进而进军全国发行市场。总店历史上年最高发行码洋17亿元，目前约8亿元上下；与此同时，集团各出版社多年以前多委托总店发行，后来渐行渐远，委托总店发行的比例不过百分之几，自办发行则有十几个亿。由此看来，由总店整合集团内部各社的发行，既必要，又现实。

总店的业务近些年虽有萎缩（萎缩业务的相当份额来自集团所属出版社），以其作为发行集团主体，目前的内趋力确实不强。但总店毕竟拥有几十年面向国内市场的经验，拥有被读书界和广大群众认知的品牌。对总店应有信心，应加大对其资金上的、业务整合上的扶持。

至于中图和版图，目前可以通过合作、共建股份公司等形式与新华发行集团总公司（总店）发生联系；若干年后，发行集团总公司（总店）发展壮大了，可回过头来整合中图、版图，那时再谈构建国内国外同一个的大市场、大流通不迟。

（七）在建立、健全管理机构的基础上，尽快在集团公司内部形成一支高素质的、专业化程度高的管理队伍

集团公司各部门管理人员的素质和业务能力，关乎集团公司领导班子决策的执行能力，关乎集团公司的管理成效。集团公司现有 30 多名在职干部。其中，有集团自己选拔的政治、业务过硬的骨干，也有不少由各有关部门推荐过来的人员。虽然绝大多数干部能认真对待工作，但考虑到集团干部是执行决策、建言献策的重要群体，仅仅有较好的工作态度是远远不够的，还需要有良好的文化水平、业务素养和服务能力。目前，集团公司中层及以下干部中，近一半未受过正规全日制高等教育；从这两年的工作实践来看，有的同志未必适合继续在集团公司工作。建议在中层干部中搞述职、评议、择优上岗的基础上，进一步敞开思路，着重从成员单位中，通过考试、竞聘，择优选用业务管理干部，尽快充实、加强集团公司干部队伍，提高集团公司管理、服务水平。

我国出版业发展和改革概况★

一、我国出版业发展现状

改革开放以来，我国出版业有了长足的发展，在法制建设、体制改革、品种规模、质量效益、人才素质、技术手段等方面，都取得了令人瞩目的成就，已然成为世界出版大国。

就法制建设而言，制定了一系列出版法规和相关政策，从层级和效力上说，包括以下内容。

（一）出版相关法规

包括《宪法》《刑法》《民法通则》《最高人民法院关于审理非法出版物刑事案件具体应用法律若干问题的解释》《国家通用语言文字法》《广告法》等。

★ 2005 年 5 月 13 日，在北京大学新闻与传播学院毕业班上作的报告。

（二）出版法规

目前执行的比较重要的有一法、五条例、六规、四办法，共16项法规。其中《著作权法》，本不是单纯的出版法规，但它与出版的相关程度甚高，故受到出版人和出版界的高度重视。

1. 一法：即《著作权法》。

2. 五条例：包括《著作权法实施条例》《出版管理条例》《印刷业管理条例》《音像制品管理条例》《计算机软件保护条例》。

3. 六规：包括《图书质量管理规定》《期刊管理暂行规定》《电子出版物管理规定》《互联网出版管理暂行规定》《出版物印刷管理规定》《关于严格禁止买卖书号、刊号、版号等问题的若干规定》。

4. 四办法：包括《图书、期刊、音像制品、电子出版物重大选题备案办法》《音像制品出版管理办法》《音像制品复制管理办法》《计算机软件著作权登记办法》。

5. 其他法规：如《国务院关于严厉打击非法出版活动的通知》《出版管理行政处罚实施办法》《著作权行政处罚实施办法》《新闻出版保密规定》《科学技术保密规定》《法规汇编编辑出版管理规定》《关于出版党代会、党中央全会和全国人代会文件及学习辅导材料的暂行规定》《关于出版挂历的管理规定》《地图审核管理办法》《关于认定淫秽及色情出版物的暂行规定》《关于部分应取缔出版物认定标准的暂行规定》《内部资料性出版物管理办法》《关于贯彻执行国务院〈法规汇编编辑出版管理规定〉的通知》《关于重申对出版反映党和国家主要领导人工作和生活情况图书加强管理的紧急通知》《关于对编辑出版集中介绍党政领导干部情况出版物加强管理的通知》《国务院办公厅关于进一步加强对有关出版物管理的通知》《中共中央办公厅关于严格执行编辑出版党和国家主要领导同志讲话选编和研究著作有关规定的通知》《国务院办公厅关于坚决取缔非法出版活动的通知》《图书质量保障体系》《关于培育和规范图书市场的若干意见》《外商投资图书、报纸、期刊分销企业管理办法》等。

就品种规模而言,2003 年,我国共出版各类出版物 23.5 万种。其中:图书 19.0391 万种,期刊 9074 种,报纸 2119 种,录音制品 1.3333 万种,录像制品 1.4891 万种,电子出版物 4961 种。

到 2003 年年底,我国有史以来共出版图书 296.5 万种。其中:有史以来至 1989 年共出版 123 万种——古代至辛亥革命之前出版 18 万种;辛亥革命至 1949 年出版 10 万种;1950 年至 1989 年的 40 年共出版 95 万种,年均 2.44 万种;1990 年至 2003 年的 14 年共出版 173.5 万种——年均 12.39 万种,超过 1989 年之前的出版总量。2003 年高达 19 万种,2004 年更高达 21 万种,年出版量从 90 年代初的 10 万种上下跃升到 20 万种上下,发展速度惊人。

回顾出版成就,足以令人自豪。

然而,与发达国家相比,我国的出版业还有很大差距。一方面,我国出版的经济总量不大。2003 年,我国图书发行行业纯销售额只相当于美国的五分之一。2001 年,我们全国出版系统的总销售，只与某些国际出版集团，如德国贝塔斯曼集团（出版部分）、美国麦克劳希尔集团和英国培生集团等相当。另一方面，我国出版业的产业化、市场化程度不高。全国性的"统一、开放、竞争、有序"的出版大市场远未形成。第三方面，随着出版物销售市场逐渐放开，原有的以国内市场为绝对主体的出版市场必然要被国际同一的出版市场逐渐取代，在国际出版市场的平等竞争当中，我们尚未具备足够的弄潮能力。第四方面，出版物作为文化产品的消费水平不高。我国人民正在建设全面小康社会。"全面小康"意味着，文化产业对经济总量的影响加大，人民的物质、政治、精神、生态文明程度普遍提高，文化消费在人民的总体消费中占据重要比重。读书消费固然与国民的文化水平、整体消费水平及获取知识的方式有关，也与图书的内容、定价、销售方式相关。第五方面，我国包括出版物在内的文化产品对整个人类文化的辐射与影响程度还比较薄弱。近一二十年来，美国等西方国家借助其发达的文化产业、发达的生产和营销能力，在向全球推销其文化娱乐产品的同时，也在推销他们的文化价值观，已是不争的事实。就在"中国制造"的物质产品遍及全球之时，我国的文化产品特别是出版产品还没有阔步走出国门。作为先进文化的传播者、民族精神的铸造者之一的我国出版业，在积极开拓国际市场、努力弘扬民族精神方面，还有大量工作要做。

就出版企业内部而言，也存在一些矛盾和问题。矛盾主要集中在以下 5 个方面：一是图书生产（品种）与销售（册数）的矛盾，

1978 ~ 2003 年，图书品种增加 12 倍，而销售册数增长不到 1 倍；二是销售增长与整体增长的矛盾，图书销售的增长远远低于 GDP 的增长；三是定价总额与印张总量的矛盾，图书总定价的增长高于总印张的增长；四是销售面积和库存总量的矛盾，卖场越来越大，而出版社库存也越来越大；五是大量退货与回款过慢的问题，退货越来越严重，而回款越来越慢。

以上矛盾突出反映了如下问题：一是图书品种总量增长过快，国家宏观调控不力；二是图书产业较之其他产业增长缓慢，市场化、产业化程度不高；三是图书定价虚高，也是市场化程度不高的表现；四是大型发行集团成立、转制过程中的清产核资，导致出版社退货的增加；五是大型发行集团不断推出大型卖场，但社会销售总额增加不大，导致出版社要以大量造货填充超大卖场，但销售总额的不足反而增加了出版社的库存。

针对上述矛盾和问题，政府宜加强宏观调控和管理，主要是图书总品种的总量调控和出版范围的管理；出版业要加快市场化、产业化进程，主要应在体制和机制方面进行改革；出版发行业的发展应该百花齐放，不可一刀切，应鼓励大、中、小出版机构并存，而不是一味推崇集团化；出版行政管理部门应充分注意并解决出版业集团化带来的更为严重的地区保护和贸易壁垒问题。每个省都成立出版、发行集团，遍地开花、画地为牢，永远也无法建成统一、开放、竞争、有序的全国大市场。

二、我国出版改革进程及体制改革试点工作的背景

出版业既是文化事业的重要组成部分，又是国民经济的重要产业部门。我国出版业的改革和发展，与整个社会经济文化生态的进步始终息息相关。

出版是一项政策性很强的工作，具有很强的政策指导性和时代特征。改革开放以来，我国出版改革的进程大致可分为以下4个阶段。

（一）中共十一届三中全会后，重新确立了出版方针、性质、功能和任务，不断改进出版管理，迎来了出版市场竞争发展的新时代

出版工作必须坚持"二为"方向、"双百"方针和"两用"方针，其中"二为"是基本方针。

出版物兼具精神产品属性和物质产品属性，兼具文化属性和商品属性。出版社目前基本上是事业性质、实行企业化管理。

出版的功能就是要实现两个效益，将政治效益放在首位，实现政治效益与经济效益相结合。

出版工作的主要任务就是以马克思列宁主义、毛泽东思想、邓小平理论和"三个代表"重要思想为指导，传播和积累有益于提高民族素质、促进经济发展和社会进步的科学技术和文化知识，弘扬民族优秀文化；促进国际文化交流，丰富和提高人民的精神生活。

（二）中共十三届四中全会后，强化了管理，健全了规范，促进了出版事业的理性发展和繁荣

　　这一时期，国家有关部门整顿书报刊市场、并撤出版单位、查处买卖书号；提出了"一手抓繁荣、一手抓管理"和"从以规模速度为主要特征的阶段向以质量效益为主要特征的阶段转移"的思路；开始实行至今仍在实行的书号总量宏观调控政策。

　　这一时期，国务院颁发了第一个比较系统的出版管理行政法规《出版管理条例》；我们现在执行的各种出版法规和政策，包括一法、五条例、六规、四办法等等，大多数是在这一时期出台的。

（三）中共十五大后，新闻出版业以推进集团化建设为突破口进行产业结构调整

　　1996 年 1 月，新闻出版领域开始集团化试点工作。

　　进入新世纪，中办、国办 17 号、16 号文件等一系列文件先后出台，要求新闻出版广播影视业，面对新形势，抓住新机遇，深化改革，加快发展。

　　2001 年 8 月，中办、国办转发《中央宣传部、国家广电总局、新闻出版总署关于深化新闻出版广播影视业改革的若干意见》（17 号文件），标志新闻出版业改革从试点阶段进入到整体推进阶段；2002 年 5 月，新闻出版总署制发了贯彻这一文件的《实施细则》及 8 个配套文件；2002 年 8 月，新闻出版总署印发了《出版集团

组建基本条件和审批程序》《报业集团组建基本条件和审批程序》《发行集团组建基本条件和审批程序》等规范性文件。

2002 年 7 月，中办、国办转发《中央宣传部、新闻出版总署关于进一步加强和改进出版工作的若干意见》（16 号文件）。

与此同时，2001 年 6 月，国办转发体改办、国家计委、教育部、新闻出版总署《关于降低中小学教材价格深化教材管理体制改革的意见》，并在福建、安徽、重庆三省市进行了 2002 年秋季中小学教材出版发行招投标试点，取得了一定成果，推动了中小学教材出版发行体制的改革。

在这些政策的推动下，各地纷纷成立报业、广电、出版、发行、文艺集团。

中国出版集团正是在这样的背景下，经中央批准，于 2002 年 4 月 9 日成立的国家级出版机构。

（四）中共十六大后，特别是全国文化体制改革试点工作会议后，出版改革跃升到以转变体制为主要内容的新阶段

中共十六大提出了建设物质文明、政治文明和精神文明的要求，号召我们"牢牢把握先进文化的前进方向，坚持弘扬和培育民族精神……积极发展文化事业和文化产业，继续深化文化体制改革"，要求我们"大力发展先进文化，支持健康有益文化，努力改造落后文化，坚决抵制腐朽文化"。这些论述，对新时期的文化工作、出版工作给出了政策导向。

2003 年 6 月，召开了全国文化体制改革试点工作会议，随后出台了 21 号文件（《中共中央办公厅、国务院办公厅转发〈中共中央宣传部、文化部、国家广电总局、新闻出版总署关于文化体制改革试点工作的意见〉的通知》）。

2003 年 12 月，国办发 105 号文件出台（包括《文化体制改革试点中支持文化产业发展的规定（试行）》和《文化体制改革试点中经营性文化事业单位转制为企业的规定（试行）》），这是贯彻十六大和十六届三中全会精神，落实全国宣传思想工作会议精神和中央领导同志的一系列重要指示，加快文化事业和文化产业发展的重要举措，是与中办发 21 号文件相配套的十分重要的指导性文件，具有重大的现实意义和历史意义。

这些改革措施的出台，对于我国的出版事业，已经并将继续产生深远的影响。目前，出版界正在贯彻"三个代表"重要思想，贯彻落实十六大精神，积极推进文化体制改革的试点工作。

以上情况，就是文化体制改革试点工作的背景。

三、转制的涵义

转制的涵义是什么？中办发 21 号文件和国办发 105 号文件，公司法的有关规定等，为我们提供了清晰的答案。

转制就是转变资产的组织、管理体制，对出版社而言就是由事业单位企业管理转为企业，对出版集团而言就是由一般意义上的集团转变为企业集团。这样一来，出版单位的管理体制、运作方式和发展战略就发生了变化，集团内部的权利义务关系也发生了变化。

一般意义上的集团是企业间的自愿联合组织，带有联盟性质，集团内各企业的产权及资产关系不会因为联盟而发生公司性质的变化，所以集团虽然由若干法人组织构成，但集团本身不具有法人资格。而企业集团是由若干具有独立法人地位的企业和事业单位所组成的法人联合体，它拥有多层次的组织结构，包括：一是集团核心，即具有母公司性质的集团公司；二是紧密层，由被集团公司控股的企业（子公司）组成；三是半紧密层，由集团公司参股的企业（参股公司）组成；四是松散层，由承认集团章程、与集团公司有互惠性稳定协作关系的企业组成。

企业集团本身仍然不具有法人资格。但是，企业集团的核心即集团公司，具有企业法人资格，是一个具有法人地位的经济实体。在对外进行经济社会活动时，集团公司代表整个集团。集团公司以资产为主要纽带，将集团的各成员组成为一个有机整体。

以中国出版集团为例，转制之后，中国出版集团以中国出版集团公司为母公司，以现有的十几家成员单位为子公司，形成企业集团。

国办发 105 号文件中，有关授权经营、资产处置、财政税收、投资融资、收入分配、社会保障衔接、人员分流安置等方面的原则，适用于中国出版集团公司及其子公司、参股公司。

国函 22 号文件，明确了中国出版集团公司的地位、性质、管理范围和权责。文件载明："授予中国出版集团公司对所属成员单位占用的经营性国有资产行使出资人权利，依法经营、管理和监督所属成员单位的经营性国有资产，承担保值增值责任。""中国出版集团公司以资产为纽带，对所属企业依法实行资产或股权管理。保障所属企业经营自主权，鼓励有优势的出版、发行企业通过市场方式组建有竞争力的运营主体。中国出版集团公司及所属企业要按照产权清晰、权责分明、政企分开、管理科学的要求建立现代企业制度，自主经营，自负盈亏，照章纳税。"

《中国出版集团公司章程》明确规定了集团公司的宗旨：就是要"依靠科技进步，深化企业改革，优化资源配置，提高集约水平，强化经营管理，提高竞争能力，增值国有资产，提升企业实力"，要"实施国家重大文化工程"，要"加强出版专业技术人才和经营管理人才队伍建设"。

《章程》对集团公司与有关企业的关系也作了明确规定："集团公司与全资企业、控股企业之间形成以资本为纽带的母子公司关系。集团公司按照国家有关法律法规和公司章程，逐步建立规范的控股公司体制。""集团公司对国家投资形成的经营性国有资产承担保值增值责任；全资公司、控股公司对集团公司投资形成的经营性国有资产，向集团公司承担保值增值责任。集团公司要建立和完善国有资产保值增值考核指标体系，依照法定程序对全资、控股企业的生产经营和国有资产保值增值进行检查、考核。"

集团公司享有国务院授予的出资人权利，即享有人事管理权、资产收益权、资源配置和重大事项决策权——三大权利。集团公司要按照国家规定的权限，统一配置全集团的资源，统一管理集团公司和子公司、控股公司的发展战略规划、重大投融资项目，依法决定其经营方式、分配方式和重大生产经营决策。子公司、控股公司应在集团公司的规划和指导下，开展日常生产经营活动。

要落实上述要求，全集团在组织形式、管理方式、人事劳资制度等方面，都要有相应的转变。

四、转制中存在的问题

企业集团要到国家工商总局（或地方工商局）登记注册，必须具备四个条件，即：国有资产授权管理文件及集团公司章程、注册资本、法人代表任命、集团公司主营范围。

理论上，依照上述四个条件去工商局办理登记注册，即可成为集团公司，挂出牌子。但实际上，在此之前，还有一些基本问题必须解决；否则，一旦登记挂牌，这些问题就难以解决了。

以中国出版集团为例，登记注册之前，需要解决以下 5 个方面的问题。

（一）资本金问题

按照国家工商总局国有集团公司章程和注册要求，国务院所属集团公司注册的实有资本金不能低于 5 亿元。而按照国函 22 号文件精神，现在是将集团所属各单位 2003 年会计报表中的国家资本 8.59 亿作为集团的注册资金，进行登记。

但实际上，这 8 个多亿的国家资本是分别以长期投资、固定资产以及部分存货、应收账款等不同的占有形态分散在各所属单位，并不是"现金"；而且，这是集团下属 12 家独立法人单位用于长期生产经营的合计资本金，是集团各成员单位生产经营活动必须占用和周转的资本金，也不在集团公司手中，集团公司不可能也不能调用。

因此，集团公司注册成立后，实际上没有一分钱可以用于集团的资源及业务整合。因此，需要国家向集团公司注入一定数量的资本金。

资本金是中国出版集团公司将来生产与发展最基本的生产经营条件之一。据我们了解，广东、辽宁、山东、河南、上海等省市，都是通过税费返还、财政划拨等方式由地方财政向出版集团母公司注入了资本金，即将过去政府（出版局）直接经营的教材教辅的收益和积累，全部以资本金的形式注入出版集团母公司，规模一般在 5 个亿～8 个亿。而且，这些出版集团母公司每年还有 1 亿～4 亿的教材纯利润收入。而中国出版集团只是以成员单位的运营资金作为注册资金，集团母公司手中实际并没有这些资金，每年也无教材教辅的固定进项，这对集团公司的正常运营将带来极大困难，集团的集约化经营没有起码的条件，改革与发展也就没有有效的调控手段，利用、整合集团无形资产的打算也会成为无本之木、无源之水，实现中国出版集团公司做大做强的目标只能是一句空话。

集团公司要做大做强，需要实行扩张型的投融资战略。但是按现在的状况，集团没有任何资金可以用来运作，以现在的行业利润率，全部靠银行借款来发展，无异于替银行打工，根本谈不上发展，只能是个维持会。所以集团公司必须有一定的资本金，作为集团公司在资源整合过程中的流动资金，用于全集团的信息化建设、连锁网点建设、可供书目数据库建设、收购与兼并，以及扩大再生产的需要。经过测评，在5年过渡期内，集团公司约需2亿～3亿的资本金。只有这样，中国出版集团公司才能发挥集团的资源优势，努力组织、支持单个出版单位无法完成的重大出版工程，打造精品巨制，为发展我国出版事业和出版产业作出贡献。

（二）集团公司基本生产经营条件问题

国函〔2004〕22号文件第八条规定，"中国出版集团公司发展所需的资源和生产经营条件，凡属国家统一配置范围的，均在国家相应计划中实行单列，并由中国出版集团公司统一组织实施"。根据这一精神，我们已与国家发展和改革委员会多次协商，申请建设中国出版集团公司的综合业务楼，并递交了《关于请求解决中国出版集团公司综合业务楼的请示》，国家发改委表示原则同意给予经费支持。

（三）保留部分事业单位及其相应的经费补贴问题

按照公司法等法规，企业集团内允许有事业单位。现实中，上海的做法就是在世纪出版集团里保留了上海人民出版社、上海辞书出版社、汉语大词典出版社三家事业单位，而这三家出版社原来已经实行了企业化管理，现在是退回到事业。

就中国出版集团而言，涉及 3 家单位：

（1）关于人民出版社。国务院 22 号函规定其剥离出中国出版集团，但目前还在集团内。我们希望：①人民出版社继续保留在中国出版集团内，为全额拨款事业单位。②若不能继续在集团内，则集团需成立政治、社科类出版机构，或赋予其他出版社出版此类图书的职能。

（2）中国大百科全书出版社原为差额拨款事业单位，我们希望：①把中国大百科出版社与知识出版社剥离，大百科出版社为全额拨款事业单位，知识出版社转制为企业。②继续保留其在财政部的拨款账户。

（3）中华书局承担着整理出版古籍文献，弘扬民族传统文化的任务，其出版业务特殊，请求国家给予专项拨款户头。

（四）人员经费问题

以中国出版集团为例，涉及 4 种人、5 个方面的问题：

1. 老人问题 [1]

（1）转制过程中形成的待遇差。国办发 [2003] 105 号文件规定，转制前事业单位离退休人员的退休费改由社保发放，标准不变。但是，社保养老金标准与事业单位离退休费全部待遇之间仍有差距，需要原单位补足。

（2）转制后事业单位离退休人员增加的离退休费，高于按企业标准由社保增加的养老金所形成的待遇差。转制后事业单位离退休人员，如按国家和地方事业单位离退休人员增加离退休费，会明显高于按企业标准由社保增加的养老金。中国出版集团1998 ～ 2004 年离退休人员形成的待遇差为 2631 元。

（3）集团缴纳的社会保险金与社保发放的养老金形成的差额。

2. 中人问题 [2]

（1）第一类中人的事业待遇。105 号文件规定这部分在 5 年过渡期内退休的老职工，按企业办法退休。但据我们了解，有些省市，比如广东、浙江、辽宁、江苏、上海等相继出台了文化体制改革试点单位老职工按事业单位办法办理退休等方面的优惠政策，并给予财政上的支持。对此问题，中国出版集团已有部分老职工联名写信提出了要求。这是个大家反映比较强烈、地方上已有解决先例的问题。

1　国办发 [2003] 105 号文件涉及的转制前事业单位已离退人员，我们一般称为"老人"。

2　国办发 [2003] 105 号文件涉及的 5 年过渡期内达到退休年龄的退休人员，我们一般称为第一类"中人"；转制时工龄满 30 年和工龄满 20 年、年龄 50 岁以上的，我们一般称为第二类"中人"。

我们要求，在中国出版集团工作的在转制过渡期内退休的老职工，也能够按事业单位办法解决退休待遇。我们认为，对于已经为国家工作几十年，再工作几年即将退休的老职工，在单位转制时，理应按照"老人老办法"的原则，合理解决好他们的退休待遇问题，这对中国出版集团实现顺利转制，保证中国出版集团公司的安定与发展也是非常重要的。

（2）第一类中人的待遇差。按 105 号文件规定，转制后的 5 年过渡期内，达到法定退休年龄的和与单位协商后提前离岗、达到法定退休年龄时再办理退休的，按退休时间，分别补给其事业单位与企业社保待遇差的 90%、70%、50%、30%、10%。为保证这部分人员实际享受到事业单位退休待遇水平，集团需要分别按 10%、30%、50%、70%、90% 的办法补足待遇差。中国出版集团现有事业单位 5 年转制过渡期内达到退休年龄的人员有 446 人。这样，每年需支付过渡期内退休人员和提前离岗人员费用及退休后待遇差为 2161.5 万元。

（3）转制过渡期结束后，每年仍需支付第一类中人的待遇差。这个待遇差包括过渡期内形成的待遇差，和转制过渡期结束后事业单位离退休人员增加的离退休费高于按企业标准由社保增加的养老金形成的待遇差两部分。

（4）第二类中人的待遇差。为实现转制的平稳过渡，对这部分人，不少地方出版集团都在集团内部执行按事业待遇提前退休，这需要支付相应的待遇差。中国出版集团现有工龄满 30 年和工龄满 20 年、年龄 50 岁以上工作人员 945 人。对这部分人员，过渡期内每年需支付人员费用为 2423.2 万元；转制过渡期结束后每年仍需支付的费用为 1238 万元。集团自行解决，将提高成本，降低利润。我们请求国家财政每年按以上所需费用的 70% 给予补贴。

3. 分流人员安置问题

对于因转制解除劳动合同的分流人员，需要给予一定的补偿金（安置费）。中国出版集团 2003 年末职工人数为 6854 人，在事业单位转制和企业改制中有 10% 左右的人员面临转岗分流安置（不含提前离岗人员），为 680 人，按有关政策，需请国家财政支付一次性经济补偿金 8500 万元。

4. 新人的工资总额问题

事业单位有工资总额，转制后的企业单位没有工资总额。工资总额是把双刃剑。对效益特别好的企业，没有工资总额就是没有约束，有利；对效益不是特别好的企业，没有工资总额就是没有保护，不利。

中国出版集团因为转企而取消工资总额政策后，集团大多数单位将形成严重政策性亏损。当前，中国出版集团所属事业单位实行工资总额与经济效益挂钩的办法，工资总额均在税前列支。2004 年集团计税工资税前列支总额为 2.55 亿元。集团转制后，若不能保留工资总额政策并在税前列支，全集团每年要缴纳工资调节税 7800 余万元，这将致使集团半数以上的转制单位形成亏损，如中华书局、中国大百科全书出版社、中国美术出版总社、中国对外翻译出版公司、东方出版中心、新华书店总店等单位，将会造成大范围职工的工资下降，势必产生不稳定因素。

我们希望在过渡期内继续保留工资总额政策；若不能保留工资总额政策，则国家给予适当补贴。

5. 全体人员的问题

（1）解决住房补贴资金问题。根据 105 号文件规定，"原事业编制内的职工住房公积金、住房补贴中由财政负担部分，转制后继续由财政部门在预算中拨付"。地方企业早已解决了这个问题。根据这个规定和国家有关住房补贴政策，中国出版集团应向无房或未达规定面积标准的职工发放一次性补贴 28784 万元，按月补贴、差额补贴和级差补贴 3280 万元，合计 32064 万元。已发放 2370 万元，由于种种原因，尚有 29694 万元未发放。现有售房款余额 3563 万元，即使全部用于职工住房补贴，仍有 26131 万元资金缺口。如果全由集团自己承担这笔费用，集团内不少单位将出现严重亏损，甚至经营将难以为继。

请求财政给予安排住房补贴资金 26131 万元。

（2）离休干部医药费所需资金。根据 105 号文件规定，"离休人员的医疗保险继续执行现行办法"，离休人员的医疗不参加社会医疗保险。由于医药费变数较大，转制后企业负担沉重，难以承担。集团现有离休干部 463 人，集团成员单位 2003 年支付离休干部医药费达 699.5 万元，其中在京 8 家转制事业单位 442 万元。请求财政每年给予 70％的资金支持，即每年需请财政补贴 490 万元。

(五) 关于转制过渡期计算问题

对转制过渡期的起始时间问题，这个问题关系到集团实际享受税收优惠政策的时间，也关系到部分职工是按事业办法退休还是按企业办法退休的问题。105 号文件对转制过渡期的起算时间语焉不详，有关部门对此有不同的解释。我们认为，参照财税 [2003]137 号文件精神，转制时间从集团办理工商企业登记日期起算，其后 5 年为过渡期。另外，集团员工转入地方社保时间也按照集团办理工商企业登记日期算起，这需要有关部门召开协调会才能确定。

五、当前出版业对人才的需求

目前，新闻出版界正在实施人才战略，就是要以人才资源开发建设为主题，以调整和优化人才结构为主线，抓住培养、吸引和使用人才三个环节，着力培养一批领导人才、管理人才和复合型、外向型专业人才，努力造就一批名记者、名编辑和名出版家，使之成为新闻出版事业继往开来的领军人物。要建立完善各类人才的评价体系、选拔办法和奖励制度，推动人才的合理流动。要加快实施重点人才培养工程，做到重点干部重点培训，年轻干部加强培训，紧缺人才抓紧培训。

在新时期的出版改革和发展过程中，我们迫切需要大量的既懂得现代企业管理和市场运作，又熟悉出版业的基本规律和特点的出版企业经营管理人才，同时也需要一定的既热衷文化公益事业，又具有现代服务意识的出版事业管理人才。

出版企业要在较短的时间内获得跨越式发展，就必须以资产为纽带，通过资产运作和资本运营，开展跨地区、跨行业的联合、兼并、重组，进行资产优化、资本扩张和外延式发展，实现资产总量、业务范畴、经营规模和经济效益的倍增。对此，我们需要对整个文化产业的发展态势有比较全面的把握，熟悉财务管理和金融、税收业务，长于资产运作和资本运营的高级财务管理人才。

出版社要按照自身的特长向"专、精、特、新"方向发展，把注意力集中在自己的强项上，在发挥品牌优势、开发标志性产品上下功夫，才能扩大品牌范围、壮大品牌优势，提高核心竞争力。这就需要在某一学科、专业领域学有所长，能及时掌握学术动态，具有较高专业素养和编辑业务技能的学者型编辑人才。

在出版竞争愈来愈激烈的今天，选择什么样的作品，以什么样的形式生产出版物或出版物组合，又以什么样的方式向什么样的读者对象推介出版物，是出版社生存和发展的关键。这就需要能准确把握市场需求，懂得社会心理学和现代营销学，擅长组织、宣传和广告运作的策划型编辑人才。

对于大型出版企业，必须积极开展市场营销，提升发行能力，扩大进出口规模，提高产品的市场占有率。为此，要按照现代企业制度和公司法的要求，以资本为纽带，对现有的发行和进出口企业进行资源整合和业务重组，同时通过投资控股、授权经营和业务指导等方式，构建具有辐射全国的连锁经营网络体系，形成强大的物流配送能力。为此，我们需要掌握现代商品流通知识，熟悉物流、信息流、资金流的基本规律，长于商业企业、连锁企业运作和管理的现代营销人才。

现代出版业的一个重要发展趋势，就是适应现代社会的快节奏，增加出版周期短、反映现实快、篇幅紧凑、文图并茂、便于携带和阅读的期刊的出版。在欧美日发达国家，期刊出版在出版总量中占有很大比重。美国著名的读者文摘出版集团，以《读者文摘》为主，经营杂志、图书、电视、音像制品等业务。其中《读者文摘》有 19 种文字、48 种版本，覆盖 163 个国家和地区，期发量 3000 万册，月读者逾 1 亿，杂志年收入 7.123 亿美元。世界十大出版集团之一的里德·爱思唯尔集团（Reed Elsevier，英、荷），通过所属的两家公司，出版《科学指南》等各种科学、医学专业杂志 1300 余种，年收入 7 亿英镑，占全集团的 20％。日本两大出版社之一的讲谈社，出版杂志 50 余种，年收入占全社的一半左右。期刊出版在组稿方式、生产周期、印制过程、读者对象、发售渠道、广告经营、运作方式等方面，都与图书有较大区别，而我国目前的期刊不少是依附于图书出版社，缺少独立的适应期刊出版特殊规律的个性化运作。期刊业要有大的发展，需要专门的期刊经营管理人才。

对大型出版集团而言，为发挥集团优势，需要成立一系列专业经营公司，集中开展纸张材料供应、印刷服务、装帧设计、排版校对、版权贸易、外事服务、房地产经营和物业管理、数据库管理、网络出版和电子商务、出版发行信息管理、财务结算等专项业务，对那些可以集约经营的综合性业务，开展统一经营和服务。为此，我们需要各种相应的专业技术人才。

高等院校对现代出版人才的培养，是与改革开放同步，与出版业的大发展同步的。20多年来，高等院校为我们出版行业培养大量的各类毕业生，为我国出版业的发展作出了重要贡献。

出版是技术，也是艺术；有很强的操作性、实践性，又有很强的政策性、理论性；强调物质因素，更强调人的因素和人的主观能动性。在出版业改革发展的新时期，强调"以人为本"，把人才作为出版业改革和发展的第一基础，是保证出版业长期快速发展的基本前提。市场的竞争，最终要归结为人才竞争；竞争的优势，最终要体现为人才的优势。一家出版企业乃至整个出版产业，能不能尽快做强做大，实现跨越式发展，关键在人才。目前，我国出版业正在努力按照文化体制改革的要求，按照全国人才工作会议的要求，不断提高现有员工素质，不断吸纳社会优秀人才，从而为出版发展储备人才资本，形成人才优势，最终形成创新活力、发展动力和竞争优势。

粤沪出版企业改制经验值得借鉴★

为了学习和借鉴国内其他出版发行单位体制改革工作的做法和经验，推进中国出版集团的改革与发展，7月31日至8月5日，中国出版集团公司总裁杨牧之率领由10人组成的学习考察团到广东、上海两地的出版发行单位学习考察，并于8月5日出席"2006上海书展"开幕典礼。

学习考察团成员，包括中国出版集团公司总裁杨牧之、集团公司副总裁刘伯根、集团公司办公室主任包恒、人民文学出版社总编辑管士光、商务印书馆副总编辑王乃庄、中华书局总编辑李岩、三联书店党委书记张伟民、中国图书进出口（集团）总公司代总经理焦国瑛、东方出版中心总经理祝君波、集团公司计划财务部处长李学焦、集团公司办公室张若楷。

学习考察单位，包括广东省出版集团有限公司、广东省新华发行集团股份有限公司、广东省出版集团有限公司下属有关出版

★ 2006年7月31日至8月5日，中国出版集团赴广东、上海学习考察，此为考察报告。成文于8月16日。

社、上海文艺出版总社、上海世纪出版集团（上海世纪出版股份有限公司）、上海新华发行集团有限公司（上海新华传媒股份有限公司）、上海盛大网络发展有限公司、第九城市计算机技术咨询（上海）有限公司等单位。

学习考察内容，主要是出版发行体制改革过程中所遇到的劳动人事、社会保障等有关政策的衔接，集团化建设、集团的经营与管理，以及出版发行单位今后的发展方向和思路等多方面的问题。

就这些问题，考察团与有关单位进行了充分的交流和探讨；有关单位对中国出版集团这次学习考察非常重视，毫无保留地介绍了自身改革发展的经验和体会。

一、学习考察的有关情况

（一）关于妥善解决转制前后职工的待遇衔接问题

出版发行体制改革的一个难点就是转制成企业后职工的身份转变和相应的权益保障问题，即职工由事业向企业、由单位人向社会人转换后，收入分配制度和养老保险制度有了变化，形成了事业单位的退休金和企业的社会养老金之间的待遇差，造成退休后的收入待遇有较大幅度降低。对此，两地的政府和集团都采取了相应的办法，弥补了待遇差，保障了职工的权益，保证了改革的稳定、顺利进行。

1. 广东的基本做法：由集团税前补足待遇差并进入企业成本

广东省政府的政策主要根据国办发 105 号文件精神，先后下发了 63 号文件和 20 号文件，基本精神是：

转制为企业后，近几年将要退休的中老年职工（距离退休 5 年以内和工龄满 30 年的职工）的企业退休金，与按事业退休的退休费之间的差额部分，由各单位补足，并可在税前列支、进入企业成本。

2. 上海的基本做法：保留部分人员的事业编制，保障其退休后享受事业待遇

上海市给予出版发行单位很多重要的政策扶持。其中给予上海世纪出版集团和上海文艺出版总社的母公司保留了事业单位的编制，相当一部分人保留了事业编制，继续缴纳事业社会保险、退休后享受事业待遇。

（1）上海文艺出版总社的做法是保留"上海文艺出版总社"（即集团本部）作为事业编制，将中老年职工全部保留事业编制。全社 752 人，共有 552 人保留事业编制，占总人数的三分之二强。

（2）上海世纪出版集团的做法是保留"上海世纪出版集团"（总部）作为事业编制，将符合下列条件的职工保留事业编制：①在公司工作 10 年以上的符合签订无固定期劳动合同的人员；②工龄 25 年以上、距离退休时间 10 年以内的人员。按上述条件共有 1100 多人保留了事业编制，全集团共 2100 多人，占总人数的二分之一强。

（二）关于集团的管理体制和集团内部运作模式的问题

1. 广东出版集团：实行省政府授权经营、省委宣传部和省新闻出版局分别管理的管理体制，集团内部实行两级法人的运作模式

广东出版集团经广东省政府授权经营国资后，解决了下属单位出资人缺位的问题，建立以产权而非行政为主要纽带的母子公司管理体制。集团公司确立了国有资产出资人地位，进一步强化资产经营责任，推行全面绩效管理，从而对各子公司的国资保值增值目标进行考核。

广东出版集团构建了党委领导与法人治理结构相结合的领导体制。党委会成员分别进入董事会、经营班子和监事会，通过交叉任职，履行双重职责，将党委的意图贯彻到企业的决策和经营之中。广东省政府将原独立的新华发行集团的国有股份授权出版集团管理，出版集团派出一名副总兼任新华发行集团董事长。

对下属单位的领导干部任免通过党委研究后提交董事会，然后通过行政名义下发文件，调整下属单位一把手要事前向省委宣传部备案，调整下属单位副职要事后向省新闻出版局备案的形式。

2. 上海文艺出版总社：实行市委宣传部授权经营、直接管理的管理体制，集团内部实行两级法人的运作模式

上海文艺出版总社受上海市委宣传部委托，管理总社所属资产，每年与上海市委宣传部签订"国有资产保值增值责任书"。在转制后，总社积极推进"裂变"，激活下属企业活力，划小核算单位，推动部分有生存能力的单位独立核算，独立运作，使之

成为独立的经济主体。

3.上海世纪出版集团：实行市委宣传部授权经营、直接管理的管理体制，集团内部实行母公司为主的两级法人的运作模式

上海世纪出版集团受上海市委宣传部委托，管理集团所属资产，每年与上海市委宣传部签订"国有资产保值增值责任书"。上海世纪出版集团的管理构架是取消 13 家所属出版社的法人地位（7 家已取消，5 家待取消），将 13 家出版社变成统归集团公司管理的机构。其他的实体则是事业或企业法人子公司，出版社只是对外保留品牌，相当于世纪出版集团的一个单独的编辑部。

（三）关于转制后继续支持公益性出版事业和重大出版项目发展的问题

各家单位都十分重视集团或总社整体转制后通过在体制、政策、资金等方面继续支持公益性出版事业。

1.组建新的公益性出版事业单位，给予政府拨款

上海的地方政府为支持公益性出版事业发展，在出版单位整体转制为企业后，批准组建新的公益性事业单位。具体的做法是：上海文艺出版总社，在《咬文嚼字》编辑部成立汉字语言研究中心，设有 50 个事业编制。上海世纪出版集团，从上海辞书出版社析出辞海编纂处，从汉语大词典出版社析出汉语大词典编纂处，为直属上海世纪出版集团的事业单位，分别设有 30 个和 15 个事业编制，由政府给予差额拨款；英汉大词典编纂处也直属上海世

纪出版集团，设有 15 个事业编制，由政府给予项目拨款。

2. 改造原有的事业单位，给予事业政策、集团支持和工作人员事业保障

上海世纪出版集团将上海人民出版社单列，保留事业编制，自收自支。

3. 主管部门和集团设专项资金，支持重大出版项目

广东出版集团每年拿出 500 万元补贴重点图书，并对下属单位一些好的项目进行扶持；鼓励下属出版社"走出去"，对于每本"走出去"的图书给予 5000 元的奖励。集团所属广东人民出版社有省委宣传部、新闻出版局和集团投入的近 2000 万元的专项基金，专门从事其"岭南文库"和社科学术出版，基金的运作对学术著作的出版给予了很大的帮助。

（四）关于确保集团公司收入，开展集约经营的问题

1. 广东出版集团：将教材租型和教材发行的收入作为母公司的主要收入来源，组织集约经营

教材租型和教材发行的收入来源具体为：

（1）集团所属教材开发中心的教材，占本省教材使用量的25%，并有 20 多个省采用。外省市采用其教材，集团公司获得租型费，每年约有 800 万元左右的利润。

（2）集团公司租型外省教材在本省发行所得的收入，码洋在5 亿元左右，利润在 1 亿元左右。

以上两笔来源相加，广东出版集团公司每年有 1.1 亿多元的稳定收入，可维持集团公司的日常运转，对下属单位也有了很强的调控能力。

广东出版集团在集约化经营方面也取得了明显的成就。集团建立了统一的物流中心、出版物交易中心，每年举行一次的集团出版用纸统一招标，为集团节省用纸成本 1000 多万元。

2. 上海文艺出版总社：通过出资人收益权，收取所属单位 30% 利润作为总社的运行经费，组织集团化运作

上海文艺出版总社通过"裂变"，划小独立核算单位，总社行使出资人收益权，每年收取各所属单位 30% 利润作为总社的运行经费。总社从全局出发进行资源调整，注重内部各单位在业务流程与资源互动上的有机结合，以总社整体力量拓展对外合作，为下属各社发展创造有利条件，产生"聚变"效应。收取的利润不但解决了母公司无生产经费收入的管理成本问题，同时也有了一定的经济调控手段。

在发挥集团化运作的优势方面，上海文艺出版总社在总社层面建设统一管理服务平台，逐步实行在战略规划和年度目标、出版导向、编校印刷质量、营销发行、资产、财务、媒体宣传、法务、纸张采购等 9 个方面的统一管理。

3. 上海世纪出版集团：取消所属出版社法人资格，原出版社收入全部纳入集团公司，统一运营

上海世纪出版集团由于将下属出版社的法人资格取消，整个

集团公司管理全部的经营层面，调控力度非常大。从集团整体利益出发，将下属单位的工作考核全部收到集团管理。同时实行统一采购、统一印制、集中发行等，通过集团成本中心进行成本控制。

（五）关于劳动分配和人才使用的问题

此次走访的单位基本上已经完成转企改制工作，在劳动分配和人才使用方面也基本上都在按照企业的模式在运作，主要体现在拉开收入层次，向社会招聘人才等。

1. 广东出版集团：提高效益工资，压缩后勤人员，公开招聘业务骨干

广东出版集团的具体做法是劳动分配由过去的固定工资占80%、效益工资占20%，转变为现在的固定工资占30%、效益工资占70%。打破一种工资制度，取消平均主义，拉大收入档次，公司高层管理人员的工资将是低层员工的10倍。用人方面也向一线倾斜，后勤人员压减至30%；向市场倾斜，可进可出，面向社会公开招聘。公开招聘的效果十分突出，有利于吸引优秀人才为集团工作。比如出现过招聘1名部门主管，而有将近380人前来应聘的现象。

2. 上海文艺出版总社：推行精细化管理，实行定量考核，单品种核算，把每个人的薪酬与贡献挂钩，建立激励机制

（略）

3. 上海世纪出版集团：全员竞聘上岗，以岗定薪

从 2005 年改制之日起，就定编、定岗、定员，全员实行竞聘上岗。包括社级的副职有 11 人通过竞聘上岗走上工作岗位。并且成立职工代表大会，工资由集体协商制定。

（六）关于财务集中管理与监督的问题

几家单位在财务管理与监督方面的主要做法是：

1. 推行统一预决算，强化财务管理；

2. 建立财务资金结算中心，强化资金管理；

3. 实行委派制，强化财务监管；

4. 通过建立企业资源计划系统（ERP），提升管理技术水平和科学决策能力。

广东出版集团还对财务负责人和企业法人一样将收入与考核结果挂钩，使其对企业负责。上海世纪出版集团还对财务主管在全集团内竞聘上岗，实现全面轮岗，委派的财务主管的各种关系收到集团统一管理，确保为集团的整体利益服务。

（七）关于上海新华发行集团有限公司上市的问题

1. 改制上市的基本情况

上海新华发行集团（上海新华传媒股份有限公司）是国内发行行业第一家上市企业。改制的过程为三步走：

第一步，由国有独资变成国有多元，经市国资委批准，上海

精文投资公司、解放日报集团、世纪出版集团、文艺出版总社和文广影视集团共同持有新华发行集团公司的股权（其中精文投资公司占有 36％的股份，解放日报集团占有 34％的股份，其他三家各占有 10％的股份）。这一步于 2004 年 9 ～ 12 月完成。

第二步，出让 49％的股份，通过产权交易中心，按照公开、公平的原则，吸纳社会资金，建立混合所有制的企业。这一步也已经完成，同时也完成了内部职工权益保障方案的实施，即下岗分流。股权转让后，新公司实际拿到 5 个多亿的资金。

第三步，完成股权转让后，公司内部建立了股东会、董事会和职工代表大会，董事长由国有方任命，在社会公开招聘了总裁。现已成功入主华联超市（上市公司），占 45% 股份，并改名为新华传媒股份公司，待证监会批复后即将更名正式上市。上市后的新公司全部为流通股。

2. 上市后面临的新挑战

上海新华书店改制前总资产约 2 个多亿，挂牌出让后资产增值到 10 个多亿，上市后将达到 15 个亿。即原始的 2 个亿资产，通过挂牌交易、上市等资本运作，资产增加了近 10 倍，实现了资本的快速扩张。但是，公司目前面临着新增业务和盈利能力不足的重大挑战。这种状况下，如果不能大幅度增加盈利能力，在资产收益率、股东回报等方面将面临极严重的压力。

（八）关于新媒体技术给出版业带来的挑战契机的问题

1. 新媒体对传统出版形成挑战

在此次学习考察中，走访的上海盛大网络发展有限公司、第九城市计算机技术咨询（上海）有限公司是目前我国网络游戏产业的领先者。尤其是盛大网络公司，在做好游戏产业的同时，已经在向互联网内容产业提供商转变。其所收购的起点文学网已经形成了相当的规模，并且拥有了大量的读者群和作者群，并有着稳定的完善的网上收入来源。对传统出版带来了巨大的冲击。

2. 网络出版给传统出版带来新的契机

盛大网络公司在与考察团座谈时指出，其核心的游戏产业是离不开文学故事的背景，盛大网络公司强烈地表达了愿意与集团今后在多方面建立合作关系，利用双方的优势，共同开发网络和线下资源。

3. 网络游戏公司的发展模式中值得借鉴的地方

第九城市计算机技术咨询（上海）有限公司则是专一发展网络游戏的一家公司。几年来通过不断提升自主创新能力，立足于专业市场的完善，已经从代理国外游戏起步，将网络游戏本土化，在竞争激烈的网络游戏市场中，快速成长，拥有了自己的核心游戏产品，成为网络游戏的领军企业。这与我们传统出版强调的"发展专、精、特书刊出版"、形成自身的品牌效应等有着相似的地方。

二、我们的收获和体会

这次对广东、上海有关出版发行单位的考察调研中，我们对他们的好做法有了进一步了解，他们的经验和教训也值得我们借鉴，我们的收获和体会主要有以下几点。

（一）各个集团都在积极推进深化改革，在产业发展方面取得很好的效果，精神昂扬，团结奋斗，很值得学习

在当地有关部门的政策扶持下，各集团因地制宜，结合自身现状和发展实际，按照文化体制改革和建立现代企业制度的要求，积极构建新的管理体制和运作模式，制定发展规划，形成了新的体制，焕发了生机；同时，他们妥善解决了转制过程中的职工身份转换、企业与事业待遇衔接问题，初步确定了新的用工、聘用、考核、激励奖励制度，使得人心稳定，形成了努力开拓、积极向上的企业氛围。通过一系列改革发展举措的实施，企业的发展步入了良性轨道。

（二）必要的政策扶持是保持稳定、推进体制改革的基本条件

广东和上海两地出版发行单位的改制成功与当地政府和主管部门的大力扶持以及享受的优惠政策是分不开的。通过考察我们发现，两地的出版集团在解决完改制的问题，特别是解决了有关人的问题后，保持了稳定，放下了包袱，真正地参与到市场竞争

中去了，而且更加具有市场活力和竞争力，并且打算抓住改制后几年内的优惠政策，快速发展提升自身实力。

（三）解决了集团公司的收入来源问题，才能实现集团的集约经营和宏观调控

广东、上海的相关单位在集中经营管理这方面做得比较好，母公司的调控能力很强，大部分实现了集约经营、整合了现有资源，充分发挥了集团化的优势，初步实现了"化学反应"。集团公司调控能力的大小与其所掌握、支配、运用资金的状况是一致的。

上海文艺出版总社的做法很值得中国出版集团参考，具体做法是在母公司建立了 9 个方面的统一管理平台，降低运营成本，以项目制来管理，讲究流程管理和效益递增。同时还与下属单位进行收益分成（总社收取 30% 利润用于管理成本及调控），一切从总社全局出发，进行资源调整，能联手的、能形成产业链的尽量促成，优化资源配置。目前上海文艺出版总社已经取得了一定的品牌效益，总社所属单位也被激发出了活力和创造力，形成了良性循环，真正地发生了"裂变"和"聚变"的化学反应。

（四）上市公司获取的资金如何投放和股东要求的投资回报如何兑现，是出版发行企业在考虑上市时应当严肃对待的问题

上海新华发行集团在上市后实现了资本扩张，取得了第一阶

段的胜利。上市后，如何才能在出版发行市场业务量难以迅速扩大的情况下，找到新的利润增长点，实现股东要求的 7000 万元的利润，是目前面临的一个重大课题。他们用 7000 多万元购入了上海文艺出版总社所属的《故事会》文化传媒 19% 的股份，这样一年能带来 1000 多万元的利润，但这与市场要求的盈利目标还有很大差距。

由此看来，出版发行行业的发展需要资金的投入，但其规模的扩张受现行出版发行政策的环境制约，不可能达到迅速扩张，上市融入的资金投向何处就成了一个须认真面对的问题。如果投入到自建销售网点上去，回报周期太长且不能确保利润；如果投入到其他领域，则又偏离了出版发行改革的主要方向；可不投出去，上市公司是全流通股，没有利润给股东交代，随时可能被别的有实力的公司从二级市场上夺去控股权。可以说，出版发行单位上市是否有利于自身的发展，而且上市以后如何保证盈利的指标，在拥有了大量资本以后如何运作，这些都是值得思考和探讨的问题。

（五）计算机信息管理技术、网络技术的发展，对传统管理模式和出版模式所带来的巨大挑战

这次学习考察，让我们更加了解和感受到计算机和网络技术的发展给传统出版带来的巨大冲击。上海世纪出版集团的信息管理系统能通过网络实时监控整个集团的图书在各个书店的销售情

况，掌握市场的第一手资料，这对管理层决策市场有着巨大的意义，同时也将出版发行的各个环节衔接起来。盛大网络出版公司更是将网络技术的优势充分发挥，其对全国网络的监控，流量的统计，以及完善的网络支付系统等很多方面值得我们来借鉴。

企业资源计划系统（ERP）是一项投入大、周期长的工程，但对企业科学管理和决策有长期的重大影响，还是要下功夫，投入资金去建设。我集团目前每年有 1000 万到 2000 万元的信息技术投入，主要从事数据库的开发、建设和信息管理平台的维护、建设。但是各单位分头建设，分散管理，效益不彰。今后要在政府有关部门支持下，加大投入，发挥功效，通过信息化技术为集团决策提供科学参考，通过信息化管理带来效益。

立足中国出版集团　服务全国出版行业

中国可供书目数据库建设进展顺利★

中国出版集团成立初期，即决定发挥自身资源优势，建设面向全国出版发行行业，为广大出版社、发行商和客户服务的"中国可供书目数据库"。经过两年多的筹备和一年多的公司化运作，目前"中国可供书目数据库"已经初具规模，正在朝着投入实际运用的目标迈进。

可供书目数据库是图书出版发行行业的基础工程，出版业发达的国家有自己比较成熟的可供书目数据系统。中国可供书目数据库的建设是为中国乃至华文出版业服务的大事，得到了各方面的关心，尤其是中宣部和新闻出版总署领导，多次对中国可供书目的建设作出重要指示，要求加快建设速度，发挥行业先导作用。中国出版集团对此项目高度重视，在杨牧之总裁等集团负责人的直接领导下，中国出版集团于 2005 年 8 月投入 2000 万元巨资，

★　针对《中国新闻出版报》2006 年 11 月 6 日《全国唯一可供书目数据库亟待建立》稿，发此文说明。

组建了中版通数据信息技术有限公司，专门从事"中国可供书目数据库"的建设工作。中版通公司多次组织专家进行市场和技术分析，客观论证项目的各方面问题，形成了可供书目数据库建设的基本方案，并确定了数据采集、传输和使用的系列方法。

目前，中国可供书目数据库系统已经加工整理了100余万条书目数据，涵盖了建国以来至近年来的主要出版品种，业已形成全国最大的可供书目数据库系统。目前数据库正在建设升级，优化服务能力，在不久的将来即可为市场提供数据信息服务。

中国出版集团经过分析认为，随着社会的发展，一个企业已经越来越不可能独自完成市场开发全过程，必须通过外部协同以求得自身的生存。内部协同以内部的组织有效性为基础，而外部协同由于缺乏整体的组织，难以发展，也因此成为未来技术变革的重点攻坚领域。这将是一场重大的变革，在市场的巨大压力下，这种变革必将逐步成为从业者的自觉行动。只有实现以先进机制和技术为支撑的外部协同，才能最终推动出版发行行业作为一个大系统整体发展，走向和谐。

借鉴发达国家同业经验，实现出版发行行业的外部协同，需要从机制和技术上解决四个问题。一是联机编目，全面、及时地组织各出版发行机构书目信息，向行业及时报道，降低数据成本，减少市场机会损失；二是联机检索，供应链各环节库存信息互通，便利各级客户发现资源，提高库存周转率；三是智能反馈，将零售终端销售数据及时反馈，智能分析，实时提供选题和进货决策分析；四是网上交易，将分散的采购交易纳入网络，沟通进、销、存、退整个链条，实时处理交易。这四个问题构成了中国可供书目数据库建设的基本内容。目前，这四个方面的建设都已经取得阶段性进展。

中国出版集团将和业内有识之士一起逐步实现上述目标，使得中国可供书目数据库尽快投入实际运营，尽快为整个出版行业提供现实、有效的服务。中国出版集团有关负责人表示，期望能够得到更多的行业同人、业界朋友的关心支持，为我们自己的可供书目数据库早日投入实际应用，凝聚共识、形成合力，为形成国内统一的、开放有序的出版物大市场提供切实的信息支持和保障。

选题创新：话题与感言★

一

这次选题创新论坛，在各位领导、各位专家学者的共同努力下，达到了预期效果。大家在发言中，紧紧扣住选题创新这个大题目，或发微探幽，或高屋建瓴，来了一次思想上、理论上的深入交流和碰撞。这样的交流和碰撞，对于开拓我们的选题思路和视野，创新我们的选题、我们的出版产品、我们的产品品牌和企业品牌，丰富我们经营管理的方式方法，提高我们的创新能力、竞争能力、发展能力，无疑是具有积极意义的。

不少同志说，过去参加过各种各样的论坛，规格不一样，感受也不一样。对于这次的论坛，感觉到很清新，很真切实在，很有用。不管是作报告的人，还是听报告的人，都有直接的收获，

★ 2006 年 11 月 9 日在第一届香山论坛上的总结发言。载于中国出版集团公司出版业务部编：《香山论坛 2006：图书选题创新讲演录》，中国大百科全书出版社 2007 年版。

有些对自己是个启迪，有些可以回去借鉴。

二

　　大家在发言中，从不同的层面和角度，讨论了出版物的选题创新，出版社的选题创新，出版集团的选题创新。所讨论的内容，是结合出版实际、丰富多彩的，是富有真知灼见、具有参考价值的。

　　1. 有关出版物的选题创新，或者说产品的创新问题

　　大家讨论了产品生产过程的创新。比如说，通过剖析青少年读物、科学文化类读物、教育类读物、经管类读物、学术类读物等方面的典型案例，讨论了题材的创新；再比如说，大家所讨论的出版物形式的创新、设计的创新、制作的创新等等，这些都属于产品生产过程中的创新问题。

　　大家还谈到了产品管理和营销过程当中的创新。比如说，策划的问题，产品研发的问题，组织施工的问题，引进与输出的问题，合作出版的问题，等等。

　　谈得比较多的，还是市场营销。就营销而言，有论者提到了以销定产、销售主导的观点。我们认为，这个观点，从管理学的角度来讲，并不新鲜；但从我们的出版实践来看，真正做到并不容易。因此，在这个论坛上再次强调这个问题，还是有相当的现实意义。实际上，我们相当多的出版单位，并没有真正做到以销定产，没有真正做到以销售为主导。在这种情况下，有的企业做

到了这一点，他们在拓展市场方面自然就主动，就会走在前头，整个的经济效益也就会不断提高。

大家也谈到了创新与传统、创新与继承的关系。比如说，如何正确地对待历史，如何用现代读者易于接受的方式述说历史、把凝固的历史变得鲜活生动，如何从既往的历史经验中总结提炼出可资现代人借鉴的生存哲学、济世良方，中华书局的阎崇年《正说清朝十二帝》、上海文艺出版社的易中天《品三国》、中信出版社的成君忆《水煮三国》等等，为我们作了有益的探索。在这里，正说、活说、图说、有所阐发的说，都是创新地述说、创新地继承。因为有创新，这样的作品也就有了很强的生命力。

大家认为，创新与学科发展、与学科建设有着密切的关系。有的同志提出，要以学科的发展布局为基础，来进行相应专业的选题布局。我们以为，出版在传播信息、知识、文化、思想的过程中，与所传播的对象有着很强的互动关系：出版物通过自己的选择、总结、描述，反映各学科、各领域的发展动态和成果，影响和推动学科的建设和发展；而如何准确地、及时地、有效地反映各学科、各领域的发展动态和成果，则对出版人的科学素养和分析判断能力，提出了很高的要求。提高出版人的科学素养和以此为基础的选题创新能力，需要加强编者与学者的交流，加强出版界与学术界的沟通和联系，加强对编辑出版人员的专业培训。

就出版物的投产模式而言，新学科的新选题、新产品在投入市场的时候，是单个产品逐步切入市场，还是一组产品成系列、成规模地整体投放，也是值得探讨的问题。当某一个产品在市场上引起了比较大的反响、产生了比较大的效益时，及时跟进、推出相应的系列产品，是一种有效的方式。而当某一类产品在市场上整体缺失时，一开始就考虑选题系列化、产品规模化、进入市场整体化，也是一种有效的方式。比如机械工业出版社前些年的计算机类图书、这些年的经管类图书，就是很好的例子。这样的例子，是创新产品运作方式的成功注解。

在产品创新的理论层面，大家进行了深入的探讨，分别提出了选题创新的"三境界说""五境界说""四要素说""十要素说"，提出了创新的"三种模式""四个目标"等等。比如有的同志认为，创新的目标，在于实现产品的精品化、系列化和品牌化。我们觉得，创新固无定式，难以，也没有必要建立统一的思维模式和理论模型，但对于创新的基本规律、基本方法进行理性分析和思考，对于总结创新的成果、指导新的创新实践，无疑还是有积极的借鉴意义的。

2. 有关出版社的选题创新，或者说企业的创新问题

在这个层面，涉及的内容也是丰富多彩的。

大家讨论了出版社的专业取向和优势，出版社选题的"定位"与"跨位"问题，出版社不同产品板块的区隔和综合把握问题，产品的多媒体、立体化组合的问题。从这类问题的讨论中可以看出，出版社的专业分工不是一成不变的，需要根据自身的资源优势和其产品在市场的表现和变化，不断调适。只有在最大限度地

运用好自身在编辑、作者、市场营销、资本运作等方面的资源优势的基础上，不断适应读者的阅读倾向、阅读方式和阅读情趣的发展变化，才能拓展和占领某一门类或几个门类的细分市场，形成自己的出版特色和出版优势，形成自己的品牌优势。从这个意义上说，专业出版社只有通过市场的检验而不是行政分工，才能真正取得专业优势；综合性出版社也不可能因为行政分工上的宽泛，自然而然地取得多学科、多领域的综合出版优势。出版社对自身出版取向的选择，既取决于对自身优势的把握和运用，更取决于市场的检测、读者的认知。专业取向是在长期的市场选择中逐步形成的，专业优势也是在长期的市场竞争中逐步建立的。

出版社只有在发挥自身优势的基础上，才能打造精品、铸造品牌，才能维护光大老品牌、创新发展新品牌。有同志认为，品牌建设应当是包括品牌书、品牌社、"品牌人"的系统建设。我们深以为然。如果说，"创新是出版的灵魂"，那么不妨说，具有创新意识、创新思维、创新能力的出版大家，就是企业创新的源泉和动力。出版产品、出版企业的创新，要以出版队伍的素质建设、能力建设为基础；品牌书、品牌社的形成和发展，很大程度上要依靠大牌出版人、金牌出版人的智慧。艺不精，何能出精品？技不高，何谈创品牌？品牌产品、品牌企业的形式不可能一蹴而就，"品牌人"也即出版大家的出现更需要长期投入、悉心培养。

讨论中，大家谈到了作者市场化、编辑职业化、出版分工国际化的问题，以及出版者与作者、销售者、读者之间的互动关系，讨论了出版人的道德修养、专业素质和"企业家能力"的问题。有同志进一步提出，出版社要从内容供应商向内容服务商进行转变，并且已经开始这样的实践、这样的转变。我们相信，有关出版人自身素质、能力、角色定位的思考，对于出版企业、出版主体的创新，有很强的现实针对性。世界经济的一体化、出版市场的国际化，为我们带来了新的机遇和挑战，也为我们的产品创新、企业创新提供了新的视野。出版社要真正成为自我创新、自我发展的主体，既要受到内部因素的限制，也要受到外部条件的制约。当选题资源、作者资源、编辑资源、市场资源不再可能为某一国家和地区的某一出版机构所垄断时，如何获取、保持和有效运用各种出版资源，是需要我们认真面对的新课题、新挑战，当然也给我们提供了创新发展的新机遇、新动力。因此，在出版业面临"重新洗牌"的情势下，认真分析国内国际出版的环境和态势，把握其规律和特点，找到适合本企业发展的道路，已经成为现代出版企业创新发展的题中应有之义。

总的来讲，我们认为，创新是出版社实现其企业使命的必然追求，是贯穿出版工作各个方面和环节的系统工程。

3. 有关出版集团的选题创新，或者说企业集群的创新问题

出版集团的出现，在中国不过十来年的时间。集团的成立，固然为出版业加速走向规模化、产业化、市场化提供了可能的途径，但与此同时，也为我们提出了新的创新课题。集团的管理体制、运行机制应当如何建立？集团内部的出版资源如何整合、调适？

集团内各出版单位的分工、特色、个性、品牌如何坚持，其与整个集团的发展战略、品牌建设的关系又当如何协调？诸如此类的新问题，都对选题创新工作提出了新的挑战。

面对出版集团或者说出版企业集群这样一个新课题，大家分析了集团在统一调配和运用出版、资金、市场乃至政府资源方面的综合优势，也分析了保持集团内各出版社既有特色与调整出版分工的关系，在这个基础上探讨了出版社的"小品牌"与集团的"大品牌"的关系。

对于怎样整合和充分利用集团内部的出版资源，有同志谈到，通过出版内容的数字化实现集团内部资源的共享是一个重要途径。我们的观点，出版内容的数字化、生产过程的信息化和管理决策的现代化问题，是当代出版业发展的重要方向，是出版技术手段和方式方法的创新。对于有关编印发、产供销、人财物方面的海量信息和数据，在集团层面进行集中统一的数字化管理，有利于在挖掘和充分使用既有资源和优势的基础上，进行科学的出版决策。创新是在现有基础上的创新，各种专业的出版内容数据库，是创新选题内容、创新出版物形式（图书、报刊、音像、电子、网络出版物）的重要依托；运作有效的信息管理平台，是保证选题创新顺利实现的决策基础；信息准确、界面友好、反馈及时的出版网站，是沟通出版人与读者、作者、批发商、零售商、供应商，获取创新信息和灵感的重要通道，也是创新营销方式（网络销售、定量销售、有偿下载、个性化订制出版等）的重要途径。鉴于出版数字化、信息化对于一次性投入和管理维护的要求较高，一般规模较小的出版社往往难以承受，而集中了资金、技术、人才优势的出版集团，正有可为。

　　大家发言中谈到的有关发挥集团整体资源优势、提高集团整体决策能力、创建集团"大品牌"的问题，引起了我们的进一步思考。相对于组成集团的各个出版单位而言，集团是企业集群，是更大的企业主体。集团在市场的存在和发展，要求它必须有自己的个性、特色、优势，必须有自己的"大品牌"。因为，品牌是市场的通行证，是畅游市场的贵宾卡。集团在创立自己"大品牌"的过程中，不仅要处理好与成员出版社各个"小品牌"的关系，还要处理好本集团的"大品牌"与其他集团的"大品牌"之间的关系，有所区隔，才能显出特色、独具优势，才能身有长技、所向披靡。目前的现实是，我们有那么多的出版集团，多是按地域组建的。这个省的集团与那个省的集团，组建之初，成员结构相似，内部出版分工雷同，管理体制相似，经营方向、主要收入来源雷同。在这样的基础上，是否需要尽快调整内部各社的出版分工而有所偏重，能否有效利用区域内的人文社会资源而能强化区域特色，是坚持综合出版、走全面发展的道路，还是有所扬弃、集中优势、逐步致力于某个较大的出版方面、出版层面，是把主要精力放在集团层面的选题创新上而调整全集团的发展目标和战略，还是把主要精力放在集团内部各出版社的选题创新上而鼓励各出版社优先形成自己的特色和竞争优势，等等这些问题，也许，都值得出版集团在创新发展的过程中，加以思考和对待。

大家在谈到环境因素对集团创新的影响时，分析了集团的内部环境因素，比如转制、改制，也分析了集团的外部环境因素，比如教材改革、民营资本准入问题、外资准入问题。有同志还指出，市场化对于选题创新有正面的推进作用，但是同时也可能会带来负面的影响。应当说，经济社会的开放程度和发展水平，资本市场的多元化和产品市场的多样化，文化消费的多重选择和图书消费主体的阶段性特征，这些都会影响到企业对于出版内容和出版方式的选择，增加企业创新的紧迫感和复杂性。

为应对企业创新的紧迫感和复杂性，有同志提出了集团选题建设的职业化、专家化问题，主张设立专门机构，研究集团创新问题。大家认为，选题创新对集团来讲是一种战略性的选择，是必由之路。

还有的同志提到，集团之间的相关专业出版社，也可以在关联的业务方向进行联合，共同面对同一个细分市场，协调选题思路，协调市场行为，一起把市场做大。比如音乐出版社联合体的成立，对于巩固和提高联合体的整体竞争力和市场占有率，应当是一种重要途径。我们认为，随着出版改革特别是集团内部改革的深化，集团之间的竞争也必然要向着既竞争又联合的方向演进，向着合纵连横、重新组合的方向演进，向着更加规模化、专业化、产业化、市场化的方向演进。而这样的进程，则呼唤我们出版人具有更博大的创新襟怀、更强的创新意识和更高的创新能力。

　　集团的选题创新、选题管理应当具有多种模式。有同志主张把制定选题作为确定投资项目来管理，也就是说，一旦选择了某一个选题或者是某一类选题，实际上也就意味着要进行某一个项目的投资。集团作为出资人对下面经营业绩的考核，通常是以出版社等成员单位为对象。有的同志提出，也可以把"选题板块"作为考核的对象，确定专项指标，考核某一个选题板块是不是做大了、做强了。具有更多更好的选题板块，是提高集团核心竞争力的关键所在。这样做的目的，就是要强化集团内的选题创新意识，鼓励和强化集团的创新能力。

　　在探讨集团的创新能力时，有同志引入了"文化管理"的概念，从集团管理与建设的层面，进行了阐述。这种理论认为，集团的管理是文化管理，文化管理下的集团，其整体价值观、道德观、行为准则的塑造应当与集团的建设发展、与选题的创新结合起来，集团的市场实现应当与文化贡献结合起来，集团的企业价值应当与文化价值结合起来。这种站在集团管理与建设层面的深层思考，给了我们很大的创新启迪。

三

　　大家对于创新的讨论，源于实践，又高于实践，有很高的学术含量，有较强的理论指导意义。从理论发展的角度来看，我觉得我们今后对于创新的研究和讨论，还有很大的空间。创新无处不在。从创新意识到创新精神、创新机制、创新文化，从创新产品到创新服务、创新企业、创新品牌，品牌又有产品的品牌、服务的品牌、企业的品牌或者说字号，都是创新；一个产品，一组产品，一个产品板块，一个出版专业方向，一个企业的特色与优势，都需要不断创新；市场调研、选题策划、设计制作、生产、营销、服务、资金运作等出版工作的各个环节，都离不开创新；经济社会的发展、文化管理的变化、业界生态的演变，作者、读者、编者在新形势下的互动，出版人、消费者、销售商、供应商、中间服务商在新条件下的互相制约，都在逼迫我们不断创新。唯有创新，我们才能生存、发展、壮大，才能为社会作出更大的贡献。创新产品，创新品牌，最终都要依靠敢于创新、能够创新的人来做。所以，创新还是要从创新人才、建好队伍抓起。有了一流的创新型人才，选题创新、出版创新才不至于仅仅停留在论坛中、楼阁里，才有可能真正实现。

人们对于精神文化生活的需求越来越高，要求我们出版人提供越来越丰富、越来越精彩的图书及各类出版产品。因此，我们的选题、我们的产品也就需要不断地创新、不断地发展。"创新是出版的灵魂"，一个产品，一个板块，一个出版社，一个集团，乃至于我们整个的出版行业，都存在创新的诉求。我们认为，出版社无论大小，出版人无论职位高低，大家对于创新这个问题，都有积极实践之必要。换个角度来讲，不管你所在的出版社或者出版集团原来出过什么样的好作品，牌子多么响亮，经济基础多么雄厚，一旦你因循守旧、停止创新，你就迟早会被淘汰出局。唯有不断创新、不断进取，才能在日益开放竞争的出版市场中，不断发展壮大。作为出版人，我们不仅要传播知识、传播文化，还要积极参与文化建设，努力铸造和弘扬民族精神。"文化"的本义是耕耘之后的收获，要想收获得更多更好，就得不断地耕耘，不断地播撒创新的种子。作为出版工作者，我们应当在努力创新、不断创新的过程中，自觉成为先进文化的建设者、推动者和引导者。

中图体量效益双高　中译翻译出版齐飞

出版企业的双效业绩考核★

一、集团实质上已经进入企业运作、企业管理的时代

国函 22 号文件要求集团整体转制为企业，此后，用了两年多的时间，初步完成了向企业集团的转变。

人事管理方面，传统的模式是分类别定岗位：出版企业是书记、社长、总编；发行企业是书记、总经理；按规模定职数、定岗位，大企业班子成员 5 ～ 7 人，小企业 3 ～ 5 人；按双效业绩考核，定薪酬、定奖惩、定升降调用。集团转企后，要以法定代表人的权利义务落实为核心，实施两级法人治理为主的治理结构，企业的经营发展目标，以法定代表人为领导核心来落实。

财务管理方面，主要是推进预算决算管理，指标任务管理，

★　2007 年 1 月 12 日，在中国图书进出口（集团）总公司和中国对外翻译出版公司领导班子考核会上的讲话。

资金管理，重大资产管理，投融资和信贷管理，财务负责人委派，管理信息系统，合并报表与合并纳税（尚未实行）等工作。

业务管理和指导方面，对出版进行选题指导、评奖引导和重点带动；对发行是采取扶持＋横向联合的方式，在走出去、引进来方面，支持做好传统项目如 BIBF（北京国际图书博览会），扶持做好新项目如海外华人书市、海峡两岸书展，积极做好重点项目如 FBF（法兰克福书展）。

资源整合和业务保障方面，主要是用好重点专项资金，推动纸张材料整合，协调房地产开发，建设信息管理平台、网站、可供书目库和专业数据库。

全集团的运行、管理、服务体系，从制度上讲，初步建立；从发展目标上讲，集团编制了五年规划，各单位也在编制五年规划。整体转制的工作，集团能做的都做了。集团定性为中央企业，党组书记、总裁是中管干部。以集团"改革发展成果展"为主要标志，集团已初步完成了向企业的转变，注册登记只是个选择时机的问题。集团在企业发展过程中，还有大量急需的、棘手的工作要做。

二、双效业绩考核是实行出版企业管理的重要手段

（一）从考核内容看，更全面、更科学

2002 年集团成立后，即对各单位进行考核，主要是定性的；

2005 年开始采取定性和定量相结合的办法，定性有 5 方面，包括德、能、勤、绩、廉，定量有系列指标。

1. 经济效益指标

参照国资委对中央企业的指标体系（是简化后的主要指标，今后会不断细化）：

年度基本指标：年度利润总额、净资产收益率。

分类指标（从国资委建议的 38 项分类指标中选用）：成本费用总额占主营业务收入比重、流动资产周转率。

任期基本指标：国有资产保值增值率、主营业务收入平均增长率。

2. 社会效益指标

结合文化出版企业特点制定。

采取加分制（获奖、受各种表彰、行业贡献……）和一票否决制（社会效益方面出现重大问题）。

（二）从考核主体和对象看

集团公司主持考核，行使出资人权利；广大职工参加考评，行使民主权利；母公司对子公司，子公司对孙公司、中层分层考核。过去是上级对下级、管理机构对企业的考核，现在是母公司对子公司、出资人对受权经营者的考核。考核体现了母公司的权利，子公司的义务，企业中层、党工群妇参与监督和民主管理的权利；全集团对国家的责任。

（三）考核结果有现实意义

主要有两个意义，一是检查经营者业绩：作为薪酬、奖惩、人事决算依据；二是检查企业经营状态：作为重大事项决策依据。

三、关于中图公司

（一）经营成绩显著

2006 年在以焦国瑛为主要负责人的领导班子的带领下，在全体干部职工的辛勤努力下，改革有进展，生产有发展，效益有增长，党工群保障有力，队伍较稳定，福利有所提高。对 2007 年工作以及更长远的工作，也提出了清晰思路。

主营业务收入净额较上年增长 2.24%；利润增长 49.7%，完成预算 168%，增长较大。

2006 年，集团进口金额 1.27 亿美元，其中图书文献、报刊、数据库，合计 16.75 万种；出口出版物金额 463 万美元，占全国 11.83%。进出口金额合计 1.32 亿美元，出现较大的恢复性增长。

在中国出版国际化，走出去、引进来方面，中图继续发挥了行业主力军作用，为集团和整个出版业做贡献：承办了第 13 届 BIBF，实现版权贸易第一次平衡，受到表彰；组团参加第 58 届 FBF，顺利完成任务；世图公司、科文音像等出版单位，在效益、优秀作品方面有增长、有亮点；整个中图在进出口总量和规模方面，保持绝对领先。

（二）面临任务艰巨

在进出口利润空间受到行业竞争者、图书馆采购（客户）、网络刊物（技术）等几方面"掠夺"的情况下，如何调整结构、调整好结构，建立更好的内部运行环境，建立适应新竞争环境的机制，保持业务增长，保持集团骨干地位和行业领先地位，任务还是很艰巨的。中图家大业大难度也大，基数大增长难度也大。

（三）发展基础良好，集团寄予厚望

基础良好：一是经济底子厚；二是队伍过硬，各类人才齐全，中图内可调用；三是业务布局点多、面广，业务网络比较完整；四是在国际市场占有先机；五是领导班子基本配齐。

集团对中图的期望：一是做集团骨干、行业领跑者；二是进一步拓展业务网点，特别海外网点（扩大优势），国内子公司还有潜力；三是进一步做好出版业务。在图书基础上，做好音像（扭亏）、电子、网络出版，做到在集团领先的水平；四是做强会展和行业服务。以 BIBF 为核心品牌，做深、做宽、做细（延伸服务），积极参与中国图书对外推广计划；五是进一步扩大出口。出口有难度，但中图总比新办企业有优势，要研究如何以进口带出口；六是加快信息化建设；七是化解矛盾，妥善处理好职工问题，实现公司的稳定、团结、发展。

四、关于中译公司

(一) 2006 年成绩显著

总的感觉是改革有进展，生产有发展，效益有增长，党政工群保障有力，职工福利有所改善，业务活跃，队伍稳定，奋发向上。表现在以下方面：

一是机构设置趋于合理。翻译业务方面，设立了会议口译部、总调度室，总调度室为枢纽。出版业务方面，成立了第二编辑部、第三编辑部，总编室为枢纽。

二是业务布局适应了翻译、出版两大主业的特点，适应了翻译信息化、出版多媒体化的发展趋势。翻译业务中，联合国签约的任务占 1/3，国内市场业务占 2/3，共 1992 万元。对新技术的应用、在新领域的拓展取得成效，远程在线翻译取得实际效益。质量管理方面，健全完善 ISO9001 质量认证体系（集团第二家）。在行业培训、业务交流方面，成为行业领头羊。

三是队伍建设，在集团很有特点。注重广纳人才，留住人才，培训培养人才，人尽其才，队伍壮大，素质提高，竞争力增强。

四是生产服务规模和效益，增长明显。图书出版收入增长 54.4%；翻译收入增长 14.5%；利润增长 10%。图书出版 300 多种，其中新书 221 种、再版 90 种。图书销售前几年只有几百万，相当于大社的一个编辑部；现在开始像个出版社了。2007 年有 2 种在榜虚拟类畅销书（集团共有 10 种在榜）。与联合国签了 5 年协议，收入来源有保障，地位进一步巩固。

总的来讲，在完成了集团 2006 年下达考核任务的同时，为今后的大发展奠定了良好的物质的、机制的、人才的基础。

（二）面临的任务还很艰巨，还有很大的发展空间

一是充分发挥好中译翻译在翻译界的品牌优势，继续做翻译界的行业集中者。整个翻译界的服务产值有多大？中译占多大比例？这也应当是我们经常要想的问题。既要有自己纵向发展目标，还要有行业竞争目标。二是处理好翻译、出版、培训、技术几个关系，发挥综合优势，取得综合发展。要做到两翼齐飞，翻译作龙头、出版作中游。出版业务在"走出去"方面还有很大潜力。世图公司就较好地利用了进出口优势，每年期刊购权数百种。中译如何发挥自身优势，做到翻译业务与出版业务的互动？三是加强宣传，特别是对非翻译界的新闻、出版、文化界、国际活动和会议的宣传，扩大翻译业务。包括为集团"走出去"提供翻译支持，取得服务效益。有的单位，要翻译，首先往往想找高校和研究院所，所以中译要在这方面做好工作。四是把《动感》《长三角》《环球纪事》三个刊物和音像电子数字出版业务做好。三联书店 2006 年 1100 万利润，四个刊（《三联生活周刊》《读书》《爱乐》《竞争力》）主要是《三联生活周刊》就占了一半。中译要把刊物作为重要的经济增长点来培养和发展。五是充分发挥好技术

对业务发展的支撑作用。六是把总的生产规模尽快做大、做出更大的贡献。中译目前在集团 10 家出版单位中（含现代教育），规模、利润还靠后。七是出产品、出服务，也出人才。要出大翻译家、出版家。相信中译公司有能力实现自己更大的目标！

朝阳产业和朝阳企业★
——谈出版业的发展态势和中国出版集团的发展状况

一、世界出版业发展动向

1. 经济综合体·文化软实力

国际大型出版传媒集团都是立足大文化领域的出版传媒综合体和经济实体。2006 年，全球排名前 45 位的出版机构总收入达 511 亿欧元（仅指出版部分），占全球出版业总收入 560 亿欧元的 91.25％。其中，前 10 家的销售收入又占到上述 45 家总收入的三分之二。

以贝塔斯曼集团为例。该集团由德国莫恩家族创立于 1835 年，经过 170 多年的经营，经历了二战后的快速发展，尤其是抓住了历次技术大发展、文化大发展的机遇，这个家族式企业已成为世界第一大出版传媒集团，主要业务涉及图书出版、期刊出版、报

★　2007 年 10 月 25 日，在中国出版集团新进大学生研究生培训班上的讲话。

纸传媒、电视、电影、音乐、音像、传媒服务、图书俱乐部等诸多文化领域，分支机构遍及 50 多个国家，下属公司达到 300 多家。旗下的主要公司包括：美国最大的一般图书出版社兰登书屋集团，美国最大的纸皮书出版社矮脚鸡·双日·戴尔出版社，世界最大的家族式出版社施普林格出版社，古纳亚尔期刊集团，RTL 集团，欧唯特集团，Columbia House，索诺音像公司，莱塞林图书俱乐部，双日直销图书俱乐部，等等。

再看世界第二大出版传媒集团里德·爱思唯尔集团，其主要业务涉及科学、专业、商业三大领域。科学部分包括爱思唯尔科学公司（出版 1200 种科学杂志）和医药出版及交流公司（出版 79 种医药、生物、门诊化学杂志和《医学百科全书》）等机构；专业部分包括莱克西斯·尼克西斯公司、里德·爱思唯尔法律处、哈考特教育集团、爱思唯尔奥普斯汀公司等机构，提供法律、商务、公共信息、税收、教育、培训等方面的专业服务；商业部分包括凯纳斯、里德·爱思唯尔等商务信息公司，以及里德展览公司。

在发行领域，超大型经济实体同样垄断了市场。如在美国，两家最大的连锁书店巴诺书店和鲍德斯书店，2006 年的销售收入为 70 亿美元，占全美图书零售市场的份额高达 1/3。在英国，两家最大的连锁书店瓦特斯通书店和史密斯书店，2006 年的销售收入为 7.5 亿英镑，占全英图书零售市场的份额高达 35%。

2006 年，国际大型出版传媒集团的销售总收入和利润，贝塔斯曼为 256.69 亿和 31.92 亿美元 [1]，爱思唯尔为 105.54 亿和 23.66 亿美元，汤姆森为 66.41 亿和 12.58 亿美元，麦格劳 - 希尔为 63 亿和 8.82 亿美元，培生为 48.87 亿和 6.54 亿美元 [2]，威科收入为 49.12 亿美元，约翰·威利收入为 8.45 亿美元 [3]。

国际大型出版传媒集团以其资产规模、生产能力、营销手段和技术手段、经济总量方面的巨大优势，面向全球推销其图书、杂志、报纸、音乐、电视、电影、专业资讯、商业服务等出版、文化产品和服务，在获取丰厚利润的同时，输出了他们的文化，他们的生产方式、生活方式，他们的价值观、利益观，形成了强势的文化软实力、文化辐射力和文化影响力。

2. 强化专业经营·垄断细分市场

根据市场变化，适时调整发展领域，转变商业模式，强化专业经营，垄断核心业务的细分市场，是国际大型出版传媒集团的基本战略。比如汤姆森集团，最初的经营横跨报纸、电视、石油勘探、旅游等多个行业。后来，汤姆森相继退出报纸、旅游、石油勘探行业，转向图书出版和信息服务行业。1998 ～ 2005 年的 7 年间，该集团进行了 70 次并购活动。2000 年，汤姆森向爱思唯尔出售哈考特教育集团，在教育方面重点发展以高等教育出版

1　按 1 欧元＝ 1.33 美元换算，下同。销售总收入不仅指出版，下同。贝塔斯曼 2006 年纯出版为 61.33 亿美元，约占总收入的 1/4。

2　按 1 英镑＝ 1.105 美元换算，下同。

3　以上据《中国图书商报》2007 年 3 月 30 日梁竞帆《调整战略 增加盈利——国际领先传媒出版集团 2006 年报分析》。

为重心的汤姆森学习出版集团，同时保持法律、金融、保健、科技等专业领域的出版领先地位。就当人们已经习惯于将汤姆森看作世界三大教育出版商之一时，2007 年 5 ～ 7 月，汤姆森再作惊人之举，将旗下的汤姆森学习出版集团公司以 77.5 亿美元出售给加拿大私人直接投资公司阿帕克斯（Apax Partners）和加拿大大型养老基金欧莫斯（OMERS Capital Partners）[1]，同时收购世界著名的路透集团。汤姆森之所以要出售成长性十分良好的学习出版集团、收购路透集团，目的是要进行所谓的"整合战略战术和商务模式"。具体说，第一，留下来的法律、金融、保健、科技等专业领域与教育出版的资源开发、制作流程、营销方式、服务对象不同，发展目标不同，不利于强化专业经营；第二，出售汤姆森学习出版集团的资产，可以为收购路透集团注入重要资金[2]。汤姆森和路透联手打造的全球最大财经信息及数据服务商汤姆森—路透公司（Thomson-Reuters PLC），将一举超过彭博资讯（Bloomberg），成为全球最大的财经信息及数据服务商。汤姆森公司总裁兼行政总裁理查德理·哈灵顿说，"出售学习出版集团是汤姆森战略转变的重要一步，也是战略转变的自然结果。市场已经充分验证了我们在解决商业顾客和专业顾客工作方面的策略

1　在被 Apax 公司和 OMERS 资本公司联合兼并之后，汤姆森学习出版集团从 8 月 31 日起易名为"圣智（Cengage）学习出版集团"，Cengage 是取"center of engagement"即"交易中心"之意，其主要业务依然是向教育机构或图书馆提供印刷、出版和数字信息服务。

2　汤姆森集团和路透集团的董事会 5 月宣布，同意前者以约 87 亿英镑（约合 172.3 亿美元）股票加现金方式收购后者，拥有后者 9 成以上的股权。

性和有效性。我们将继续加强实力，重新构建市场开发和技术创新。"

3. 国际合作多样化——产品贸易·版权贸易·产品合作·版权合作·合作企业

国际合作越来越频密，合作方式趋于多样化。主要的国际合作形式包括：

产品贸易，即书、报、刊、音像、电子等出版物的进口、出口贸易，以及相应的出版服务。

版权贸易，即一方从境外的另一方有偿获得出版权利，所获得的授权通常在媒体形式、版本形式、文字种类、发行地区等方面都是有限的。境内不同出版社之间的版权转让不是版权贸易。

产品合作，即双方共同策划、编辑、出版产品，版权共享。

版权合作，即双方事先签订战略性的一揽子版权协议，在版权受让过程中保持协商、调整，共同对新版本的内容及出版效果进行管理。

合作企业，即境内外企业合资创办新的出版机构。选择创办合作企业，而不是直接从事产品贸易、版权贸易等出版活动，除了成本上的考虑外，更多的是为了"本土化"生产、销售和服务，着眼于适应当地文化的需要。

4. 内容数字化·传播网络化

随着互联网和高新技术的快速发展，包括图书、报纸、杂志、音像制品等在内的传统出版物近年来在不少国家都出现了经营滑坡的趋势，而互联网媒体则呈现出强劲的发展势头。由于世界范围内数字时代的到来，大众的阅读方式已经不再局限于传统纸质媒体甚至光存储媒体，新兴的数字媒体譬如新闻网站、电子图书、数字杂志、在线音乐、网络游戏，还有以手机为载体的手机报纸、手机小说、手机音乐等等众多新的阅读载体和阅读方式正在兴起。内容数字化、传播网络化，正风起云涌，不断地对传统媒体的生存提出挑战，不断地冲击着人们的视听神经。

近几年的法兰克福书展上，30％的展品都是数字产品。2007年10月第59届法兰克福书展发布的全球出版行业调查数据显示，53％的受访者认同数字化是出版业面临的挑战。

2006年年底，美国国会图书馆向联合国教科文组织提出建设"世界数字图书馆"的建议。2007年10月17日，联合国教科文组织宣布推出"世界数字图书馆"计划，目前已有美国、俄罗斯、巴西、埃及等30多个国家表示参与计划，另有60多个国家表达了参与意愿。按计划，"世界数字图书馆"将收录参与国图书馆提供的美术、音乐、电影、戏剧、照片及文字作品，设有英文、法文、俄文、中文、阿拉伯文、西班牙文、葡萄牙文7种文字的查询索引，于2008年年底建成使用。届时，全世界所有观众均可通过互联网免费入馆，查阅资料、欣赏文化艺术作品。

2007年，汤姆森集团在出售了旗下的汤姆森学习出版集团后，绝大部分的销售额将来自电子产品和服务的盈利。鉴于这部分目前正处在不断高速增长的状态，汤姆森预计2007年电子化收入所占比例将由 2006 年的 69％增长到 80％。

在美国，2006 年电子书销售收入已达到 2000 万美元。

在日本，用手机看小说已成新潮流。2006 年手机小说的销售超过了 8200 万美元。2007 年上半年，进入日本 10 大畅销书排行榜的，一半是由手机小说改编的作品。影响最大的手机小说网站 Mahoi － Land，能提供 100 多万部手机小说，已吸纳了 600 多万会员。

二、我国出版业发展态势

改革开放以来，特别是 21 世纪以来，我国出版业加快改革、加速发展，在规范管理、体制改革、品种规模、质量效益、国际影响、人才素质、技术手段等方面，都取得了令人瞩目的成就，已然成为世界出版大国。回顾出版成就，足以令人自豪。目前我国出版业正处在转制改制、技术创新、合纵连横、重新洗牌、加速发展的关键时期。

1. 管理规范化（政策法规）

国家对于出版的管理，从过去的政企不分、政事不分，逐渐过渡到政企分开、政事分开，政策引导、行业指导，宏观调控、依法监管。就法制建设而言，制定了一系列出版法规和相关政策，从层级和效力上说，包括以下内容：

一是出版相关法规。包括《宪法》《刑法》《民法通则》等法律的相关条款，法规发布时间如下：

《宪法》有关条款/1999 年 3 月发布。

《刑法》有关条款/1997 年 3 月发布。

《民法通则》有关条款/1986 年 4 月发布。

《最高人民法院关于审理非法出版物刑事案件具体应用法律若干问题的解释》/1998 年 12 月发布。

《国家通用语言文字法》/2000 年 10 月发布。

《广告法》部分条款/1994 年 10 月发布。

二是出版法规。目前执行的比较重要的有一法、五条例、六规、四办法等等。其中著作权法，本不是单纯的出版法规——著作权与专利权、商标权并列为三大知识产权，著作权本身涉及各类文学艺术作品的复制、发行、出租、展览、表演、放映、广播、信息网络传播、摄制等 17 项权利，不单是复制、发行等出版权利——但它与出版的相关程度甚高，故受到出版人和出版界的高度重视。

一法、五条例、六规、四办法发布时间如下：

一法：《著作权法》/1990 年 9 月颁布，1991 年 6 月施行/2001 年 10 月重新发布。

五条例：

（1）《著作权法实施条例》/1991 年 5 月国务院批准、国家版权局发布，1991 年 6 月施行/2002 年 8 月重新发布，2002 年 9 月施行。

（2）《出版管理条例》/1997 年 1 月国务院发布，1997 年 2 月施行/2001 年 12 月重新发布，2002 年 2 月施行。

（3）《印刷业管理条例》/1997 年 3 月国务院发布 / 2001 年 8
月重新发布、施行。

（4）《音像制品管理条例》/1994 年 8 月国务院发布，1994
年 10 月施行 / 2001 年 12 月重新发布，2002 年 2 月施行。

（5）《计算机软件保护条例》/1991 年 6 月国务院发布，1991
年 10 月实施 /2001 年 12 月重新发布，2002 年 1 月施行。

六规：

（1）《图书质量管理规定》（附：《图书编校质量差错率计算
方法》）/1992 年试行 /1997 年 3 月署发布、生效。

（2）《期刊管理暂行规定》/1988 年 11 月署发布、施行。

（3）《电子出版物管理规定》/1996 年 3 月暂行规定 /1997 年
12 月署发布，1998 年 1 月施行 / 待修订。

（4）《互联网出版管理暂行规定》/ 2002 年 8 月 1 日施行。

（5）《出版物印刷管理规定》/ 1997 年 8 月署发布、施行。

（6）《关于严格禁止买卖书号、刊号、版号等问题的若干规定》/
1997 年 1 月署发布、施行。

四办法：

（1）《图书、期刊、音像制品、电子出版物重大选题备案办法》/
1997 年 10 月署发布、施行。

（2）《音像制品出版管理办法》/1996 年 2 月署发布、施行 /
待修订为《音像制品出版管理规定》。

（3）《音像制品复制管理办法》/1996 年 2 月署发布、施行。

（4）《计算机软件著作权登记办法》/2002 年 2 月国家版权局发布、施行。

其他法规：

（1）《国务院关于严厉打击非法出版活动的通知》/1987 年 1 月国务院发布。

（2）《出版管理行政处罚实施办法》/1997 年 12 月署发布，1998 年 1 月施行。

（3）《著作权行政处罚实施办法》/1997 年 1 月国家版权局公布、施行 /2003 年 7 月重新公布，2003 年 9 月施行。

（4）《新闻出版保密规定》/1992 年 6 月国家保密局、中央外宣小组、署、广电部发布，1992 年 6 月施行。

（5）《科学技术保密规定》/1995 年 1 月国家科委、国家保密局发布、施行。

（6）《法规汇编编辑出版管理规定》/1990 年 7 月国务院发布、施行。

（7）《关于出版党代会、党中央全会和全国人代会文件及学习辅导材料的暂行规定》/1991 年 4 月署发布。

（8）《关于出版挂历的管理规定》/1995 年 3 月署发布。

（9）《地图审核管理办法》/1996 年 12 月国家测绘局、署发布，1997 年 1 月施行。

（10）《关于认定淫秽及色情出版物的暂行规定》/1988 年 12 月署发布、施行。

（11）《关于部分应取缔出版物认定标准的暂行规定》／1989年11月署发布。

（12）《内部资料性出版物管理办法》／1997年12月署发布，1998年1月施行。

（13）《关于贯彻执行国务院〈法规汇编编辑出版管理规定〉的通知》／1991年12月署发布。

（14）《关于重申对出版反映党和国家主要领导人工作和生活情况图书加强管理的紧急通知》／1997年1月署发布。

（15）《关于对编辑出版集中介绍党政领导干部情况出版物加强管理的通知》／1997年4月中办、国办发布。

（16）《国务院办公厅关于进一步加强对有关出版物管理的通知》／1998年8月国办发布。

（17）《中共中央办公厅关于严格执行编辑出版党和国家主要领导同志讲话选编和研究著作有关规定的通知》／1998年1月中办发布。

（18）《国务院办公厅关于坚决取缔非法出版活动的通知》／1996年1月国办发布。

（19）《图书质量保障体系》／1997年6月署发布。

（20）《关于培育和规范图书市场的若干意见》／1996年6月署发布。

（21）《外商投资图书、报纸、期刊分销企业管理办法》／2003年3月署、外贸经部发布，2003年5月施行。

2. 产品规模化

就品种规模而言，2006 年，我国共出版各类出版物 286390 种，其中：图书 233971 种，期刊 9468 种，报纸 1938 种，录音制品 15850 种，录像制品 17856 种，电子出版物 7207 种。生产能力位居世界前列。

到 2006 年年底，我国有史以来共出版图书 362.3 万种。其中：①有史以来至 1949 年共出版 28 万种——古代至辛亥革命之前出版 18 万种；辛亥革命至 1949 年出版 10 万种。② 1950 ～ 1990 年的 41 年，共出版 103 万种，年均 2.51 万种。③ "八五" "九五" 期间 1991 ～ 2000 年的 10 年，共出版 113.25 万种，年均 11.32 万种。10 年出版量超过前 41 年。④ "十五" 和 "十一五" 头一年的 2001 ～ 2006 年，6 年间，共出版 118.06 万种，年均 19.68 万种。6 年出版量超过前 10 年。⑤ 1950 ～ 2006 年 57 年的出版总量为 334.31 万种，是建国前 2000 多年出版总量的 12 倍。年出版量从 1994 年跃上 10 万种台阶，2004 年跃上 20 万种台阶，两个大台阶只用了 10 年，发展速度惊人。

与此同时，我们也注意到，由于品种增加、门类增加、阅读兴趣分散，以及获得信息和知识的途径扩大等因素的影响，图书的平均印数这些年却呈现逐年下降之势，总印数一直在 60 亿册左右徘徊。2000 ～ 2006 年，图书的平均印数（册／种）依次递减为：44091，41191，40640，35163，30904，29106，27388；2006 年总印数为 64.08 亿册。

3. 单位企业化·企业集团化·行业产业化

最近十多年来，我国新闻出版业加速推进体制机制改革。就出版而言，改革的核心内容就是要实现出版单位企业化，有条件的出版企业集团化，在保证公益性出版事业健康发展的同时实现经营性出版的产业化。

1996 年 1 月，新闻出版领域开始集团化试点工作。1999 年 2 月，成立我国第一家出版集团——上海世纪出版集团。

进入新世纪，改革步伐加快。2001 年 8 月和 2002 年 7 月，中办、国办先后下发 17 号文件[1]和 16 号文件[2]；2002 年 8 月，新闻出版总署制发了有关出版、报业、发行集团建设的规范性文件[3]。这些举措，标志新闻出版业开始以推进集团化建设为突破口进行产业结构调整。随即，各地纷纷成立报业、广电、出版、发行、文艺集团。

中共十六大提出了"积极发展文化事业和文化产业，继续深化文化体制改革"的要求。随后不久的 2003 年 6 月，召开了全国文化体制改革试点工作会议，出台了 21 号文件[4]。 21 号文件确定为文化体制改革试点单位的新闻出版单位有 26 家，其中出版

---

1 中办、国办转发《中央宣传部、国家广电总局、新闻出版总署关于深化新闻出版广播影视业改革的若干意见》。

2 中办、国办转发《中央宣传部、新闻出版总署关于进一步加强和改进出版工作的若干意见》。

3 《出版集团组建基本条件和审批程序》《报业集团组建基本条件和审批程序》《发行集团组建基本条件和审批程序》等。

4 《中共中央办公厅、国务院办公厅转发〈中共中央宣传部、文化部、国家广电总局、新闻出版总署关于文化体制改革试点工作的意见〉的通知》。

单位 9 家，发行单位 6 家，新闻单位 11 家；2003 年 12 月，出台了国办发 105 号文件 [1]，极大地推动了包括出版在内的文化体制改革和文化产业发展。

2004 年 3 月，国务院下发国函 22 号文件，授权成立中国出版集团公司，授予中国出版集团公司对所属成员单位占用的经营性国有资产行使出资人权利。中国出版集团公司因此成为我国第一家具有完全企业身份的出版单位和第一家获得政府授权经营的出版单位。随后各地出版集团纷纷获得授权经营并转制为企业，以出版集团为骨干、以行业出版社和高校出版社为重要力量的经营性出版行业初步搭建成型。

截至 2006 年年底，我国共成立了 24 家出版集团。此外，各地还在出版集团之内或之外，成立了相应的发行集团。报业、期刊集团也多达数十家（见表）。

中国的出版集团一览表

序号	成立时间	集团名称
1	1999.2.24	上海世纪出版集团
2	1999.7.7	北京出版社出版集团
3	1999.12.22	广东省出版集团
4	2000.3.29	辽宁出版集团
5	2000.6.25	中国科学出版集团

1　包括《文化体制改革试点中支持文化产业发展的规定（试行）》和《文化体制改革试点中经营性文化事业单位转制为企业的规定（试行）》。

（续表）

序号	成立时间	集团名称
6	2000.9.1	湖南出版集团
7	2000.12.12	山东出版集团
8	2000.12.21	浙江出版联合集团
9	2001.9.28	江苏出版集团（凤凰出版传媒集团）
10	2002.4.9	中国出版集团
11	2003.12.12	吉林出版集团
12	2003.12.22	中国作家出版集团
13	2003.12.26	四川出版集团
⑩	2004.3.25	中国出版集团公司
14	2004.3.28	河南出版集团
15	2004.4.15	河北出版集团
16	2004.6.22	上海文艺出版总社
⑥	2004.9.1	湖南出版投资控股集团有限公司
③	2004.9.6	广东省出版集团有限公司
17	2004.10.12	湖北长江出版集团
18	2004.12.31	江西省出版集团公司
19	2005.1.25	云南出版集团公司
20	2005.4.28	重庆出版集团公司
21	2005.9.30	贵州出版集团公司
①	2005.11.26	上海世纪出版股份有限公司
22	2005.11.28	武汉出版集团公司
23	2005.11.28	安徽出版集团有限责任公司
24	2006.12.21	山西出版集团
⑰	2007.10.9	湖北长江出版传媒集团有限公司

4. 竞争市场化——市场主体·市场格局

通过转企改制，把原来计划经济条件下的经营性出版单位转到市场经济的轨道上来，成为市场主体；通过体制创新，进行企业重组、集团化塑造和股份制改造，培育新的更具活力和竞争力的市场主体。市场主体带来市场竞争，有利于形成竞争有序的出版市场。

出版单位完成转企改制和股份制改造，成为规范的公司制企业后，即具备了上市资格，可以通过上市融资，加速发展，成为更强大的市场主体。目前，发行企业中已有上海新华传媒股份有限公司、四川新华文轩连锁股份有限公司等在 A 股或 H 股上市；出版企业中辽宁出版集团将作为大陆第一家上市企业，在 A 股上市。

市场格局逐步清晰合理。表现在：

①出版能力趋于向大社集中。2005 年全国 573 家出版社出版图书 222473 种，定价总码洋 632.28 亿元。就出版品种而言，不到两成即 1/5 的出版社出版了五六成的图书；1/15 的出版社出版了 1/3 的图书；前 10 家即 1/60 左右的出版社出版了 1/6 的图书；就造货码洋而言，1/4 的出版社生产了五六成的码洋；3％的出版社生产了 23％的码洋；1/200 的出版社生产了 1/13 的码洋。

②出版物细分市场形成三大强势板块。2005 年，社科、科技、教育 3 大图书类别的种数、造货码洋均占到八成左右。文艺、美术、古籍、民族、少儿、旅游、综合等 7 个类别的种数和码洋均只占

二成左右。

③"巨无霸"式的出版企业现出端倪。2005 年，高教社、人教社、苏教社三大教育出版社，造货码洋占全国造货总码洋的7.62%，占全国教育类图书造货码洋的 37.39%；中国出版集团的大众图书的市场占有率达到 7.79%，是第二名的 1 倍多。

④出版集团逐渐主导市场。2005 年，全国 23 家出版集团的出版品种、造货码洋均占到全国的三成左右；并且，这些出版集团的平均单品种印数高于全国平均值 24.4%，平均印张定价低于全国平均值 3.12%，体现了良好的成长性。[1]

⑤出版集团逐渐成为行业经济的中坚。 2006 年，总资产超过 20 亿元的出版集团有 15 家，其中超过 50 亿元的有 6 家；销售收入超过 20 亿元的有 11 家，其中超过 35 亿元的有 7 家；净资产超过 18 亿元的有 10 家；利润总额超过 2 亿元的有 3 家。

5. 市场国际化——走向国际市场

中国加入 WTO 后，出版业对外开放势不可挡，中国出版市场加速国际化。2003 年我国对外开放图书零售业务，2004 年对外开放图书发行批发业务。贝塔斯曼、施普林格、汤姆森、培生、DK、爱思唯尔、讲谈社等世界出版巨头，纷纷在京、沪等地设立办事处或代表处。至 2006 年年底，经中国政府批准设立的外资分销发行企业已有 45 家，其中 15 家具有批发权。

---

1 以上数据根据新闻出版总署计划财务司《中国新闻出版统计资料汇编（2006）》和《中国图书商报》2007 年 1 月 9 日、4 月 3 日刘拥军、马莹文章《全国出版能力四方角逐》《2005 集团出版能力回眸》。

在我国市场逐步国际化的同时，我国也加速"走出去"，走向国际市场。出版"走出去"，从政治上讲，是提高中华文化的国际渗透力、影响力和国家软实力的需要；从经济上讲，是积极参与国际竞争、争夺国际市场、打造出版强国的需要。为推动"走出去"，政府部门出台了一系列鼓励政策，提供了包括"中国图书对外推广计划"的翻译资助和参加国际书展的展费资助在内的各种资金支持。在国家政策利好、企业自觉性升高的情势下，走向国际市场取得了明显成效。

产品贸易方面，我国出口进口出版物比例，2004年为1:6.64，2005年为1:5.24，2006年为1:5.41。

版权贸易方面，我国输出引进出版物版权比例，2003年为1:15.43，2004年为1:8.62，2005年为1:7.18，2006年为1:6.02——其中图书为1:5.34。版权贸易逆差逐年缩小。2007年，在第59届法兰克福书展上，我国输出版权1928项（含意向），贸易总额873.24万美元，引进版权1030项，贸易总额238.2万美元。

国内与国外大的出版企业之间，积极开展出版合作，包括图书产品（项目）合作和期刊版权合作。

产品合作，图书产品（项目）合作开展的比较好的有中国出版集团、科学出版集团、高等教育出版社等。比如中国出版集团，人民文学出版社与哈珀·柯林斯出版集团合作，共同出版中国留美小作者范祎的小说《剑鸟》，经过协调运作，2007年年初，相继在美国市场推出英文版、在中国市场推出中英文对照版。

英文版在美国出版的第一个星期，就冲上了纽约时报畅销儿童小说的排行榜；中英文对照版面世后，在国内小读者中产生了较大反响。

图书方面，输出版权合作的例子，中国出版集团人民文学出版社与哈珀·柯林斯出版集团签订战略合作协议，双方计划用 5 年时间，共同筛选当代中国文学精品，译成英文，由美国柯林斯出版社出版英文版的"中国当代文学精品丛书"（50 种），向全世界发行。首批推出的《骆驼祥子》《古船》《边城》正在翻译之中。引进版权合作的例子，商务印书馆与哈佛商学院出版公司签订战略合作协议，共同翻译出版"哈佛经管丛书"（150 种），目前已出版 70 种左右，其中的《蓝海战略》《记住你是谁》等，市场影响很大。双向多方版权合作的例子，三联书店与国际著名的旅游出版社澳大利亚孤星（Lonely Planet）出版社签订战略合作协议，三联引进翻译并编辑出版孤星的"旅行指南系列"（25 种），目前已出版《欧洲》《东南亚》《美国》《德国》等 11 种，使得三联书店在国内旅游图书的市场占有率跃升到第二位，此是其一；其二，与此同时，中文版的版权再转卖给台湾的联经出版社，由其出版中文繁体字版；其三，由于合作效果良好，三联与孤星两家出版社正在策划，拟共同编辑出版有关中国的旅行指南系列，比如《中国西南》《中国云南》等等；其四，三联与孤星签订新的版权合作协议，由孤星翻译出版三联已经出版的"乡土中国"丛书（15 种）的英文版，包括《徽州》《蓝田》《闽西客家》《武陵土家》

等，以精美的图片、生动的文字呈现给国外读者原汁原味的中国自然人文景观，和一幅独具韵味的中国风情画卷。其他版权合作的例子还有，人民音乐出版社授权德国朔特出版社独家出版 5 部专为外国读者策划的、用不同的西洋乐器演奏中国本土音乐的"中国旋律"乐谱，内容包括中国民歌《茉莉花》等；中国大百科全书出版社与比利时根特大学 VARTEC 公司合作，共同推出《中国大百科全书（网络版）》的欧洲版。

期刊出版方面，与外国出版机构开展版权合作的中国出版企业已有 50 多家，成功的例子有《美国国家地理杂志》《时尚》《瑞丽》《读者文摘》。中国出版集团中国图书进出口（集团）总公司世界图书出版公司，共购权出版世界上的科技类等专业期刊 3000 多种。

在境外创办合作出版企业方面，2003 年，中国国际出版集团所属常青图书（美国）公司与香港联合出版集团合作，在美国创办长河出版社。2007 年 9 月 1 日，中国出版集团及其下属中国出版对外贸易总公司，分别与法国博杜安出版公司和澳大利亚多元文化出版社签订协议，分别在巴黎和悉尼注册成立合资出版社。

在国际文化出版活动中，中国出版频频亮相，产生了越来越大的影响。2004 年 3 月，我国首次作为主宾国亮相法国出版沙龙；2007 年 7 月，我国作为主宾国亮相第 20 届莫斯科书展；2008 年，我国将作为主宾国亮相第 60 届法兰克福书展。主宾国活动，向世界展示了中国的古老文化和现代文明，掀起了强劲的"中国风"，促进了文化及出版交流与合作。

6. 手段现代化——同步数字出版

2007 年在奥地利维也纳举行的第 17 届国际数字出版会议上，有学者指出：数字出版是依靠互联网并以其为传播渠道的出版形式。数字产品（信息）的出版过程，是将数字信息内容建立在全球平台之上，通过建立数字化数据库达到在未来重复使用的目的，并涉及电子商务和在线支付系统；数字产品的形态，可以是在线、网页、电视、光盘，需要时还可以是纸张；数字产品的服务形式，包括按需印刷（POD）和按需制作光盘（VOD）；数字出版的供应链，包括作者、出版商、技术提供商、数据库、网络发行商、终端用户。按照这样的定义，目前的数字出版尚未形成独特的商业模式，而仅仅是在传统出版的商业模式上增添了商业出版的元素。专家们预测，在未来 5 ～ 7 年，数字出版的模式将发生重大变化，有望形成适合数字出版特点的独特商业模式。

目前，全球数字出版与纸介质出版的比例，商业出版（大众出版）为 1:99，音乐出版为 15:85，教育出版为 35:65，科技、医学、法律等专业出版为 80:20。

从上述分析来看，在出版的内容形式、生产方式、传播服务手段方面乃至整个商业模式上，我国的数字出版和网络传播与世界出版业是基本同步的；在专业出版领域，发达国家的数字化实践则可以给我们提供许多经验。

2007 年，中国出版科学研究所最新发布的《第四次全国国民阅读与购买倾向抽样调查报告》显示，我国国民传统介质阅读率持续 6 年下降，网络阅读率 6 年来则增长了 6.5 倍。与此同时，中国互联网信息中心（CNNIC）7 月 18 日发布的第 20 次互联网报告显示，截至 2007 年 6 月 30 日我国网民总人数已达 1.62 亿，仅次于美国 2.11 亿网民的规模。我国手机上网人数则达到 4430 万人。

出版业新旧媒体的反差是巨大的，数字化技术带来的挑战是巨大的。

在政府层面，大力推进以数字技术和互联网技术为核心的文化生产和传播的新兴行业，加快传统发行业向现代发行业的转换，积极发展电子书、手机报刊、网络出版物等新业态，发展手机网站、手机报刊、IP 电视、数字电视、网络广播、电视电影等新兴的传播载体，已被写入国家文化发展纲要当中。在《中国新闻出版业"十一五"发展规划》中，数字出版领域将重点建设 8 个重点工程，它们是多媒体研发工程，国家数字复合出版系统工程，中华字库建设工程，国家知识资源数据库出版工程，国家动漫振兴工程，中国古籍数字化工程，国家版权保护技术开发工程，数字化文化传播工程。

在实践方面，目前在中国市场上流通的电子书已超过 30 万种。据不完全统计，2006 年中国数字出版产业整体收入超过 200 亿元，其中网络广告收入 49 亿元，互联网期刊收入 5 亿元，电子图书收入达 1.5 亿元，网络游戏收入达 65 亿元，手机彩铃、手机铃声、手机游戏、手机动漫收入达 80 亿元。又据新闻出版总署 2006 年对 50 家互联网出版机构的年检数据，50 家机构的互联网出版业务收入 28 亿多元，利润近 15 亿元，比上一年增长了 63.28％。

就电子图书而言，在以一般纸介质图书为主的市场上，它的销售码洋比例已由 2002 年的 0.22％增加到 2006 年的 0.5％，增长了 1 倍多。虽然市场规模仍然很小，但增长势头强劲，发展空间很大。

就电子图书的内容而言，专业内容占到一半以上，科技内容占到三分之一以上。

在技术层面，为了解决制约数字出版产业发展的瓶颈问题，政府将大力推动出版资源的数字化，在保护知识产权的前提下，实现最大限度的内容共享，加快数字出版产业主要标准和关键技术标准的研究与制定。

综上所述，我国出版业已初步形成了适应社会主义市场经济要求的管理格局、市场主体、经营机制、竞争态势，初步具备了满足人们文化需求、参与国际出版竞争的能力，可以称得上是出版大国。然而，与发达国家相比，我国的出版业还有很大差距，我们还不是出版强国。

首先，我国出版的经济总量不大。2006 年，我国出版发行行业纯销售额为 504.33 亿元，合 67.24 亿美元[1]。而根据国际出版商协会发表的数据，2006 年全球出版业的总收入为 560 亿欧元，合 745 亿美元；2006 年贝塔斯曼集团的总收入是 193 亿欧元，合

1　按 2007 年 10 月 20 日汇率 1 美元＝ 7.5 人民币折算。

256.69 亿美元，其中出版业务的收入为 46.12 亿欧元，合 61.33
亿美元。我国的出版经济总量只占到全球的 9%，稍高于贝塔斯
曼集团的出版业务收入，但是只及贝塔斯曼集团总收入的 25%。

其次，我国出版业的产业化、市场化程度还不够高，目前尚
未有一家出版企业达到国际超大型出版集团的规模。2006 年全球
总收入排名前 45 位的出版机构中，我国的高等教育出版社在此
排名中位列第 44，是第一家也是唯一进入全球排名前 50 位的中
国出版机构 [1]。

第三，出版物作为文化产品的消费水平不高。据统计，目前
每个国民一年的读书量，我国是 2 本，韩国是 7 本，日本是 40 本。

第四，我国包括出版物在内的文化产品对整个人类文化的辐
射与影响程度还比较弱。就在"中国制造"的物质产品遍及全球
之时，我国的文化产品特别是出版产品还没有阔步走出国门。

一言以蔽之，在加快出版业改革和发展方面，我们还任重
道远。

三、中国出版集团发展状况

1. 大发展时期组建

中国出版集团是适应出版业改革发展的需要，经中共中央、

1　美国占 9 席，德国和美国抗衡也占有 9 个席位，其余分别是法国 6 席，英国 5 席，意大利 4 席，荷
兰 3 席，西班牙 2 席，北欧地区 3 席，加拿大 1 席，亚洲地区日本 4 席，中国和韩国各 1 席。

国务院批准，于 2002 年 4 月 9 日，以新闻出版总署原直属出版单位为主而组建成立的国家级出版机构。她的成立，意味着一个集图书、报纸、期刊、音像、电子、网络出版于一体的，集出版、发行、进口、出口业务于一身的，功能齐全、品牌众多、影响深远的，在国内属于超大型的出版集团诞生了，从而也就标志着中国出版业的集团化建设跃升到新的阶段。

2004 年 3 月 25 日，国务院授权成立中国出版集团公司，在国家相应计划中单列，对原中国出版集团所属成员单位行使出资人权利，承担国有资产保值增值责任。中国出版集团公司因此成为我国第一家具有完全企业身份的出版单位和第一家获得政府授权经营的出版单位。

集团以出版物生产和销售为主业，是集各种介质出版物的出版和销售、连锁经营、进出口贸易、版权贸易、印刷复制、信息技术服务、科技开发、金融融资于一体的，经营多元化的大型企业集团。

集团成立时，中央确定我们的性质是事业单位、企业管理，要求我们按照"三步走"的战略步骤，积极推进集团化建设。

2. 大改革时期转制

正当集团实践"三步走"的第二步（资源整合·集约经营）时，2004 年 3 月 25 日，国务院专门针对中国出版集团下发了 22 号文件 [1]，要求我们转制，就是由事业单位企业管理转为企业。这样一

1　国函〔2004〕22 号《国务院关于中国出版集团转制为中国出版集团公司并授权管理国有资产等有关问题的批复》。

来，集团的管理体制、运作方式和发展战略就发生了变化，集团内部的权利义务关系也发生了变化，原来的"三步走"也就成了一步到位。

转制就是转变资产的组织、管理体制，就是由一般意义上的集团转变为企业集团。

一般意义上的集团是企业间的自愿联合组织，带有联盟性质，集团内各企业的产权及资产关系不会因为联盟而发生公司性质的变化，所以集团虽然由若干法人组织构成，但集团本身不具有法人资格。而企业集团是由若干具有独立法人地位的企业和事业单位所组成的法人联合体，它拥有多层次的组织结构，包括：一是集团核心，即具有母公司性质的集团公司；二是紧密层，由被集团公司控股的企业（子公司）组成；三是半紧密层，由集团公司参股的企业（参股公司）组成；四是松散层，由承认集团章程、与集团公司有互惠性稳定协作关系的企业组成。

企业集团本身仍然不具有法人资格。但是，企业集团的核心即集团公司，具有企业法人资格，是一个具有法人地位的经济实体。在对外进行经济社会活动时，集团公司代表整个集团。集团公司以资产为主要纽带（还有契约纽带等），将集团的各成员组成为一个有机整体。

集团公司享有国务院授予的出资人权利，即享有人事管理权、资产收益权、资源配置和重大事项决策权——三大权利。集团公司要按照国家规定的权限，统一配置全集团的资源，统一管理集团公司和子公司、控股公司的发展战略规划、重大投融资项目，依法决定其经营方式、分配方式和重大生产经营决策。子公司、控股公司应在集团公司的规划和指导下，开展日常生产经营活动。

要落实上述要求，全集团在组织形式、管理方式、人事劳资制度等方面，都要有相应的转变。要通过转制，落实有关授权经营、资产处置、财政税收、投资融资、收入分配、社会保障衔接、人员分流安置等方面的问题。

从 2004 年 4 月到 2007 年 7 月，我们用 3 年多的时间，克服重重困难，基本完成了转制的基础性工作，初步建立了现代企业集团的管理体制与运行机制，完成了集团公司的注册登记；唯集团职工的社会保障衔接问题，涉及方方面面的政策，还需要进一步落实。

3. 管理体制与运行机制

中国出版集团以中国出版集团公司为母公司，以集团公司总裁办公会议和集团公司党组为领导核心，形成对子公司、控股公司、参股公司进行统一调控、分级管理、分类考核的集团法人治理结构，按照产权明晰、权责明确、管理科学构成新型市场竞争主体。

集团公司（总部）与子公司、控股公司等成员单位层级分明，统一调控、分级授权，两级法人、分级核算，责权明确、各司其职。集团公司是全集团的战略决策中心、企业管理中心和资产经营中心；成员单位是产品研发中心、产品经营中心和利润中心。

为了落实集团公司对全集团的人事管理权、选题审批权、资产收益权、资源配置和重大事项决定权，确保国家文化安全和国有资产保值增值，集团公司对全集团的管理主要体现在以下方面。

①遴选、考核、任用、调配成员单位领导班子成员。

②向成员单位委派财务负责人。为了把财务负责人委派制落到实处，今后将由集团公司统一考核、发放财务负责人薪酬，使其真正对集团公司整体利益负责，对国有资产保值增值负责。

③对成员单位主要负责人进行年度双效业绩考核，统一规范管理主要经营者薪酬。下一步将要把成员单位一把手的薪酬收归集团公司统一管理、发放，按照年度双效业绩考核的情况予以奖优罚劣、升降调用，形成激励机制，以落实集团公司对重要干部的有效管理，形成意志统一、决策集中、经营规范、管理有序的企业管理团队。

④全集团实行预决算统一管理，资金统一调配，重大投资和预算外开支专项报批制度。今后将在现有基础上实行全集团统一上缴所得税。

⑤组织实施和统一管理重大的出版、经营项目，组织安排全集团重要的出版、经营活动。

⑥组织开展全集团的资本运作和资产经营。

⑦管理和指导成员单位日常生产经营活动和各项业务工作，领导成员单位的党群工作、干部工作、企业文化和精神文明创建工作。

4. 发展基础与发展态势

目前，集团拥有：

出版社 29 家。包括：一级出版社 10 家——人民文学出版社、商务印书馆、中华书局、中国大百科全书出版社、中国美术出版总社、人民音乐出版社、生活·读书·新知三联书店、现代教育出版社、中国对外翻译出版公司、东方出版中心；副牌社 6 家——外国文学出版社、知识出版社、人民美术出版社、连环画出版社、荣宝斋出版社、华乐出版社；下属社 4 家——商务印书馆国际有限公司、现代出版社、世界图书出版公司、万国科学出版社；音像电子出版社 9 家——商务印书馆电子音像出版中心、中国大百科全书电子音像出版社、北京银冠电子出版有限公司、人民音乐音像出版社、生活·读书·新知三联书店音像电子出版社、中国对外翻译音像出版公司、中国科学文化音像出版社、世图音像电子出版社、金版电子出版公司。

期刊 44 种。包括：《当代》《中华文学选刊》《中华散文》《新文学史料》《英语世界》《汉语世界》《文史知识》《中华活页文选》《文史》《中华遗产》《百科知识》《小百科》《红地产》《城市周报》《中国期刊年鉴》《中国艺术》《美术之友》《美术向导》《荣宝斋》《连环画报》《儿童漫画》《少年漫画》《漫画大王》《当代小书画家》《中国中小学美术》《中国版画》《中国美术馆》《中国音乐教育》《钢琴艺术》《音乐研究》《三联生活周刊》《读书》《爱乐》《竞争力》《长三角》《动感》《环球纪事》《大都市》《中国广告》《现代阅读》《现代音响技术》《世界临床医学》《世界最新医学信息文摘〔电子版〕》《建筑与文化》。

报纸 3 种。包括:《中国图书商报》《文学故事报》《新华书目报》。

境外连锁书店和办事机构 23 家。包括:境外分支机构 7 家——中国出版集团驻美国、俄罗斯、英国、德国、日本、新加坡以及中国香港办事处;海外连锁书店 11 家——中国现代书店洛杉矶〔2 家〕、纽约、华盛顿、多伦多、温哥华、新加坡〔2 家〕、马来西亚〔2 家〕、澳大利亚悉尼连锁店;海外连锁音像店 5 家——中国现代音像纽约〔2 家〕、新泽西〔2 家〕、波士顿连锁店。

从母子公司体制来说,集团由 14 家子公司,以及 70 多家控股公司、参股公司、关联公司组成。14 家子公司包括:人民文学出版社、商务印书馆、中华书局、中国大百科全书出版社、中国美术出版总社、人民音乐出版社、生活・读书・新知三联书店、中国对外翻译出版公司、东方出版中心、现代教育出版社、中国图书商报社、新华书店总店、中国出版对外贸易总公司、中国图书进出口总公司。70 多家控股公司、参股公司、关联公司,包括:新华出版物流通公司、中新联公司（北京中新联数码科技股份有限公司）、中版联公司（北京中版联印刷物资有限公司）、中版通公司（中版通〔北京〕数据信息有限公司）、中版信公司（中版信〔北京〕国际版权贸易有限公司）等。

现有员工 9800 人。其中:有享受国家特殊津贴的专家 230 人,正副编审级专业人员近千人——编审 295 人、副编审 635 人,拥有一大批专家级人才队伍。有 1/3 也就是 2900 人是离退休员工——包括离休干部 450 人，2/3 是在岗员工。全集团每年的工资开销是 2 亿 5000 万，此外还要支付离退休人员的工资和医疗费近 6000 万。

我们的比较优势在于：地位特殊、品牌响亮、出版资源丰富、专业人才集中、市场份额领先、海外经营基础较好、触角较广。集团每年出版各类出版物 8000 多种；每年从事书刊版权贸易 4000 多种；每年进出口各类出版物 20 多万种。在国家级出版规划、国家级出版奖励、图书零售市场占有率、大众出版物销售收入、出版物进出口规模等 5 个方面均占有最大份额，作者资源和读者群体庞大，出版和文化积累丰厚，在一般大众读者心目中影响力较大。

在中国的国家级出版规划中占有最大份额——在"十一五"国家重点图书出版规划中占有 76 种。 在"十一五"国家古籍整理出版重点规划中占有 39 种。 在全国"对外图书推广计划"中，集团 2005 年列入第 1 批的有 300 多种，约占全国 900 种的 1/3；2006 年列入第 2 批的有 57 种（重点推荐 13 种，一般推荐 44 种），约占全国 419 种（重点推荐 108 种，一般推荐 311 种）的 1/7。

获得国家级出版奖励最多——2005 ～ 2006 年〔1 个评奖周期〕，共获得"五个一工程"图书奖、国家图书奖、中国图书奖、国家辞书奖、国家期刊奖、国家电子出版物奖、国家音像制品奖、茅盾文学奖、中华优秀出版物奖、输出版引进版优秀图书奖等国家级奖励 40 多项，远远高于其他出版机构。

在中国的图书零售市场中占有最大份额——2006 年，集团在全国图书零售市场的占有率为 6.67%，领先第 2 名近 4 个百分点。其中有 9 个门类的图书的市场占有率位居中国第一，分别为：汉语工具书占全国市场的 62.49%，音乐类占 23.08%，英语类占 17.88%，文学类占 12.87%，时政类占 9.66%，社科类占 6.43%，教辅类占 5.59%，心理自助类占 1.98%，法律类占 1.69%；此外，生活、少儿、经管等类图书的市场占有率，也位居 2～3 名。

大众出版物销售收入最大——2006 年，中国出版集团共实现销售收入净额 35.3116 亿元〔其中国内销售收入 17.6166 亿元——占全国新华书店系统和出版社自办发行单位出版物纯销售额 503.33 亿元的 3.5%〕；实现利润总额 1.4322 亿元——主要是大众出版物的销售，不似地方出版企业的教材销售占主要部分。

出版物进出口总量最大——2006 年，集团进口书报刊占全国的 62%，出口书报刊占全国的 26%。①进出口产品销售收入 16.3784 亿元、合 2.0921 亿美元。②进出口中：进口付汇成本 1.6427 亿美元、合 12.8344 亿元，进口产品销售 13.4526 亿元、合 1.7219 亿美元；出口产品销售 2.9258 亿元、合 3702 万美元。③进口产品销售收入中：进口出版物销售 8.8073 亿元、合 1.1273 亿美元，进口其他产品销售 4.6459 亿元、合 5946 万美元。④出口产品销售收入中：出口出版物销售 1.1939 亿元、合 1513 万美元，出口其他产品销售 1.7319 亿元、合 2188 万美元。

　　我们的比较劣势在于：经济规模不够大、缺少自己的零售渠道和网点（地盘）、经营结构存在战略性短缺（缺少教材、房地产等大宗经营板块）、缺少特殊政策支持、发展资金匮乏、历史包袱沉重、改革相对滞后等。我们的总资产、净资产、销售收入、综合出版能力在全国各集团和大社中的排名虽然位居前列，但还不是位居首位。

　　从我们的优势方面来看，我们正在接近"旗舰式的航空母舰"的目标；从我们的劣势来看，我们距离"旗舰式的航空母舰"还差得很远。因此，我们挑战和机遇并存，而且挑战大于机遇，面临的任务十分艰巨。

　　5. 目标与前景

　　中国出版集团公司改革发展的总体目标是：以传播社会主义先进文化为使命，成为引领和促进中国出版产业发展的重要力量，成为建设社会主义和谐文化的重要阵地，成为开拓海外出版市场、推动中华文化走出去的重要渠道，成为主业突出、多元经营、人才汇聚、实力雄厚，具有创新能力和可持续发展能力，跨国跨地区的现代大型出版传媒企业集团。

　　指导思想是：以马列主义、毛泽东思想、邓小平理论和"三个代表"重要思想为指导，以科学发展观统领全局，坚持正确的出版方向和导向，坚持社会效益第一、社会效益和经济效益相统一的原则，以宣传党的路线方针政策、传播社会主义先进文化为己任，以维护国家文化安全、增值国有资产为天职，不断改革、创新、发展、壮大。

基本战略是：围绕做大做强内容产业一条主线，开拓国内、国际两个市场，形成出版与大文化产业、产品经营与资产经营、国内经营与国际经营三个互动，实施跨地区、跨行业、跨媒体、跨国际经营的四个跨越，实现书报刊出版规模化、数字出版结构化、市场营销集约化、企业经营多元化、集团公司经济支柱和产业规模整体化等五个突破。

下一步，集团将按照既定目标和战略，大力抓好重点出版物和标志性出版工程，确保主业优势，扩大市场份额；继续深化改革，创新体制机制；加速调整结构，开展集约经营；整合发行业务，改造重组新华发行集团有限公司；综合规划，分步推进，加快实施"走出去"战略；开展数字化、网络化三大工程建设，推进多媒体经营，完善出版产业链；巩固传统品牌，打造新锐品牌，实施品牌建设工程；实施三大基础事业建设，盘活资源，推进集团公司的整体发展；抓好成员单位班子建设和干部职工队伍建设。

出版是文化的重要组成部分。出版业是古老的行业，在新时代新技术条件下，出版业不仅没有萎缩，而且及时适应现代社会人们对各种信息和知识的渴求、适应信息技术的发展要求，获得了更大的发展生机。因此，人们说，出版是朝阳产业。

集团是个全新的集体、全新的事业，集团所属单位都有着辉煌的历史和深远的影响，集团成立的 5 年多来在各方面也有了日新月异的发展，集团新的发展轮廓已经确立。回首过去有业绩皇皇，放眼未来有大道康庄，我们是一个充满希望的朝阳企业。当然，在我们的现状与我们的宏伟目标之间，还有很长的一段路要靠我们共同跋涉。我们最大的希望，不在于已有的资产、已有的资源、已有的品牌、已有的影响力，而在于我们有没有一支既能继承传统、光大传统，更能勇于创新、善于创新的充满创造活力和发展能动性的人才队伍。希望，就寄托在同志们身上！

出版创新的路径与文化软实力的提升★

提　要

★　在 2007 年 11 月 13～15 日召开的第二届香山论坛的主题发言。载于中国出版集团公司出版业务部编，《2007 年度香山论坛：文化软实力与出版创新》，中国对外翻译出版公司，2008 年版；转载于《编辑之友》2008 年第 3 期；选载于《新华文摘》2008 年第 15 期。

　　经过一百多年的上下求索和蹉跎，又经历了三十多年的艰辛变革与积累，中华民族终于迎来了自己伟大复兴的新时代。国家要崛起，民族要辉煌，我辈要图强。为何奋斗，如何奋斗？我们认为：国力强盛要求文化昌盛，文化昌盛要求出版繁荣，出版繁荣要求出版创新。创新、发展、繁荣是我们出版人的时代使命，是我们深入贯彻落实科学发展观的具体要求。积极探索创新的路径，以创新求得发展，已经成为出版界的共识；在创新中实现快速发展、奠定长远发展，已经成为出版界的现实图景。

一、国力强盛要求文化昌盛

　　党的十七大上，胡锦涛同志在其《高举中国特色社会主义伟大旗帜。为夺取全面建设小康社会新胜利而奋斗》的报告中，就推动社会主义文化大发展大繁荣，提出了一系列的新目标、新要求。报告提出，包括新闻出版、广播影视、文学艺术在内的文化，越来越成为民族凝聚力和创造力的重要源泉，越来越成为综合国力竞争的重要因素，丰富精神文化生活越来越成为我国人民的热切愿望。胡锦涛同志号召我们，要站在时代的高起点上，推动文化内容形式、体制机制、传播手段的创新，激发全民族创造活力，解放和发展文化生产力，提高社会主义文化的吸引力和凝聚力，增强中国文化的国际竞争力，提高国家文化的软实力。

综合国力包括经济实力、科技实力、国防力量和文化软实力。文化软实力是综合国力的重要组成部分，国力强盛必然要求文化昌盛。文化建设与政治建设、经济建设、社会建设同等重要，相辅相成。

我国国家文化软实力的源泉，是社会主义主流文化、中华传统文化和现代世界进步文化。文化软实力的构成要素，包括文化创造活力、文化发展活力、文化生产力、文化竞争力和文化辐射力。其中，文化随着社会的发展变化而在其内容形式、体制机制、传播手段等方面不断创新的能力，贯穿了文化软实力的全部，是文化得以自强不息、自立于世界的根本因素。几千年来，中国的经济社会发展随着时代的更迭变迁而跌宕起伏，但中华文化总是能应时就势，在新的时势下创造性地更新发展，既有鲜明的时代特色，比如诸子百家、楚辞汉赋、唐诗宋词、宋元戏曲、明清小说，又能独留中华民族文化的精髓，延绵不绝，长盛不衰。

文化软实力的作用与影响，远不止于文化本身。经济社会发展到一定阶段，必然要求有与之相适应的文化，要求硬实力与软实力相得益彰。现阶段，文化，对于塑造民族精神、提升民族凝聚力和创造力、激发全民族团结奋进，对于培育社会主义价值观和核心价值体系、提高社会主义意识形态的吸引力和凝聚力、形成健康积极的社会风尚，对于建立健全符合最广大人民利益的经济社会政治制度，形成全面协调可持续发展的国家发展模式、宏观管理体制和微观运行机制，对于构建"民主法制、公平正义、诚信友爱、充满活力、安定有序、人与自然和谐相处"的社会主义和谐社会，都有着积极的促进作用和影响。我国历史上，举凡文景之治、贞观之治、康乾盛世等国力强盛时期，也都是文化昌明繁盛时期。

国家文化软实力结构图
（下画线者为十七大报告所提及）

国家经济实力

国家科技实力

国家国防力量

综合国力

民族凝聚力
民族创造力
民族团结奋进不竭动力
社会主义意识形态吸引力
社会主义意识形态凝聚力
国际竞争力
国际影响力

文化创造活力
文化发展活力
文化生产力
文化竞争力
文化辐射力

国家文化软实力

社会主义主流文化
中华传统文化
现代世界进步文化

源泉　　　　　构成要素　　　　　作用与影响

文化创新

正如作家冯骥才所说，"一个国家或地区的经济强弱是动态变化的，但民族文化却是一张永远的王牌。"美国国务卿赖斯2007年在访问巴黎时说过，"我广泛使用'实力'这个词。比军事实力甚至经济实力更重要的，是思想实力、同情实力和希望实力。"美国《卡内基中国透视》2007年10号刊载的《中国的软力量与中美关系》一文认为，"中国的软力量中文化的吸引力还相对较弱。相较于美国的电影、音乐和其他文化产品，中国似乎没有一个突出的享誉世界的文化品牌，世界上许多国家对中国的印象还很模糊并充满错觉。在这个意义上来说，中国的软力量还有待加强。"

从历史的经验和现实的需要来说，作为文化工作者，我们都应当吸纳古今、兼容中外，博采一切有利于文化大发展大繁荣的新观念、新技术、新手段、新经验，打好文化这张"王牌"，用文化的昌盛推动国力的强盛、印证国力的强盛、辉映国力的强盛。

二、文化昌盛要求出版繁荣

文化的涵义非常宽泛，大到社会意识形态、社会制度、民族精神，小到社会风尚、生活习俗、娱乐方式。其中，包括新闻出版、广播影视、文学艺术在内的文化，是可以作为"抓手"加以建设发展的、以有形达致无形的产业文化。

2006年，我国文化产业从业人员1132万人，占全部就业人员的比重为 1.48％；实现增加值 5123 亿元，占 GDP 的比重则为 2.45％。文化产业成为国民经济的重要组成部分，并且相对于其他产业，文化产业具有较高的人均贡献率。在文化产业增加值当中，新闻服务、出版发行、版权服务、广播影视、文学艺术等文化核心层产业的增加值达到 2038 亿元，占整个文化产业的 40％。

出版既是文化的重要组成部分，也是传播思想精神、道德学术、文学艺术等其他文化的重要途径。出版业作为古老的行业，在新时代新技术条件下，不仅没有萎缩，而且及时适应现代社会人们对各种信息和知识的渴求、适应信息技术的发展要求，获得了更大的发展生机。

我国出版业已经初步形成了适应社会主义市场经济要求的管理格局、市场主体、经营机制、竞争态势，初步具备了满足人们文化需求、参与国际出版竞争的能力，可以称得上是出版大国。然而，与发达国家相比，我国的出版业还有很大差距，我们还不是出版强国。

首先，我国出版的经济总量不大。2006 年，我国出版发行行业纯销售额为 504.33 亿元，合 67.24 亿美元。而根据国际出版商协会发表的数据，2006 年全球出版业的总收入为 745 亿美元；2006 年贝塔斯曼集团的总收入是 256.69 亿美元，其中出版业务的收入为 61.33 亿美元。我国的出版经济总量只占到全球的 9％，稍高于贝塔斯曼集团的出版业务收入，但是只及贝塔斯曼集团总收入的 1/4。

其次，我国出版业的产业化、市场化程度还不够高，目前尚未有一家出版企业达到国际超大型出版集团的规模。2006年全球总收入排名前45位的出版机构中，我国的高等教育出版社位列第44，是唯一进入全球排名前50位的中国出版机构。全球排名前50位，其中美国占9席，德国和美国抗衡也占有9个席位，其余分别是法国6席，英国5席，意大利4席，荷兰3席，西班牙2席，北欧地区3席，加拿大1席，亚洲地区日本4席，中国和韩国各1席。

第三，出版物作为文化产品的消费水平不高。据统计，目前每个国民一年的读书量，我国是2本，韩国是7本，日本是40本。俄罗斯每20人拥有一套《普希金全集》，对应地，我国每4500人才拥有一套《鲁迅全集》。

第四，我国包括出版物在内的文化产品对整个人类文化的辐射与影响程度还比较弱。就在"中国制造"的物质产品遍及全球之时，我国的文化产品特别是出版产品还没有阔步走出国门。外国读者特别是西方读者，还远远没有像中国读者熟读世界文学名著、学术名著和通俗畅销书并受其影响那样，普遍了解中国的经典、中国当代科技文化著作和通俗读物，并从中有所感悟和体认。

一言以蔽之，在加快出版业改革和发展方面，我们还任重道远。国家要崛起，文化要昌盛，作为文化产业核心层之一的出版业，必须要大发展、大繁荣。

三、出版繁荣要求出版创新

国际大型出版传媒集团以其资产规模、生产能力、营销手段和技术手段、经济总量方面的巨大优势，面向全球推销其图书、杂志、报纸、音乐、电视、电影、专业资讯、商业服务等出版、文化产品和服务，在获取丰厚利润的同时，输出他们的文化，他们的生产方式、生活方式，他们的价值观、利益观，形成了强势的文化软实力、文化辐射力和文化影响力。

面对强大的国际出版巨头，我国出版业需要加快发展，需要创造性的发展，需要通过创新实现发展。党的十六大提出了通过文化体制改革实现文化产业发展的思路和要求，党的十七大又进一步提出了推动文化内容形式、体制机制、传播手段的创新，促进文化大发展大繁荣，提高国家文化的软实力的要求。目前，在我国政治建设、经济建设、社会建设和文化建设四位一体的布局之中，文化还是条短腿，文化软实力确实还比较"软"。要尽快使软实力强起来、硬起来，真正形成强大的实力，就必须建立健全文化体制机制和出版体制机制，使之与人民群众日益增长的文化需求、社会主义市场经济体系和市场全球化的要求相适应；就必须改善提高文化产品和出版物的内容、表达方式、表现形式、传播方式、服务手段、服务能力等，使之与经济社会发展环境、技术进步的现实、国际文化交流融合的现实、社会阅读情趣和阅读风尚相适应。因此，唯有通过改革创新，才能发展繁荣。在改革创新中实现更大发展，是出版界的共识，也是出版界的现实。正如新闻出版总署柳斌杰署长所说："哪里有改革，哪里就有新局面。"

目前，我国出版业正处在转制改制、技术创新、合纵连横、重新洗牌、加速发展的关键时期。创新的路径很多，就整个出版产业而言，最需要积极探索的是：生产规模化·企业集团化，经营专业化，竞争市场化，市场国际化，内容数字化·传播网络化，管理规范化，阅读大众化。

四、创新路径之一：生产规模化·企业集团化

我国出版业目前的生产特点，是品种规模较大而企业规模不足。就品种规模而言，2006 年，我国共出版各类出版物 28.64 万种，生产能力位居世界前列。但就生产企业而言，我国还缺少能够主导国内市场竞争、挑战国际出版巨头的大型出版实体。

国际大型出版传媒集团都是立足大文化领域的出版传媒综合体和经济实体，具有强大的经济实力和文化软实力。2006 年，全球排名前 45 位的出版机构总收入达 680 亿美元，占全球出版业总收入 745 亿美元的 91.3％。其中，前 10 家的销售收入又占到上述 45 家总收入的 2/3。

以贝塔斯曼集团为例。该集团由德国莫恩家族创立于 1835 年，

经过 170 多年的经营，经历了二战后的快速发展，尤其是抓住了历次技术大发展、文化大发展的机遇，这个家族式企业已成为世界第一大出版传媒集团，主要业务涉及图书出版、期刊出版、报纸传媒、电视、电影、音乐、音像、传媒服务、图书俱乐部等诸多文化领域，分支机构遍及 50 多个国家，下属公司达到 300 多家。旗下的主要公司包括：兰登书屋集团（美国最大的一般图书出版社。本身又通过收购拥有英国 BBC 图书公司、英国维京出版社等），矮脚鸡·双日·戴尔出版社（美国最大的纸皮书出版社），施普林格出版社（德国也是世界最大的家族式出版社），古纳亚尔期刊集团，RTL 集团（主营有线电视，包括付费数字频道、付费电影、移动电视业务），欧唯特集团（Arvato，传媒服务商，提供印刷、手机呼叫及移动服务、数据库管理、金融服务等多元化服务），Columbia House（音乐及 DVD 零售商），索诺音像公司（其 RAC 和 ARISTA 的唱片占世界的 14%），莱塞林图书俱乐部（拥有 35 家俱乐部，会员 2600 万，占全球俱乐部市场 60%），双日直销图书俱乐部（北美最大俱乐部，会员 580 万），等等。

再看世界第二大出版传媒集团里德·爱思唯尔集团，其主要业务涉及科学、专业、商业三大领域。科学部分包括爱思唯尔科学公司（出版 1200 种科学杂志）和医药出版及交流公司（出版 79 种医药、生物、门诊化学杂志和《医学百科全书》）等机构；专业部分包括莱克西斯·尼克西斯公司、里德·爱思唯尔法律处、哈考特教育集团、爱思唯尔奥普斯汀公司等机构，提供法律、商务、公共信息、税收、教育、培训等方面的专业服务；商业部分包括凯纳斯、里德·爱思唯尔等商务信息公司，以及里德展览公司。

在发行领域，超大型经济实体同样垄断了市场。如在美国，两家最大的连锁书店巴诺书店和鲍德斯书店，2006 年的销售收入为 70 亿美元，占全美图书零售市场的份额高达 1/3。在英国，两家最大的连锁书店瓦特斯通书店和史密斯书店，2006 年的销售收入为 7.5 亿英镑，占全英图书零售市场的份额高达 35％。

2006 年，国际大型出版传媒集团的销售总收入和利润，贝塔斯曼为 256.7 亿和 31.9 亿美元（销售总收入不仅指出版，下同。贝塔斯曼 2006 年纯出版为 61.3 亿美元，约占总收入的 1/4），爱思唯尔为 105.5 亿和 23.7 亿美元，汤姆森为 66.4 亿和 12.6 亿美元，麦格劳 - 希尔为 63 亿和 8.8 亿美元，培生为 48.9 亿和 6.5 亿美元，威科收入为 49.1 亿美元，约翰·威利收入为 8.5 亿美元。

为因应国际大型出版传媒集团的强势竞争，我国自 20 世纪末开始推进出版体制改革，改革的主要内容，是要实现出版单位企业化，有条件的出版企业集团化，在保证公益性出版事业健康发展的同时实现经营性出版的产业化。改革的核心内容，是企业集团化，培育大型出版竞争主体。

1999 年 2 月，成立我国第一家出版集团——上海世纪出版集团。2001 年 8 月和 2002 年 7 月，中办、国办先后下发 17 号文件¹和 16 号文件²；2002 年 8 月，新闻出版总署制发了有关出版、报业、发行集团建设的规范性文件：《出版集团组建基本条件和审批程序》《报业集团组建基本条件和审批程序》《发行集团组建基本条件和审批程序》等。这些举措，标志新闻出版业开始以推进集团化建设为突破口进行产业结构调整。随即，各地纷纷成立报业、广电、出版、发行、文艺集团。

随后不久的 2003 年 6 月，召开了全国文化体制改革试点工作会议，出台了 21 号文件³，文件确定为文化体制改革试点单位的新闻出版单位有 26 家，其中出版单位 9 家，发行单位 6 家，新闻单位 11 家；2003 年 12 月，出台了国办发 105 号文件⁴。这些政策，极大地推动了包括出版在内的文化体制改革和文化产业发展。

2004 年 3 月，国务院下发国函 22 号文件，授权成立中国出版集团公司，授予中国出版集团公司对所属成员单位占用的经营性国有资产行使出资人权利。中国出版集团公司因此成为我国第一家具有完全企业身份的出版单位和第一家获得政府授权经营的出版单位。

1　中办、国办转发《中央宣传部、国家广电总局、新闻出版总署关于深化新闻出版广播影视业改革的若干意见》。

2　中办、国办转发《中央宣传部、新闻出版总署关于进一步加强和改进出版工作的若干意见》。

3　《中共中央办公厅、国务院办公厅转发〈中共中央宣传部、文化部、国家广电总局、新闻出版总署关于文化体制改革试点工作的意见〉的通知》。

4　包括《文化体制改革试点中支持文化产业发展的规定（试行）》和《文化体制改革试点中经营性文化事业单位转制为企业的规定（试行）》。

截至 2006 年年底，我国共成立了 24 家出版集团。此外，各地还在出版集团之内或之外，成立了相应的发行集团。报业、期刊集团也多达数十家（参加 P94 "中国的出版集团一览表"）。

出版集团的成立、转制和授权经营，使其逐渐获得了比过去的出版社大得多的权利和发展势能。集团的核心企业——集团公司，得以按照国家规定的权限，统一配置全集团的资源，统一遴选、考核、任免、调配集团公司和子公司控股公司的管理人员，统一管理全集团的发展战略规划、重大投融资项目，依法决定子公司控股公司的经营方式、分配方式和重大生产经营决策；子公司、控股公司则在集团公司的规划和指导下，开展日常生产经营活动。

而要落实上述要求，全集团在组织形式、管理方式、人事劳资制度等方面，都要有相应的变革创新，要通过体制机制的转变，落实有关授权经营、资产处置、财政税收、投资融资、收入分配、社会保障衔接、人员分流安置等方面的问题。

随着各地出版集团纷纷获得授权经营并转制为企业，以出版集团为骨干、以行业出版社和高校出版社为重要力量的经营性出版行业初步搭建成形。

出版集团的面目已然是新的。但迄今为止，集团转变体制的任务还普遍没有完成，集团一级管理人员的产生方式、集团与政府主管部门的联系方式、集团重大决策的程序、旧的事业体制下的集团员工向新的企业体制的过渡衔接等方面，依然还带有相当的行政色彩；在改善运行机制方面，也还有大量的工作要做；超大型的、能够主导和影响市场走向的企业集团，尚在培育之中。这些方面，都需要进一步探索、创新、完善。

五、创新路径之二：经营专业化

我国出版业目前的另一个特点，是企业普遍广种薄收而缺少专业化经营。

根据市场变化，适时调整发展领域，转变商业模式，强化专业经营，垄断核心业务的细分市场，是国际大型出版传媒集团的基本战略。比如汤姆森集团，最初的经营横跨报纸、电视、石油勘探、旅游等多个行业。后来，汤姆森相继退出报纸、旅游、石油勘探行业，转向图书出版和信息服务行业。1998～2005 年的 7 年间，该集团进行了 70 次并购活动。2000 年，汤姆森向爱思唯尔出售哈考特教育集团，在教育方面重点发展以高等教育出版为重心的汤姆森学习出版集团，同时保持法律、金融、保健、科技等专业领域的出版领先地位。就当人们已经习惯于将汤姆森看作世界三大教育出版商之一时，2007 年 5～7 月，汤姆森再作惊人之举，将旗下的汤姆森学习出版集团公司以 77.5 亿美元出售给加拿大私人直接投资公司阿帕克斯（Apax Partners）和加拿大大型养老基金欧莫斯（OMERS Capital Partners），同时收购世界著名的路透集团。在被 Apax 公司和 OMERS 资本公司联合兼并之后，汤姆森学习出版集团从 2007 年 8 月 31 日起易名为"圣智（Cengage）学习出版集团"，Cengage 是取"center of engagement"即"交易中心"之意，其主要业务依然是向教育机构或图书馆提供印刷、出版和数字信息服务。

比较而言，我国出版企业缺乏通过市场竞争、自由选择而形成的专业化经营。行政管理上，我们有出版专业分工。专业分工的本意是通过专业区隔而鼓励专向发展，但由于专业有限而企业无限，以至于每个省区都有相同专业的人民出版社、文艺出版社、美术出版社、科技出版社、古籍出版社，相同的出版社定位决定了相同的出版定位，导致了产品雷同、生产跟风和同质竞争。目前，专业分工似破未破，不同类型的出版社也抢着做所谓热门产品，不思开拓市场、细分市场、培育自己的市场，热衷追逐市场、大轰大嗡，又进一步加剧了同质竞争。2006 年，全国 573 家图书出版社，参与文学图书出版的出版社有 542 家，市场占有率超过 5% 的只有人民文学、长江文艺两家；参与社会科学图书出版的有 568 家，市场占有率超过 1% 的只有 22 家；参与少儿图书出版的有 516 家，市场占有率超过 1% 的只有 26 家；参与生活类图书出版的有 557 家，市场占有率超过 1% 的只有 32 家；参与教辅读物出版的有 533 家，市场占有率超过 1% 的也只有几十家。

经营专业化，要求出版企业创新选题模式，根据自己的书稿资源、编辑资源、作者资源、生产能力，组织优势产品，寻找、选择、发现和创新细分市场，不断强化自己的目标市场。只有坚持不断的专业创新，才能逐渐形成自己的专业优势和核心竞争力。专业化经营，既要审时度势，勇于开拓新的出版领域、新的阅读形式、新的营销模式、新的服务方式，在开拓中有所扬弃；又要持之以恒、坚守阵地、精耕细作，不心猿意马、随波逐流。

六、创新路径之三：竞争市场化

通过这些年的市场化竞争，我国的市场格局逐步清晰合理。表现在：①出版能力趋于向大社集中。2006 年全国 573 家出版社出版图书 23.4 万种，定价总码洋 649 亿元。就出版品种而言，两成多的出版社出版了近六成的图书；1/14 的出版社出版了 1/3 的图书；前 13 家即 1/44 的出版社出版了 1/6 的图书；就造货码洋而言，1/4 的出版社生产了六成的码洋；3％的出版社生产了 22％的码洋；3 家也即 1/200 的出版社生产了 1/13 的码洋（码洋 10 亿元以上的有 3 家出版社，即高教社、外研社、人教社，共造货 48.21 亿元，单位比重 0.52％，码洋比重 7.43％。码洋 20 亿元以上的仅高教社 1 家）。②出版物细分市场形成三大强势板块。2006 年，社科、科技、教育 3 大图书类别的种数、造货码洋均占到八成左右。文艺、美术、古籍、民族、少儿、旅游、综合等 7 个类别的种数和码洋均只占两成左右。③"巨无霸"式的出版企业现出端倪。2006 年，高教社、外研社、人教社三大教育出版社，造货码洋占全国造货总码洋的 7.43％，占全国教育类图书造货码洋的四成；中国出版集团的大众图书的市场占有率达到 7.79%，是第二名的一倍多。④出版集团逐渐主导市场。2005 年，全国 23 家出版集团的出版品种、造货码洋均占到全国的三成左右；并且，这些出版集团的平均单品种印数高于全国平均值 24.4%，平均印张定价低于全国平均值 3.12%，体现了良好的成长性。⑤出版集团逐渐成为行业经济的中坚。 2006 年，总资产超过 20 亿元的出版集团有 15 家，其中超过了 50 亿元的有 6 家；销售收入超过 20 亿元的有 11 家，其中超过 35 亿元的有 7 家；净资产超过 18 亿元的有 10 家；利润总额超过 2 亿元的有 3 家。

尽管如此，我国图书出版产业的集中度仍然偏低。2005 年，中国图书出版产业的 CR4（前 4 家市场占有率）和 CR8（前 8 家市场占有率）分别为 15.5% 和 22.52%，只相当于美国 12 年前的一半——美国在 1993 年的 CR4 为 30%，CR8 为 52%。

竞争市场化，就是要通过转企改制，进一步把原来计划经济条件下的经营性出版单位转到市场经济的轨道上来，成为市场主体；通过体制创新，进行企业重组、集团化塑造和股份制改造，培育新的更具活力和竞争力的市场主体。通过培育和强化市场主体，有利于强化市场竞争，形成竞争有序的出版市场。出版单位完成转企改制和股份制改造，成为规范的公司制企业后，即具备了上市资格，可以通过上市融资，加速发展，成为更强大的市场主体。上市融资，是创新资本运营方式，实现外延式发展和跨越式发展的重要途径。

目前，发行企业中已有上海新华传媒股份有限公司、四川新华文轩连锁股份有限公司等在 A 股或 H 股上市；出版企业中辽宁出版集团将作为大陆第一家上市企业，在 A 股上市，其他如安徽出版集团等也在积极筹组上市或借壳上市。

七、创新路径之四：市场国际化

中国加入 WTO 后，出版业对外开放势不可挡，中国出版市场加速国际化。2003 年我国对外开放图书零售业务，2004 年对外开放图书发行批发业务。贝塔斯曼、施普林格、汤姆森、培生、DK、爱思唯尔、讲谈社等世界出版巨头，纷纷在京、沪等地设立办事处或代表处。至 2006 年年底，经中国政府批准设立的外资分销发行企业已有 45 家，其中 15 家具有批发权。

在我国市场逐步国际化的同时，我国也加速"走出去"，走向国际市场。出版"走出去"，从政治上讲，是提高中华文化的国际渗透力、影响力和国家软实力的需要；从经济上讲，是积极参与国际竞争、争夺国际市场、打造出版强国的需要。为推动走出去，政府部门出台了一系列鼓励政策，提供了包括"中国图书对外推广计划"的翻译资助和参加国际书展的展费资助在内的各种资金支持。在国家政策利好、企业自觉性升高的情势下，走向国际市场取得了明显成效。

市场国际化的体现是产品贸易、版权贸易规模越来越大，国际合作越来越频密，主要的国际合作形式包括产品贸易、版权贸易、出版合作等，合作方式趋于多样化。

产品贸易，即书、报、刊、音像、电子等出版物的进口、出口贸易，以及相应的出版服务。我国出口进口出版物比例，2004年为 1:6.64，2005 年为 1:5.24，2006 年为 1:5.41。

版权贸易，即一方从境外的另一方有偿获得出版权利，所获得的授权通常在媒体形式、版本形式、文字种类、发行地区等方面都是有限的。我国输出引进出版物版权的比例，2003 年为 1:15.43，2004 年为 1:8.62，2005 年为 1:7.18，2006 年为 1:6.02——其中图书为 1:5.34。版权贸易逆差逐年缩小。2007 年，在第 59 届法兰克福书展上，我国输出版权 1928 项（含意向），贸易总额 873.24 万美元，引进版权 1030 项，贸易总额 238.2 万美元。

除传统的产品贸易和版权贸易外，出版合作，包括产品合作、版权合作和合作企业，是创新出版生产和经营手段，适应市场国际化、加速走向国际市场的重要途径。

1. 产品合作

即双方共同策划、编辑、出版产品，版权共享。图书产品（项目）合作开展得比较好的有中国出版集团、科学出版集团、高等教育出版社等。比如中国出版集团，人民文学出版社与哈珀·柯林斯出版集团合作，共同出版中国留美小作者范祎的小说《剑鸟》，经过协调运作，2007 年年初，相继在美国市场推出英文版、在中国市场推出中英文对照版。英文版在美国出版的第一个星期，就冲上了纽约时报畅销儿童小说的排行榜；中英文对照版面世后，在国内小读者中产生了较大反响。

2. 版权合作

即双方事先签订战略性的一揽子版权协议，在版权受让过程中保持协商、调整，共同对新版本的内容及出版效果进行管理。又包括图书版权合作和期刊版权合作。

图书版权合作方面，输出版权合作的例子，中国出版集团人民文学出版社与哈珀·柯林斯出版集团签订战略合作协议，双方计划用 5 年时间，共同筛选当代中国文学精品，译成英文，由美国柯林斯出版社出版英文版的"中国当代文学精品丛书"（50 种），向全世界发行。首批推出的《骆驼祥子》《古船》《边城》正在翻译之中。引进版权合作的例子，商务印书馆与哈佛商学院出版公司签订战略合作协议，共同翻译出版"哈佛经管丛书"（150 种），目前已出版 70 种左右，其中的《蓝海战略》《记住你是谁》等，市场影响很大。双向多方版权合作的例子，三联书店与国际著名的旅游出版社澳大利亚孤星（Lonely Planet）出版社签订战略合作协议。三联引进翻译并编辑出版孤星的"旅行指南系列"（25 种），目前已出版《欧洲》《东南亚》《美国》《德国》等 11 种，使得三联书店在国内旅游图书的市场占有率跃升到第二位，此是其一；其二，与此同时，中文版的版权再转卖给台湾的联经出版社，由其出版中文繁体字版；其三，由于合作效果良好，三联与孤星两家出版社正在策划，拟共同编辑出版有关中国的旅行指南系列，比如《中国西南》《中国云南》等等；其四，三联与孤星签订新的版权合作协议，由孤星翻译出版三联已经出版的"乡土中国"丛书（15 种）的英文版，包括《徽州》《蓝田》《闽西客家》《武陵土家》等，以精美的图片、生动的文字呈现给国外读者原汁原味的中国自然人文景观，和一幅独具韵味的中国风情画卷。

期刊版权合作方面，成功的例子有《美国国家地理杂志》《时尚》《瑞丽》《读者文摘》。中国出版集团中国图书进出口（集团）总公司的世界图书出版公司，共购权出版世界上的科技类等专业期刊 3000 多种。

3. 合作企业

即境内外企业合资创办新的出版机构。选择创办合作企业，而不是直接从事产品贸易、版权贸易等出版活动，除了成本上的考虑外，更多的是为了"本土化"生产、销售和服务，着眼于适应当地文化的需要。在境外创办合作出版企业方面，2003 年，中国国际出版集团所属常青图书（美国）公司与香港联合出版集团合作，在美国创办长河出版社。2007 年 9 月 1 日，中国出版集团及其下属中国出版对外贸易总公司，分别与法国博杜安出版公司和澳大利亚多元文化出版社签订协议，分别在巴黎和悉尼注册成立合资出版社。10 月，又在美国纽约创办了一家合资出版社。

近年来，在国际文化出版活动中，中国出版频频亮相，产生了越来越大的影响。2004 年 3 月，我国首次作为主宾国亮相法国出版沙龙；2007 年 7 月，我国作为主宾国亮相第 20 届莫斯科书展；

2008 年，我国将作为主宾国亮相第 60 届法兰克福书展。主宾国活动，向世界展示了中国的古老文化和现代文明，掀起了强劲的"中国风"，促进了文化及出版交流与合作。这些，也都是在走向国际市场的征程中，创新出版运营、适应国际竞争的重要途径。

八、创新路径之五：内容数字化·传播网络化

随着互联网和高新技术的快速发展，包括图书、报纸、杂志、音像制品等在内的传统出版物近年来在不少国家都出现了经营滑坡的趋势，而互联网媒体则呈现出强劲的发展势头。由于世界范围内数字时代的到来，大众的阅读方式已经不再局限于传统纸质媒体甚至光存储媒体，新兴的数字媒体譬如新闻网站、电子图书、数字杂志、在线音乐、网络游戏，还有以手机为载体的手机报纸、手机小说、手机音乐等等众多新的阅读载体和阅读方式正在兴起。内容数字化、传播网络化，正风起云涌，不断地对传统媒体的生存提出挑战，不断地冲击着人们的视听神经。

近几年的法兰克福书展上，30％的展品都是数字产品。2007年 10 月第 59 届法兰克福书展发布的全球出版行业调查数据显示，53％的受访者认同数字化是出版业面临的挑战。

2006 年年底，美国国会图书馆向联合国教科文组织提出建设"世界数字图书馆"的建议。2007 年 10 月 17 日，联合国教科文组织宣布推出"世界数字图书馆"计划，目前已有美国、俄罗斯、

巴西、埃及等30多个国家表示参与计划，另有60多个国家表达了参与意愿。按计划，"世界数字图书馆"将收录参与国图书馆提供的美术、音乐、电影、戏剧、照片及文字作品，设有英文、法文、俄文、中文、阿拉伯文、西班牙文、葡萄牙文7种文字的查询索引，于2008年年底建成使用。届时，全世界所有观众均可通过互联网免费入馆，查阅资料、欣赏文化艺术作品。

2007年，汤姆森集团在出售了旗下的汤姆森学习出版集团后，绝大部分的销售额将来自数字化产品和服务的盈利。鉴于这部分目前正处在不断高速增长的状态，汤姆森预计2007年数字化收入所占比例将由2006年的69％增长到80％。

在美国，2006年电子书销售收入已达到2000万美元。

在日本，用手机看小说已成新潮流。2006年手机小说的销售超过了8200万美元。2007年上半年，进入日本10大畅销书排行榜的，一半是由手机小说改编的作品。影响最大的手机小说网站Mahoi-Land，能提供100多万部手机小说，已吸纳了600多万会员。

2007年在奥地利维也纳举行的第17届国际数字出版会议上，有学者指出：数字出版是依靠互联网并以其为传播渠道的出版形式。数字产品（信息）的出版过程，是将数字信息内容建立在全球平台之上，通过建立数字化数据库达到在未来重复使用的目的，并涉及电子商务和在线支付系统；数字产品的形态，可以是在线、网页、电视、光盘，需要时还可以是纸张；数字产品的服务形式，包括按需印刷（POD）和按需制作光盘（VOD）；数字出版的供应链，包括作者、出版商、技术提供商、数据库、网络发行商、终端用户。按照这样的定义，目前的数字出版尚未形成独特的商业模式，而仅仅是在传统出版的商业模式上增添了商业出版的元素。专家们预测，在未来 5～7 年间，数字出版的模式将发生重大变化，有望形成适合数字出版特点的独特商业模式。

目前，全球数字出版与纸介质出版的比例，杂志高于图书，专业出版物高于通俗读物。商业出版（大众出版）的比例为 1:99，音乐出版为 15:85，教育出版为 35:65，科技、医学、法律等专业出版为 80:20。

从上述分析来看，在出版的内容形式、生产方式、传播服务手段方面乃至整个商业模式上，我国的数字出版和网络传播与世界出版业是基本同步的；在专业出版领域，发达国家的数字化实践则可以给我们提供许多经验。

2007 年，中国出版科学研究所最新发布的《第四次全国国民阅读与购买倾向抽样调查报告》显示，我国国民传统介质阅读率持续 6 年下降，网络阅读率 6 年来则增长了 6.5 倍。与此同时，中国互联网信息中心（CNNIC）7 月 18 日发布的第 20 次互联网报告显示，截至 2007 年 6 月 30 日我国网民总人数已达 1.62 亿，仅次于美国 2.11 亿网民的规模。2006 年底以来，平均每分钟增加 100 个网民，其中农村的上网人数增长更快，增速为 51%。我国手机上网人数则达到 4430 万人。

出版业新旧媒体的反差是巨大的，数字化技术带来的创新挑战是巨大的。

在创新阅读形式和传播方式方面，我国在政府层面，大力推进以数字技术和互联网技术为核心的文化生产和传播的新兴行业，加快传统发行业向现代发行业的转换，积极发展电子书、手机报刊、网络出版物等新业态，发展手机网站、手机报刊、IP 电视、数字电视、网络广播、电视电影等新兴的传播载体，已被写入国家文化发展纲要当中。在《中国新闻出版业"十一五"发展规划》中，数字出版领域将重点建设 8 个重点工程，它们是多媒体研发工程，国家数字复合出版系统工程，中华字库建设工程，国家知识资源数据库出版工程，国家动漫振兴工程，中国古籍数字化工程，国家版权保护技术开发工程，数字化文化传播工程。

在实践方面，目前在中国市场上流通的电子书已超过 30 万种。据不完全统计，2006 年中国数字出版产业整体收入超过 200 亿元，其中网络广告收入 49 亿元，互联网期刊收入 5 亿元，电子图书收入达 1.5 亿元，网络游戏收入达 65 亿元，手机彩铃、手机铃声、手机游戏、手机动漫收入达 80 亿元。又据新闻出版总署 2006 年对 50 家互联网出版机构的年检数据，50 家机构的互联网出版业务收入 28 亿多元，利润近 15 亿元，比上一年增长了 63.28％。

就电子图书而言，在以一般纸介质图书为主（不含教材教辅）的市场上，它的销售码洋比例已由 2002 年的 0.22％增加到 2006 年的 0.5％，增长了 1 倍多。虽然市场规模仍然很小，但增长势头强劲，发展空间很大。

就电子图书的内容而言，专业内容占到一半以上，科技内容占到三分之一以上。

在技术层面，为了解决制约数字出版产业发展的瓶颈问题，政府将大力推动出版资源的数字化，在保护知识产权的前提下，实现最大限度的内容共享，加快数字出版产业主要标准和关键技术标准的研究与制定。

九、创新路径之六：管理规范化

管理规范化，也是出版创新的重要内容。

1. 管而有据的问题

国家对于出版的管理，从过去的政企不分、政事不分，逐渐过渡到政企分开、政事分开，政策引导、行业指导，宏观调控、依法监管。就法制建设而言，制定了一系列出版法规和相关政策，从层级和效力上说，包括以下两类：一是出版相关法规。包括《宪法》《刑法》《民法通则》《广告法》等法律的相关条款，以及《最高人民法院关于审理非法出版物刑事案件具体应用法律若干问题的解释》《国家通用语言文字法》等。二是出版法规。目前执行的比较重要的有一法、五条例、六规、四办法等等。

出版管理，基本上做到了管而有据，但还不够。我们常说的出版法规里，实际上还是有规而缺法。要不要制定《出版法》，如何制定《出版法》，何时出台《出版法》，似乎也要根据新形势、新要求，用创新的思维去研究、探讨。

2.管理对象的问题

出版业要在保证公益性事业的同时，实行企业化生产和产业化发展。社会主义出版产业，自然要体现和坚持社会主义特色，坚持把社会效益放在首位，实现社会效益与经济效益的最佳结合；同时，也要体现企业的一般特性，即通过市场竞争优胜劣汰、此消彼长的特性。能不能将现行的出版企业审批制逐渐过渡到登记制，允许有条件的投资者组建出版实体，让平庸甚至濒临破产的出版企业淘汰出局，是创新宏观管理方式的重要议题。

3.管理产品和管理产量的问题

出版企业化的一个重要课题，是企业根据自己的定位和市场的需求，决定生产什么和生产多少。

生产什么出版物，完全由企业自己决定，需要市场决策能力，还需要政治智慧和政策理论水平；事先向政府有关部门备案，则需要有关部门、有关专业机构拿出政治智慧和政策理论水平。我们无法假定企业领导人的政治智慧和政策理论水平一定低于政府有关部门的领导；至于向有关专业机构求教，企业是否也可以按照现行法规和政策直接去做呢？通过国家出版规划、评奖奖励、出版专项资金运用、政府采购等措施引导好产品，通过加大监管力度、更加严厉地查处坏产品，或者能够与重大选题备案制度殊途同归，甚或能够事半功倍。

生产多少个品种的出版物，特别是生产多少种图书、需要多少书号，原来并无限定，只是在改革开放初期的特定历史时期才确定了书号管理。现在历史发展了，企业对市场需求和自身生产能力的判断力提高了，不同企业的发展要求、发展能力不一样，是否还有必要坚持书号管理？书号管理本身使得书号成为政府分配的稀缺资源，成为可以买卖的商品，而要求出版者用自己的操守抵挡商品经济的诱惑，对于相当数量的人，是否难度太大？改事先备案审查为进一步明定出版法规、限定不可为和事后追究，是否值得探讨？

这些问题，也是创新宏观管理方式的重要议题。

十、创新路径之七：阅读大众化

我国出版业的一个重要现象，是生产的多，卖出去的少，读书的人更少。

到 2006 年年底，我国有史以来共出版图书 296.5 万种。其中：①有史以来至 1949 年共出版 28 万种——古代至辛亥革命之前出版 18 万种；辛亥革命至 1949 年出版 10 万种。② 1950 ～ 1990 年的 41 年，共出版 103 万种，年均 2.51 万种。③"八五""九五"期间 1991 ～ 2000 年的 10 年，共出版 113.25 万种，年均 11.32 万种。10 年出版量超过前 41 年。④"十五"和"十一五"头一年的 2001 ～ 2006 年，6 年间，共出版 118.06 万种，年均 19.68 万种。6 年出版量超过前 10 年。⑤ 1950 ～ 2006 年 57 年的出版总量为 334.31 万种，是建国前 2000 多年出版总量的 12 倍。年出版量从 1994 年跃上 10 万种台阶，2004 年跃上 20 万种台阶，两个大台阶只用了 10 年，发展速度惊人。

与此同时，我们也注意到，由于品种增加、门类增加、阅读兴趣分散，以及获得信息和知识的途径扩大等因素的影响，图书的平均印数这些年却呈现逐年下降之势，总印数一直在 60 亿册左右徘徊，2006 年总印数为 64.08 亿册。2000 ～ 2006 年，图书的平均印数（册／种）依次递减为：44091，41191，40640，35163，30904，29106，27388。

2006 年，我国共生产图书 233971 种，总印数 64.08 亿册（张）；新华书店系统、出版社自办发行单位出版物图书总销售 149.96 亿册（张），全国新华书店系统、出版社自办发行单位图书纯销售 47.99 亿册（张）[1]。纯销售中，刨去教材、教参后，一般图书的销售约为 21.10 亿册。按 13 亿人口测算，每人消费图书 1.62 册。与此同时，全国新华书店系统、出版社自办发行单位年末库存数 44.59 亿册。

图书阅读消费能力的低下，与提高民族文化水平、提升民族凝聚力和创造力的要求不相适应。因此，需要积极倡导全民阅读的良好风尚。构建公共文化服务体系，举办各种读书节和读书活动，营造全民阅读的氛围，大力出版推荐适合农村读者、农民工

1　因无图书销售册数的批零比，权按出版物销售额的批零比为 68:32 测算纯销售册数为 149.96 × 32% ＝ 47.99（亿册）。

和其他低阅读率人群阅读的读物，建设"农家书屋"、万村书库等，是出版工作者和政府部门的共同任务。倡导全民阅读，让全体人民共同参与文化建设、共享文化发展的成果，这也是创新出版服务的重要内容。

把业界报纸办得有创意有特色有看头★

　　我们不能想象：当今的中国出版界、出版人，如果没有《中国图书商报》，还有什么更好的渠道帮助我们了解出版，把握出版，做好出版。

　　我就考核本身的要求和集团公司对商报的要求，谈三点想法，供大家参考。

　　第一，关于考核本身。对成员单位领导班子进行年度考核和双效业绩考核，是集团公司行使出资人权利和管理职责，是广大干部职工行使民主管理权利和监督职责的重要手段。2008年的考核已经是第三次，总的来讲是越来越完善，越来越严格。

　　考核的基本方式是两个结合：一是对领导班子集体的考核与对领导干部个人的考核相结合；二是年度考核与双效业绩考核相结合。对领导班子集体的考核，主要是4个方面：政治方面、工作业绩方面、团结协作方面、思想和工作作风方面。对领导干部

★　2008年2月29日，在中国图书商报社考核会上的讲话。

个人的考核主要是两大块：一是双效业绩考核（定量数据），社会效益指标主要是获奖、受罚情况，经济效益指标主要有利润、成本费用率、资金周转率等，此外还要考虑难度系数。二是年度考核（定性分析），分 5 个方面：德 20%，能 20%，勤 15%，绩 30%，廉 15%。集团公司权重为 50%：集团领导 35%、各部门 15%；本单位权重 50%：群众评议 30%、班子评议 20%。

第二，关于商报目前的状况，总的看发展势头良好。表现在，一是导向意识增强，政治意识、政策意识、大局意识不断提高，没有再出导向问题；二是服务意识增强，为产业服务、为企业服务、为集团服务的定位愈发清晰；三是精神状态良好，班子积极进取，队伍艰苦奋斗，企业理念清晰，战略目标清晰——就是做中国出版业的第一媒体，战略步骤也很清晰；四是内容在不断创新，内容有创意、有特色、有看头，能做到把握业态、贴近业态、深度挖掘、细分专题和板块；五是经营的力度加大，比过去更多更全面地联系客户、服务客户、拓宽经营领域，在让广告客户受益的同时也使本企业受惠。

第三，关于集团公司对商报的要求和期望。一是要始终坚持方向导向，高举旗帜，围绕大局，服务人民，改革创新。为党和国家大局服务，贯彻十七大精神和科学发展观；为出版业大局服务，积极参与改革、开放、竞争、发展；为行业服务，既包括出版、发行、印刷、进出口，也包括学术研究机构、图书馆；为读者、学者服务；为传播信息、知识文化服务；为集团工作重点服务。

二是要提高服务效能。要进一步提高信息含量、内容质量、特点特色和品牌影响。

三是要加快企业发展。领导层要有危机感，要顺应时代潮流，不断提升管理水平，提高经营能力，扩大经济积累。

四是要努力成为集团的骨干成员和大牌媒体。商报在集团举足轻重，目前是独一无二的，但尚未正式纳入双效目标考核体系，尚未全方位参与各社活动；商报在我国书业不可或缺——不仅是相对第一，而且是遥遥领先；社会影响广泛——不仅业界要看，而且各界爱看。希望通过这次考核，行使好干部职工民主管理和民主监督权利，强化对领导班子的激励和约束机制，提高领导班子建设水平和开拓进取能力，促进商报的各项工作。

总而言之，我们要努力把商报这份业界的报纸办得更有创意、更有特色、更有看头，更好地为集团、为出版文化界提供优质服务。

科学发展与出版产业创新★

2006 年和 2007 年，我们分别举办了第一届和第二届"香山论坛"，论题分别是"图书选题创新""文化软实力与出版创新"。中宣部和新闻出版总署的领导对这个论坛高度重视，希望我们能够定期举办，办出特色；业界同人对这个论坛给予积极评价，认为论坛给大家提供了一个互相交流和学习的平台；业内外媒体对这个论坛非常关注，每次都有大量的报道和讨论，论坛组委会还先后出版了两辑"香山论坛"论文集，反响热烈。我们希望，通过论坛的举办，引发业界思考、促进思想交流、形成广泛共识。从前两届论坛的情况看，这个目的基本达到了。

在上一届论坛上，不少同人提出，要邀请国际知名的出版传媒集团来参加"香山论坛"，把这个论坛打造成一个国际出版界的交流平台、交流盛会。遵从大家的意愿，这一届，我们邀请到了 6 家海外的和中国香港、台湾的出版传媒企业的代表。

★ 2008 年 11 月 6 日，在中国出版集团举办的第三届"香山论坛"上的主持词。

本届"香山论坛"的主题是"科学发展与出版产业创新"，包括4个子议题。选择这个主题进行探讨，出于多方面的原因，但最重要的不外乎以下三点：

第一点，宏观经济社会发展的需要。中国经济社会的发展进入了一个关键的转折期，我国出版业的发展也到了一个前所未有的机遇期和挑战期；信息化、数字化的趋势，世界金融风暴的降临，则对全球的经济社会发展，包括出版产业的发展提出了新的问题、新的挑战、新的考验。如何应对复杂多变的产业发展环境，如何应对信息技术和新型媒体的冲击，如何通过体制机制改革提高竞争实力，如何推动出版企业和整个出版产业的可持续发展，等等，是我们出版人都必须面临和亟待解决的问题。出版产业的长期发展目标，应该是实现整个产业的科学发展，实现出版产业与整个社会经济的同步发展、协调发展。而产业创新则是达到这一目标的重要途径。

第二点，中国出版产业自身发展的需要。经过30年的改革开放，中国出版业已经在品种规模上成为了出版大国，但还远远不是出版强国。我们在产业布局、市场格局、产业比较优势等方面，与世界出版强国相比还有着明显差距。中国出版业整体实力的偏弱已经影响到了我国文化软实力的发挥，影响了我国对于世界文化发展作出新的更大的贡献。中国政府和中国领导人，对于加大出版产业改革、提升出版产业化水平、加快出版业繁荣发展，十分重视。近年来，政府制定了一系列支持出版业改革发展的政策，李长春、刘云山等领导人就加速出版改革进程、加快出版发展步伐，也做过一系列重要指示。新闻出版总署柳斌杰署长，在2008年第10期《中国出版》杂志上发表题为《解放思想 深化改革 推动新闻出版业大发展》的文章，指出出版业"改革尚存难点，发展前景美好"，要求出版业深入贯彻落实科学发展观，加快出版业发展步伐，"培育优势产业，优化产业布局，巩固城市市场，开拓农村、国际两大市场"。

第三点，出版企业自身体制创新、机制创新和传播方式创新的需要。创新能力不足仍是我国出版业面临的主要问题，也是制约我国出版业长足发展的主要因素之一。我们在产业改革起步之时，模仿和照搬一些现成的经营管理模式是可以理解的，也可能有短期效果，但模仿只能解决一时的问题，而不能解决企业和产业长期发展的问题。中国有句古话："授人以鱼，三餐之需；授人以渔，终生之用。"意思是说，送给人一条鱼，只能满足其一日饮食之需；而教给他捕鱼的方法，则可以保证他一辈子有鱼吃。因此，我们必须从提高企业内部的自主创新能力出发，提升发展战略、改善经营管理、优化盈利模式、有效采用新兴技术、加速培养新型人才、不断提高竞争优势，从而促进出版产业的整体创新能力，提高出版实力。

鉴于以上考虑，本届"香山论坛"选择"科学发展与出版产业创新"作为主题。我们热切地期盼，中外嘉宾借助"香山论坛"这个共同的平台，广泛交流，深入探讨，促进思想碰撞，激发创新欲望，探索创新途径，并且在此基础上，积极合作，增进友谊，促进发展。我们特别希望，海外出版专家，多介绍一些国际出版经验，多与我们分享一些产业发展心得。

放歌 30 年　展现新风貌★

　　30 年日新月异彰显历史巨变，30 年昂首阔步书写盛世华章。改革开放 30 年来，中国的经济、政治、文化、社会发生了翻天覆地的变化，中国的出版业在宣传、记录、推动历史前进的同时，自身也获得了长足发展，取得了辉煌成就。出版业的改革和发展、出版成就与当代中国改革发展成就紧密关联。改革开放之于中国出版集团公司及成员单位，乃是盛世恩泽、源头活水、滋养沃土。30 年来，特别是集团公司成立 6 年以来，以邓小平理论和"三个代表"重要思想为指导，深入贯彻落实科学发展观，在党中央、国务院亲切关怀下，按照中央文化体制改革的部署，集团公司高举旗帜，围绕大局，服务人民，改革创新，深化体制改革，加快经营发展，取得了较大成绩。目前，集团公司共有成员单位 14 家，各类出版社 29 家，各级法人企业 81 家；每年出版图书、音像、电子、网络等出版物 1 万余种，出版期刊报纸 47 种，出版

★　"放歌 30 年——中国出版集团公司系列音乐会暨出版精品展"前言，撰于 2008 年 12 月。

物在全国零售市场占有率为 7%，持续稳居第一；书报刊进口和出口分别占据全国市场份额的 62% 和 30%；总资产 60 亿元人民币，年销售收入 39 亿元人民币。

在全国上下隆重庆祝改革开放 30 周年之际，中国出版集团公司以"放歌 30 年"为总主题，精心组织策划了十大书系 102 种精品出版物和 15 项重大庆祝活动，力图在庆祝改革开放 30 周年的"大合唱"中，奏响集团公司的和谐乐章。"放歌 30 年——中国出版集团公司系列音乐会暨出版精品展"即为重大庆祝活动之一。一批洋溢着时代气息、体现改革开放精神的经典曲目将重新唱响，一幅幅波澜壮阔、激情燃烧的历史画卷将集中展现。

出版精品展，基本反映了集团公司各出版单位 30 年来特别是十六大以来体制创新、机制转换、塑造新型市场主体，挺拔主业、优化结构、集约经营、塑造品牌、服务读者的发展道路。精品展共由 17 个板块组成，分别是：领导关怀、集团历程、铭记改革开放、难忘 2008、集团成立以来的标志性出版工程、获奖出版物、改革开放以来的国家级重大出版工程、畅销书和常销书、教材教辅、报刊方阵、我们的作者、我们的出版家、竭诚服务读者、出版"走出去"、数字出版、珍本典藏和名家手迹。

流逝的是岁月，不变的是精神。中国出版集团公司所属成员单位伴随着祖国改革开放的脚步，走过了 30 年光辉历程。这里展示的精品出版物和重要出版活动只是其中的一个缩影，而未来，则任重而道远。

我们决心在以胡锦涛同志为总书记的党中央的坚强领导下，高举中国特色社会主义伟大旗帜，以邓小平理论和"三个代表"重要思想为指导，深入贯彻落实科学发展观，以科学发展为主旨，以体制机制创新为保障，以传播社会主义先进文化为使命，努力成为引领和促进中国出版产业发展的重要力量，成为建设和传播社会主义先进文化的重要阵地，成为开拓海外出版市场、推动中华文化"走出去"的重要渠道，成为主业突出、多元经营、人才汇聚、实力雄厚，具有创新能力和可持续发展能力，跨国跨地区的现代大型出版传媒企业集团。

规划是决策的依据，是发展的指南★

战略规划分为集团层面和成员单位层面的规划，按期限可以分为 5 年规划和 10 年规划，这属于中长期规划；20 年规划算是远景规划。

一、集团规划的编制历程

2002 年集团成立时，有些目标表述；2004 年集团为转制，为争取上级支持，制定了改革发展方案；2005 年，集团在方案基础上制定了出版规划，进而编制为集团规划，各单位也都搞了重点项目设计；2007 年 4 月 9 日集团领导班子调整后，对集团规划作了重新设计；2007 年 8 月 9 ～ 10 日，集团召开半年会，主要强调各单位要制定战略规划；2007 年 12 月，成立专门部门，专事规划编制工作；2008 年 1 月，集团召开五年规划工作会，集

★　2008 年 12 月 23 日，在中国出版集团成员单位 5 年规划审核会上的讲话。

团班子成员出席，各成员单位正职和分管规划工作的领导参加；2008 年 9 月，下发实施集团新的发展规划。

二、关于各单位现有规划的总体看法

各单位的规划要以科学发展观为指导、以集团规划为基础，要以文化体制改革的新形势、新要求为参照系。要重点突出以下六点：一是集团贡献率、行业占有率、社会影响力和国际竞争力。要进行行业内、企业间横向比较。占有率问题对应的是主业发展速度，外向型业务的主要指标是版权贸易和产品出口。二是多媒体互动。要高度重视数字出版问题。要从产品结构、产品线方面进行设计和规划。三是多元经营。要进一步创新资金运用、资本经营、资产运作模式。四是人的发展和队伍建设问题。胡锦涛总书记提出，发展为了人民，发展依靠人民，发展成果与人民共享。集团要制定相关福利指标，要加强企业文化建设。五是机制创新问题。要积极稳妥推进分社、分公司设立和报刊实体化运作，探索建立健全有利于增强市场竞争力的运行机制。六是增强战略意识。有的单位是找人做的规划，没有体现领导班子的战略思想，更不是一把手的战略思想，缺少宗旨和主线，这一点必须改进。

三、对规划修订的要求

一是领导班子特别是一把手要高度重视。规划编制必须经班子会讨论，明思路、定调子，这是集团今后考核的重要依据。

二是要专门组织班子负责，有关部门必须参加。要发动群众参与研究行业现状、集团规划、本单位现状，要接地气，不能脱离实际，不能假大空。

三是要务实，要可操作；要提拔士气，要有担当。要有为行业、为集团、为国家出版事业和文化事业作出突出贡献的理想和信念，不能满足现状不思进取。

四是要比较完善，重要方面没有遗漏。前面说的 6 个方面的问题，要有体现；集团公司战略部所整理的专家意见，各单位在修订时要充分吸收。

五是要抓紧时间按时完成。再用 2 个月左右时间仔细修订，3 月上旬要全部完成。

总之，要以科学发展观为指导，以文化体制改革的新形势、新要求为基本依据，以集团 5 年规划为基本依托，以本单位实际为出发点来做好规划编制工作，这样才能够保证我们对规划的未来充满信心、充满希望。

金融危机的应对和产业政策建议 ★

在金融危机的冲击下，欧美不少大型新闻出版集团已经感受到阵阵寒意：

哈珀·柯林斯集团 2008 ～ 2009 财年的上半年，销售额同比减少 16%（6.2 亿美元），营业利润同比下降 75%（2600 万美元）。其中，2008 年第四季度销售额同比下降 25%（3.05 亿美元），营业利润缩水 66%（2300 万美元）。

西蒙与舒斯特 2008 年总收入同比下降 3%（8.57 亿美元），经营利润同比下滑 11%（7800 万美元）。

麦格劳 - 希尔 2008 年总收入同比下降 2.5%（26.4 亿美元），营业利润同比下降 20.9%（3.16 亿美元）。

国内出版业虽然还没有受到大的影响，但一些数据已经开始显现出不利倾向：

据不完全统计，2008 年 FBF 中国展团输出版权 1092 项，输

★　2009 年 3 月 31 日，在中宣部召开的座谈会上的发言。

出数量上比 2007 年的 1928 项同比减少 43.36%。

开卷监测数据统计的全国图书销量显示，在 2008 年的 12 个月里，有 4 个月同比是下降的，集中表现在 10 月、11 月、12 月，连续出现了负增长。而东方数据的统计显示，12 个月中有 9 个月同比是负增长。

2009 年元旦，上海图书市场的销售未如业界期盼的那样出现"开门红"，一向位居销售老大位置、有上海图书销售风向标之誉的上海书城销售量首次出现了小幅下滑，同比约减少 10% 左右。

2009 年春节期间深圳罗湖书城和深圳南山书城图书销售量均比去年同期略有下降。

一、应对措施

面对当前的危机，新闻出版产业应当做好长期的打算和长远的规划，来应对危机、抓住机遇、取得发展。面对金融危机，中国集团公司主要采取了两项措施。

一是压缩品种规模，提高单品种销量和效益，加大回款力度，降低生产成本。

人民文学出版社 2008 年造货码洋同比减少 13.7%，用纸量同比减少 6.4%，利润同比增加 8.4%，净利润同比增加了 21%。

商务印书馆 2008 年在新出图书品种下降的情况下，出版码洋、发货码洋、销售收入同比都有大幅度增长，其中出版总码洋、发货总码洋和销售收入达到商务印书馆历史最高水平，单品种图书经济效益显著提高。

中华书局和三联书店有意识地压缩图书品种，大力提高单品种图书销量，提高单品种图书的盈利能力：2008 年，中华书局发货码洋在 100 万元以上的新书就有 12 种，书局销售收入首次冲破亿元大关；三联书店在做好传统发行工作的同时，高度重视网上书店的销售和其他渠道的开辟，2008 年在当当的销售码洋近 1300 万、在卓越的销售 1000 万，增速惊人。同时还新开辟了茶社、机场、学校和户外店等非书店渠道。

二是加强战略管理，编制长远规划，进行结构调整。

集团公司以图书产品线建设为把手，围绕竞争优势打造产品线，加强市场竞争能力。同时，在集团公司内部实施战略重组，将中国图书进出口总公司和中国出版对外贸易总公司主要业务进行重组，提高了国际竞争能力，优化了资源配置。

通过以上举措，2008 年，中国出版集团公司在金融危机背景下，保持了良好的增长势头。

2008 年全年销售收入增幅 8.6%；利润总额增长幅度为 38%；资产总额增长幅度为 11.94%；净资产增幅 15.52%；资产负债率比上年减少 1.14%。绝大多数单位资金周转情况良好，银行贷款逐年下降。

进出口方面，2008 年集团出版物进口同比增长 20.21%，出口同比减少 24.80%。版权贸易同比增长了 49.56%。输出和引进之比为 1:3.6，同比缩小逆差 0.8。其中最为成功的输出项目为中华书局《于丹〈论语〉心得》，该书的全球英文版与英国麦克米伦公司签约，预付金额达到创纪录的 10 万英镑，涉及 11 个语种，现已累计签署版权合同 17 个。2009 年，英文本将以欧洲版、北美版、澳洲版三个版本推出。但是，集团公司的出版物出口在金融危机影响下，同比下滑近 1/4，在海外市场开拓方面也受到很大影响，打乱了原有的计划。

二、产业政策建议

在国际国内严峻的经济形势下，我们建议新闻出版产业下一步做好以下四个方面的工作。

一是加大对文化产业的投入力度和政策优惠力度。出版产业利润率较低，出版单位的人员负担又重，国内出版产业的集中度也远远低于国外出版业，因此在竞争中处于不利地位。建议政府加大对文化产业资金投入，并出台一系列优惠政策，对产业给予充足的发展保障。比如，对出版物下乡进行补贴，让农民购买出版物也能够享受到政府补贴政策，在城市或高校发放图书消费券，拉动图书消费。同时，加大政府投资力度，加强农村地区出版发行网点的建设工作，并对这些网点予以税收优惠，激发出版发行企业集团投资农村地区的积极性和主动性。

二是引导和支持文化产业资产重组。从国外文化产业发展规律，尤其是媒体集团的发展规律来看，兼并重组是打造具有较强竞争力的大型文化产业集团的最佳路径之一。在国际金融危机影响下，美国在 2008 年的媒体并购量大幅下滑，从 2006 年的 205 亿美元、2007 年的 96 亿美元，骤降至 2008 年的 20 亿美元，创下 2000 年以来的最低纪录。而这对我国文化产业的发展则恰恰是难得机遇，我们可以利用手中充沛的外汇储备，统筹规划，支持几家大型出版文化产业集团，到海外进行战略性的兼并重组，布局海外市场，在世界性的金融危机中抓住发展机遇，实现大的突破。

三是支持出版集团进行新媒体开发和新技术应用。从技术发展趋势来看，尤其是结合目前这场金融危机对民众消费欲望的消解来看，在既定的市场消费容量下，基于新技术、性价比较高的文化消费，如数字出版、家庭影院、手机增值服务、网络游戏、动漫等娱乐方式将可能进一步挤压传统传媒的生存空间。总体上看，我国文化产业的技术创新能力还不足，新型业态的形成仍需时日。希望能够设立科技创新扶持基金，出台新型业态扶持政策，挑选一部分大型出版集团进入数字出版领域，加快数字出版业务的发展和出版数据库的建设工作。

完善母子公司管理体制　促进出版集团内生经济增长★

　　当前，世界金融危机尚未见底，我国出版产业的改革发展仍面临比较严峻的挑战。2000 年以来，我国图书印数总体上一直呈负增长态势，图书品种、图书总定价、图书销售量的增长率也呈现间断递减趋势，而库存数量和库存金额则以 10% 左右的平均比例逐年递增，图书的盈利能力甚至出现趋于停滞的势头。透过这些数字和事实，我们可以窥见传统的出版产业发展模式已经现实地面临着比较大的危机，出版企业尤其是出版集团需要进一步加快经营体制转换和创新，转变经济增长方式。

一、出版产业的粗放型增长模式已难以为继

　　改革开放以来，出版发行体制逐渐由计划经济体制向市场经济体制转轨，出版业经历了品种日益丰富、产业不断发展、实力

★　中宣部出版局"加快改革 加强管理"研讨班（2009 年 5 月 18 ~ 22 日）论文。

逐步增强的历史性变迁，我国逐渐成为年出版总量最高、从业人员最多的出版大国。但是，出版业作为我国国民经济的一个重要组成部分，多年来在发展方式上受宏观经济管理体制的制约和国民经济粗放型发展模式的影响，也表现出生产要素投入高、资源消耗大、经济效益低的粗放型增长。具体而言，出版产业的粗放型增长具有如下特点。

一是单纯依靠图书品种增长和图书价格的增长来带动总码洋的增长，资源消耗较大，市场集中度低。出版物平庸之作不少，跟风之作甚多，低水平同质化竞争严重，资源浪费现象比较突出，给资源承载和环境保护带来较大压力。

二是图书单品种的发行量太少，退货压力和库存压力较大。纸质媒介的国民阅读率持续不高，图书单品种发行量日趋递减。虽然每年出版的图书品种达 20 多万种，但单品种销售上千万册的图书则凤毛麟角，在世界上有影响的出版产品不多。而一套《哈利·波特》在几十个国家总计销售就超过了 4 亿册。

三是出版单位资产规模较小，核心竞争力不强。目前，转企改制取得较大进步，出版、报业、发行等上市公司达 11 家，净融资 240 多亿元。即便如此，出版集团的总资产规模不大，目前最大规模也只是刚过百亿，与国际出版巨头相比依旧弱小。

四是内容原创能力不够强，知识溢出效应不明显。原创出版精品偏少，原创能力和水平不高。出版创新中简单再加工较多，知识创新力度不大，知识资本对行业发展的贡献率不突出。

　　五是人才观念相对落后，优质人力资源较匮乏。缺乏高端创意人才，缺乏数字出版人才、复合型经营管理人才和国际传媒运作人才。一些出版集团人才队伍青黄不接，结构不合理。

　　六是体制性障碍仍旧比较突出，体制机制创新任务艰巨。受传统的"事业性质、企业化管理"的影响，一些出版单位并没有完全转变旧有的管理模式、运营方式，成为严格意义上的市场主体。一些出版单位换了牌子而不换脑子，依旧因循守旧、固步自封，不善于开展重组、整合、兼并等资本运营。

　　总之，这种依赖高投入、拼消耗、低效益的粗放型增长方式，越来越体现出诸多弊端，使得出版资源浪费严重，整个行业的库存逐年大幅递增，平均利润率大大降低，经济效益增长缓慢甚至出现倒退。而且，它与人民群众日益增长的精神文化需求不相适应，与日趋完善的社会主义市场经济体制不相适应，与对外开放不断扩大的新要求不相适应，与现代科学技术和传播手段的新形势也不相适应。

二、内生经济增长是出版集团转变经济发展方式的必然选择

　　在经济发展史上，现代经济学把先行工业化国家的近代经济发展分成三个阶段，每个阶段都有特定的增长模式。第一个阶段是"起飞"前的时期，与古典增长模式相对应，主要依靠增加生产性劳动的数量、资本积累和分工协作促进经济增长。第二个阶

段是从 18 世纪后期第一次产业革命开始到 19 世纪后期第二次产业革命开始的时期，与新古典增长模式对应，主要依靠人口数量的增加、财富（资本）的增加、智力水平的提高、工业组织（分工协作）的引入等，促进厂商收益递增，促使经济增长。第三个阶段是第二次产业革命以后的"现代经济增长"，与内生经济增长模式对应。

内生经济增长理论形成于 20 世纪 80 年代中后期，认为生产要素应包括资本、非技术劳动、人力资本和知识创新等四个方面，其中，知识创新和人力资本才是经济增长的真正源泉；同时也强调技术因素和制度因素在长期发展中是互动的，是经济持续增长的不可或缺因素。它的核心思想是：在以鼓励原创、保护竞争的市场经济制度框架内，使得决定生产率提高的知识积累、技术创新、人力资本增值成为经济持续增长的源泉和动力机制，而政府实施的某些经济政策对一国的经济增长具有重要的影响。

现代经济增长模式的不断转型对我国的出版产业转变产业发展方式具有重要的理论指导意义，对近些年新涌现出来的大型出版企业尤其是出版集团实现发展方式的转型，壮大整体实力和核心竞争力也同样具有重要的启示意义和现实指导作用。

2003 年 6 月文化体制改革启动以来，出版发行体制改革取得了重大突破，全国 540 多家出版单位中有 246 家成为新的市场主体，已经先后组建了 25 家出版企业集团公司，30 个省级新华书店系统完成了转制，其中 11 家出版传媒企业集团在国内外资本市场上成功上市。一方面，这些大型出版集团作为当代中国出版产业的核心经济组织，顺应体制转换和机制创新的基本要求，不断壮大资产规模和整体实力，表现出前所未有的经济活力。另一方面，由于这些出版集团是通过行政主导的方式组建而成，所属成员单位较多，由于历史原因和信息不对称，内部管理体系也存在不畅通的问题。在出版集团的内部管理体系中，母子公司之间的管理体制是核心内容，既是确保整个集团与各成员单位步调一致地为共同目标而奋斗的基石，也是理顺母子公司密切的资产纽带关系，形成成熟完善的法人治理结构，避免行业粗放型增长方式的核心要素。因此，对于出版集团而言，无论是革除旧的体制弊端，激活内部生产要素资源，还是克服外部市场需求疲软和金融危机冲击的困难，都需要通过大力完善母子公司管理体制，走一条内生经济增长之路。

总体而言，大型出版集团走内生经济增长之路，就是要以科学发展观为指导，由粗放型向效益型转变，由数量型向质量型转变，由扩张型向科技型转变，通过制度创新尤其是母子公司管理体制的创新，依靠科技进步、知识创新（内容创新）、提高劳动者素质来实现发展转型。

三、中国出版集团公司走内生经济增长之路的探索

中国出版集团公司成立以来，尤其是最近两年以来，按照"高

举旗帜、围绕大局、服务人民、改革创新"的总体要求和中央文化体制改革工作的整体部署，在中宣部和新闻出版总署的领导下，加大改革力度，加快发展速度，坚决摒弃粗放型发展方式，通过完善母子公司管理体制，以内容创新（知识创新）、技术升级、人力资本为经济增长引擎，强化内部管理，激活内部资源，深挖内部潜力，努力探索出一条内生经济增长之路。

（一）加快制度创新，建立新型母子公司管理框架

制度创新是走内生经济增长之路的重要前提。在现代经济体系中，最重要的制度创新就是建立现代企业制度。根据中国出版集团公司发展实际，大力开展制度创新，建立了集团公司总部与各成员单位之间的新型关系：母公司作为全集团的战略中心、管理中心、资产中心，对各成员单位的发展战略、出版主业、资产运营等进行宏观管理；而各成员单位等二级以下的子公司则是全集团的产品研发中心、经营中心、利润中心，按照现代产权制度、现代企业制度和公司法人治理结构的要求建成新型的市场主体。按照上述管理框架，2007年7月，中国出版集团公司作为企业完成工商注册登记。

（二）优化发展规划和布局，实现重点领域的新突破

1. 做好战略规划

编制了《中国出版集团公司五年发展规划（2008—2012）》，

并组织编制了所属各企业的发展规划，明确了各级企业的主要发展指标。2009 年 12 月，长春、云山等中央领导同志两次视察集团后，集团坚决贯彻落实长春同志在视察时提出的"要把中国出版集团公司打造成跨国经营、具有国际影响力和竞争力的国际一流出版传媒企业"的指示，组织有关专家、组成课题小组，研究和制定"创建国际一流出版传媒企业计划"（即 1216 计划），明确国际一流出版传媒企业的指标体系和发展目标，突出前瞻性和宏观视野，带动新一轮的发展。

2. 调整布局

（1）细化产品线规划，优化出版结构

产品线是一类、一组相关产品的集合。优化产品线，目的是促使出版单位以产品线来布局项目，于综合中见专业，专业中见精特，形成合理、系统、规模、多样的梯次出版结构，从而优化产品结构，提高出版项目的附加值、出版单位的竞争力。集团公司对产品线作了不断的调整、细化，一级产品线由原来的几十条改为 15 条，再改为 18 条，产品线级次由两级扩展为四级。围绕产品线建设，2009 年集团公司将重点做好 4 件事：一是以各单位2009 年度选题计划为对象，由集团公司出具各单位产品线建设指导报告，供各单位参照；二是请各单位对照、研究本单位的产品线建设情况，由集团公司主持召开第二次产品线建设工作会议；三是从产品线角度研究、加强文化普及类读物（文普）、理论普及类读物（理普）、"走出去"读物、农村读物、动漫产品等类产品的组织生产；四是集团公司的出版专项资金向产品线建设和对应的优势产品倾斜。

（2）积极布局海外，加快"走出去"步伐

坚持在海外创建出版发行实体，相继在巴黎、悉尼、温哥华、纽约建立了中版海外子公司和第一家海外新华书店，并于2008年9月在我国香港注册成立中国出版国际公司，实现对海外业务的资源整合，提高中文图书海外覆盖率，大力培育具有国际影响力的重点产品。继续缩小版权贸易输出引进比。2008年，集团公司所属出版单位开展版权贸易计1361项，输出和引进之比为1:3.6，同比缩小逆差0.8。中华书局《于丹〈论语〉心得》的全球英文版与英国麦克米伦公司签约，预付金达到创纪录的10万英镑，涉及11个语种，已累计签署版权合同17个。

3. 大力发展重点领域

（1）坚持围绕中心，服务大局

2008年，集团公司所属企业为反击"藏独"势力、支援抗震救灾、服务北京奥运会残奥会以及为庆祝改革开放30周年作出了应有贡献。5天出版《谎言与真相》，7天出版《西藏今昔》（中英文版），16个小时出版《抗震救灾自助手册》，围绕庆祝改革开放30周年等主题先后出版了一大批双效俱佳的优秀出版物。

（2）着力抓好标志性、原创性出版工程

坚持知识创新，提升内容原创水平。事实上，知识创新是知识经济时代促进经济增长的重要源泉，对于出版产业而言，知识要素对产业的贡献率非常大。近一两年，着力抓好标志性原创出版项目，建立了原创长篇小说创作基地，推出《中国文库（第三辑）》《中国大百科全书（第二版）》《"四个一批人才"文库（第一批，20 种）》；全面启动了《中国文库（第四辑）》《世界历史文库》《中国古籍总目》《汉译世界学术名著丛书（典藏版）》《鲁迅大辞典》《中华人民共和国历史百科全书》《新中国出版 60 年》等的编辑出版工作。

出版一批优秀畅销书和常销书。出版了《藏獒（1—3）》《农民帝国》《于丹〈论语〉心得》《于丹〈论语〉感悟》《马未都说收藏（系列)》《听杨绛谈往事》等一批优秀原创畅销书和常销书，有力拉动了全集团原创图书的研发和销售。

（3）积极开展资本运作

努力推动股改上市。集团公司成立了股改上市工作领导小组和上市办公室，已经确立了荣宝斋和商务印书馆等出版单位的股改上市方案。准备通过股改上市，加快集团公司资本总量和经营总量的扩张。

全面推动跨地区经营。与江苏省文化产业集团共同投资拍摄电视连续剧《决战南京》；与山东出版集团、江苏文化产业集团等签署战略合作协议，通过多种资本形式进行深度合作。人民文学出版社、商务印书馆、中国对外翻译出版公司、中国图书进出口（集团）总公司等在跨地区拓展经营方面实现新突破。

优化资源配置，提高集约经营水平。完成集团公司总部大厦、荣宝大厦、上海东方维京大厦和上海中国出版集团蓝桥创意产业园的 4 大资产运作，盘活了资产存量，壮大了整体实力。2009 年初完成了荣宝斋从中国美术出版总社分立、中国图书进出口（集团）总公司与中国出版对外贸易总公司的战略重组，进一步整合了优质资源，巩固了集团公司在出版物进出口和海外经营的优势地位。

（4）创新销售模式

积极推动发行整合。成立中国出版集团发行股份有限公司，整合所属各出版社的发行力量，逐步实现全集团公司图书发行物流、信息流、资金流、商流的统一并轨，形成对第三方业务合作的吸引力和服务能力，提高市场竞争力和控制力。

首创"双推计划"和"读者大会"。在行业内创造性地实施"畅销书推广计划"和"常销书推荐计划"，发挥市场营销的集约效应；联合有关部门、有关出版单位，在全国书博会举办以读者和著名作家为主体的"读者大会"，积极引领全民阅读。

（5）大力发展数字出版技术

一是搭建集团编辑、出版、发行、财务、物流、销售等生产流程的信息管理系统，为全集团的生产、经营、管理、决策、业绩考核提供信息支持、保障和服务，保证集团内信息灵通、信息共享、决策有据，提高经营管理的效率和效能。

二是构建中国数字出版网，建设主要面向发行商、书店、图书馆、读者等客户的数据库系统，链接子公司的 14 个客户服务网站，使之成为集团对外交流和为全行业服务的窗口。

三是积极应用数字技术，努力培育新的出版业态。集团公司已以股份制形式组建数字传媒有限公司，大力扶持集团现有的数字出版业务，培育出一批标志性数字出版产品；加快 3G 内容创新基地建设；以部分成员单位为试点，进行信息化业务指导及数字资源整合的分析。

（三）加大人力资源开发，激活内生经济增长的源头

一是大力实施人才战略，开发人力资源。人才是兴业之本。切实加强各级领导班子的思想建设、作风建设和能力建设，对各成员单位主要负责人实行三年任期目标双效业绩考核和年度考核。

二是启动人才梯队建设工作，加强后备干部的培养和使用。2009 年在全集团范围内遴选第一批 100 名左右的优秀人才，切实做好经营管理骨干、中青年编辑骨干和数字出版人员为培训重点的各类专题培训班。

三是有针对性地组织人才特别是经营管理人才到知名企业学习管理经验。积极建设学习型组织，形成三种状态——兴奋状态、团队状态、创新状态。

实践证明，创新完善母子公司管理体制，走内生经济增长之路给中国出版集团公司带来了良好的"双效"。2008 年以来，在总署第二届"三个一百"原创出版工程中，集团公司有 15 种图书入选；在第二届"中华优秀出版物奖"中，集团公司有 21 种作品获奖；在总署向青少年推荐的"百种重点图书"中，集团公司有 12 种图书入选；在总署"庆祝新中国成立 60 周年百种重点图书"中，集团公司有 14 种图书入选；在总署"60 年辉煌历程系列图书（60 种）"中，集团公司有 4 种图书入选。2008 年，集团全年出书 8000 余种，动销品种 3.7 万种，国内零售市场占有率 6.86%，领先第二名 3.22 个百分点。全年销售收入 38 亿元，增幅 8.6%；利润总额 2.25 亿元，增长幅度为 38%；资产总额 60 多亿元，增长幅度近 12%；净资产 20 多亿元，增幅 15.5%；绝大多数单位资金周转情况良好，银行贷款逐年下降。

2008 年 12 月，李长春同志和刘云山同志两次视察指导集团公司的工作，对集团公司改革发展所取得的成绩给予了高度肯定，对集团公司改革发展提出了更高要求，寄予了更大期望，集团公司广大干部职工备受鼓舞和鞭策，集团公司站到了改革发展新的历史起点上。集团公司将按照中央领导同志提出的更高要求，高举伟大旗帜，唱响奋进凯歌，振奋民族精神，服务人民大众，转变企业发展方式，促进内生经济增长，为促进社会主义文化大发展大繁荣作出新的贡献。

认清现实，改革创新，提高报刊的经营管理水平★

2003 年 6 月，集团曾经召开过一次报刊工作会议，对集团的报刊情况作了摸底调查，并提出了一系列加强报刊经营管理的措施。这些措施大多见到了比较好的成效。几年来，出版环境有了很大变化，报刊的经营也有了很大变化。2009 年年初，集团公司于 1 月 19 日和 2 月 27 日召开了两次报刊通气会，传达中央有关精神。在此基础上，集团出版业务部对报刊现状进行了认真调研和全面梳理，查找出办报办刊中存在的突出问题，制定了整改措施。

6 年来，在中宣部和新闻出版总署的指导下，集团各报刊出版单位以邓小平理论和"三个代表"重要思想为指导，深入贯彻落实科学发展观，严格遵守党的新闻出版方针政策，牢牢把握正确出版导向，切实履行"三管"职责，认真落实报刊出版许可制度，大力加强报刊单位领导班子建设和采编队伍建设，依法开展广告

★ 在 2009 年 6 月 23 ～ 24 日召开的中国出版集团报刊工作会议上的讲话。

经营活动，报刊的机制创新不断取得新突破，经营管理不断取得新进步，社会效益和经济效益不断迈上新台阶，改革发展呈现出新的格局新的气象。

在 2006～2008 年期间，集团报刊的总发行量、总销售收入都以 20% 以上的速度增长，总广告收入则以 10% 以上的速度增长。《三联生活周刊》《读书》《当代》《中国图书商报》《新华书目报》等一批报刊，在激烈的市场竞争中不断壮大品牌影响力，成为集团的代表性报刊；《大都市》《现代音响技术》等一批新锐报刊开拓进取，勇于创新，迅速崛起为"双效"突出的优秀品牌；《中华遗产》《建筑与文化》《汉语世界》等一批新生代期刊以崭新的面貌和姿态亮相，呈现出良好的发展势头。

目前，集团已经形成主业比较突出、特色比较鲜明、传播能力比较强的报刊方阵，形成一定的规模经济效应，在全国的报刊格局中产生了一定的影响。

一、集团报刊的出版经营模式

（一）类别分析

集团公司现有 45 种报刊，其中报纸 3 种，期刊 42 种。

就刊期来说，主要以月刊为主，有 21 种；此外，半月刊 5 种，双月刊 7 种，其余 12 种为周刊、季刊、旬刊等。

就创办时间来说，多数是改革开放后创刊的，共 41 种。其中，1978～1989 年创刊的 13 种，1990～1999 年创刊的 14 种，2000 年后创刊的 14 种。1949～1978 年创刊的，只有 4 种——《连环画报》1951 年，《音乐研究》1958 年，《文史》1962 年，《新华书目报》1963 年。

就语言来说，只有 1 种是全英文版，即中国大百科全书出版社的《城市周报》；其他 44 种的主要形式为中文报刊。

就出版形态来说，只有中图公司的《世界最新医学信息文摘》1 种为纯电子期刊，其余 44 种主要形式为传统的纸介质报刊。

就内容及读者对象来说，45 种报刊大致分为综合文化生活类、学术理论类、文学艺术类、教育教学类、经营管理类、信息文摘类、科技类等 7 大类，具体如下。

1. 综合文化生活类，共 13 种

从生活、社会、经济、文化热点等多个方面，提供综合性的文化生活资讯，在社会上产生了广泛的正面影响。包括《三联生活周刊》《百科知识》《小百科》《建筑与文化》《中华遗产》《大都市》《汉语世界》《儿童漫画》《漫画大王》《少年漫画》《连环画报》《壹周刊》《中国图书商报》。

2. 学术理论类，共 7 种

这类期刊力求关注当前学术界动态，以高端读者为主要目标，为学术界和专业爱好者提供帮助和交流的平台。包括《读书》《新文学史料》《文史知识》《文史》《音乐研究》《美术之友》《中国艺术》。

3. 文学艺术类，共 10 种

包括《当代》《中华文学选刊》《中华散文》《荣宝斋》《爱乐》《美术之友》《艺术沙龙》《钢琴艺术》《美术向导》《中国美术馆》。

4. 教育教学类，共 4 种

主要为教育工作者、学生及学生家长服务。包括《中华活页文选》《英语世界》《中国中小学美术》《中国音乐教育》。

5. 经营管理类，共 6 种

包括《竞争力》《长三角》《中国广告》《城市周报》《动感》《红地产》。

6. 科技类，共 2 种

包括《世界临床医学》《现代音响技术》。

7. 信息文摘类，共 3 种

包括《现代阅读》《世界最新医学信息文摘（电子版）》《文学故事报》《新华书目报》。

（二）编辑出版模式

从报刊业务流程来说，主要分为编辑出版、发行、广告及其他经营活动三个环节。就编辑出版这个环节来说，现有报刊多数采取出版社独立编辑模式，少数期刊的一部分业务采取合作方式。

1. 出版社独立策划、编辑、出版

报刊从组稿、编辑加工、校对，到发稿、制版、出刊等工作，都由社内在编人员承担。这类报刊多属于人文社科类的学术读物，在学术界影响深远。如《当代》《新文学史料》《文学故事报》《中华散文》《文史知识》《读书》《中华文学选刊》《音乐研究》等。在实际操作过程中，每个出版单位根据自己刊物的定位及实际情况，基本建立了主编负责制或栏目编辑责任制、选题策划论证制度、编辑委员会制度，保证了选题的质量和水平。

2. 出版社编辑、出版，合作方提供内容资源

这类刊物主要依赖内容的原创性和高精度，依托具有优质内容资源的专业机构联合开发。如《中国美术馆》杂志在内容上与中国美术馆合作，中国美术馆给杂志提供展讯报道、馆藏作品图片以及详细的馆藏史料。《连环画报》与中央美院、清华美院、北影等共建学生实习基地，中央美院结合教学还参与《连环画报》的选题策划，比如组织了《"电影镜头画面教学"的新尝试——北京电影学院教师及学生作品》等系列稿件。《中华遗产》在内容上与《中国国家地理》杂志社、华夏文化遗产基金会等单位合作，吸收对方的内容资源。

3. 出版社只保留终审权，合作机构负责策划、编辑并出版

这是业内已经长期存在的一种出版实际，集团一些刊物也不例外。将刊物委托合作方策划编辑出版时，有的出版社真正保留了终审权，但也有的出版社在终审权方面有些松动，放松了出版导向和内容的监管责任，完全交给合作方策划出版和经营，潜藏着一定的隐患。

（三）经营模式

经营主要指发行、广告及其他经营活动两个方面。非经营性出版业务与经营性出版业务两分开，国有经营性资产剥离转制为企业，是文化体制改革明确实行的政策。对报刊来说，对经营性的业务如发行、广告业务采取合作经营、委托经营等办法，并没有政策障碍。集团报刊目前的经营性业务，主要有以下模式：

1. 出版社自主经营

这类刊物的发行，主要采取出版社通过邮局订购发行、出版社联系发行商批发和零售等传统方式；在广告方面，也是由出版社报刊编辑人员自己联系广告业务。应该说，这类经营模式保证了自主性和独立性。但是，报刊编辑部作为出版社的一个部门，囿于独立性不足、资金投入不足、经营人员不足、全国销售网点规模小等因素，经营业绩增长乏力。

2. 报刊社自主经营

这类报刊仍然属于出版社的一个部门，但采取模拟独立法人的做法，相对独立性强，在经营上有更大的自主性和积极性，其发行和广告等经营显得有声有色。《中国图书商报》即是如此，其发行、广告和经营性活动，都围绕自身的品牌自主进行。再如商务印书馆的《汉语世界》，其创办初衷来自响应国家"走出去"战略、打造《英语世界》姊妹期刊，从而与国家汉办形成了天然的合作基础；在 2008 年举办了"长城之夜"等活动，目前正和中国教育电视台洽谈，利用自身的文字资源优势和电视台的媒体优势，共同搭建英语频道、汉语频道等平台，形成报刊、图书、电视等媒体融合的合作模式。报刊的发行、广告，以及类似"长城之夜"这样的专题经营性活动，有较强的独立性和较好的前景。

3. 专项业务委托经营

这类刊物将发行业务、广告业务等经营性业务剥离，委托给优秀的渠道运营商和广告运营商整合渠道，采用直营、代理、DM、高级商务场所等多种渠道直投发行，由强势广告公司代理广告业务。代表性的如《三联生活周刊》等。

4. 全部外包经营

一些刊物在保留主办权的前提下将经营权全部外包。如《中国广告》《大都市》《动感》《红地产》等。它们的收益只是基于主办权之上的"管理收益"。这种方式一定程度上快速培养了期刊的知名度和品牌，增强了出版单位的影响力，但其收益权的体现并不充分。对于这类期刊，将来以股份制形式组建期刊公司的方式，不失为一条改进之路。

（四）收入方式

各报刊的收入方式主要有三种，一种以发行销售为主要收入，一种是以广告盈利为主要收入，还有就是二者兼备的收入模式。

1. 发行销售方面

各出版单位采取不同的发行方式，或采取邮局发行，或是由社内的发行部门自办发行，还有采取二者结合的方式。如图：

中国出版集团报刊 发行渠道统计图

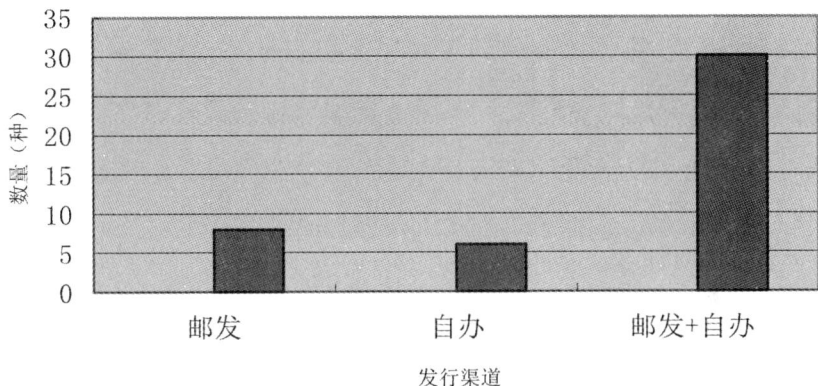

（1）完全采取邮局发行的有 8 种刊物，有《当代》《文史知识》《文史》《百科知识》《连环画报》《少年漫画》《中国音乐教育》《新华书目报》。

（2）完全自办发行的有 6 种，包括《新文学史料》《汉语世界》《城市周报》《中国美术馆》《东方壹周》和《红地产》。其中《红地产》采用 DM 直投（Direct Mail，直接邮寄）的发行方式。

（3）其余 30 余种报刊都是采取邮局发行和自办发行相结合的发行方式。如《中华文学选刊》《三联生活周刊》《大都市》等。

2. 广告业务方面

约 2/3 的报刊开展了广告业务。广告收入，有的仅仅是销售收入的补充，有的则超过销售收入。如图：

中国出版集团报刊 广告模式统计图

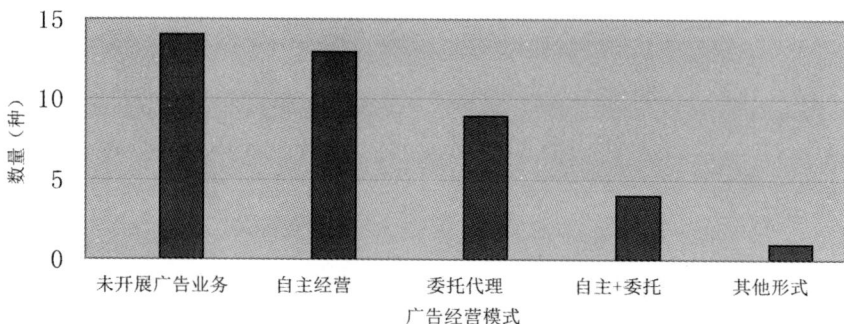

（1）未开展广告业务的有 14 种，基本为人文社科类的专业性学术期刊。由于具有重要学术价值，其盈利模式主要依赖于销售收入，广告收入基本为零或尚未开展广告业务。如《新文学史料》《中华文学选刊》《文史》《美术之友》《音乐研究》等。

（2）出版社或报刊部门设有广告部，自主经营广告业务的有 13 种；通过代理方式将广告业务委托给专业广告机构的有 9 种。采取社办自主经营、委托广告经营的出版单位，其经济效益来自广告收入和销售收入两个方面，效益情况一般较好。如《三联生活周刊》《中国图书商报》等。

（3）采取自主经营以及委托代理相结合的有 4 种。采取经营性业务合作的期刊，发行量相对较好，其广告收入和经营性活动收入也不错。如《大都市》《中国广告》《动感》《红地产》等。

3. 其他方面的收入

中国美术出版总社的《艺术沙龙》根据自身的实际情况，通过企业家、收藏家的参与和投资来盈利。

二、集团报刊近几年的管理经营状况

(一) 管理工作情况

1. 年检情况。刊物年检工作虽是日常性工作，但关系到办刊资格。2007 年年检，暴露了集团刊物经营管理中的一些问题。2008 年，集团对年检工作高度重视，做了许多具体细致的工作，目前所有报刊都通过了年检。

2. 更名和新增报刊情况。2002 年以来，集团共有 6 家报刊变更刊名，新增 1 家期刊，另有 2 种新报刊正在办理之中。其中改刊的是：商务的《今日东方》更名为《汉语世界》，美术社的《中国版画》更名为《中国美术馆》，世图公司的《现代信息技术》更名为《世界临床医学》，中译公司的《环球纪事》更名为《壹周刊》，中图公司（当时的版图公司）的《出版经济》更名为《现代阅读》，文学社的《中华散文》申请更名为《学语文之友》。

新增的是中国音协、人民音乐出版社共同主办的《人民音乐》杂志。此外，从集团外部接纳《今日信息报》的工作正在办理之中。总店的《新华书目报》正在申请新刊号。这 3 种情况目前没有统计在 45 种之内。

3. 休刊情况。美术社的《中国连环画》和中图公司的《世界最新医学信息文摘（电子版）》处于休刊状态。中译公司的《环球纪事》长期休刊，现在更名为《壹周刊》，正待复刊。

4. 其他变更事项。2008 年，世图公司的《建筑与文化》申请调整定价，文学社的《中华散文》申请将月刊改为半月刊，《中华文学选刊》申请增加"泰州日报"为第二主办方，大百科的《百科知识》申请变更为旬刊。

（二）2006 ～ 2008 年总体经营情况

2006、2007、2008 三个年度中，集团报刊的总体经营情况如下：

1. 期刊

2006 年期刊总发行量为 1980 万册，总收入为 10640 万元，其中销售总收入为 5271 万元，广告总收入为 5369 万元。

2007 年期刊总发行量为 2331 万册，同比增长 17.7%；总收入为 1.29 亿元，同比增长 21.5%；销售总收入为 6654 万元，同比增长 26.2%；广告总收入为 6274 万元，同比增长 16.9%。

2008 年期刊总发行量为 2604 万册，同比增长 11.7%；总收入为 1.73 亿元，同比增长 25.1%；其中销售总收入为 1.04 亿元，同比增长 56.7%；广告总收入为 6914 万元，同比增长 10.2%。

2. 报纸

2006 年报纸总发行量为 882 万份，销售总收入为 666 万元，广告总收入为 950 万元。

2007 年报纸总发行量为 873 万份，同比减少 1.1%；销售总收入为 761 万元，同比增长 14.2%；广告总收入为 1024 万元，同比增长 7.7%。

2008 年报纸总发行量为 827 万份，同比减少 5.3%；销售总收入为 877 万元，同比增长 15.3%；广告总收入为 1333 万元，同比增长 30.2%。

（三）2006 ~ 2008 年经济效益分类指标变化情况

集团各报刊——以下按 43 种统计，不包括停刊且将要更名为《环球纪事》的《壹周刊》，以及《世界最新医学信息文摘》2 种——近三年来的年发行量、期发行量、销售收入、广告收入等指标的相关具体数据如下。

1. 年发行量

集团报刊的年发行量，呈现出强者更强、弱者更弱、总体上增长乏力的特点。以年发行量 10 万册为分界线，超过 10 万册的有 26 种，低于 10 万册的 17 种。

年发行量超过 10 万册的刊物数量稳定上升，如 10 万 ~ 20 万册及 20 万 ~ 50 万册的刊物数量上升为 14 种，它们是《当代》《中华文学选刊》《中华遗产》《文史知识》《少年漫画》《钢琴艺术》《中国音乐教育》《爱乐》《长三角》《中国广告》《红地产》《城市周报》《连环画报》《动感》；年发行量在 50 万册以上的数量基本保持不变，为 12 种，它们是《文学故事报》《英语世界》《中华活页选刊》《小百科》《百科知识》《儿童漫画》《漫画大王》《三联生活周刊》《大都市》《新华书目报》《读书》《中国图书商报》。

　　年发行量低于 10 万册以下的报刊，发行量又都普遍下降。比如，年发行量在 5 万～ 10 万册的数量减少为 5 种，它们是《中华散文》《中国中小学美术》《汉语世界》《荣宝斋》《现代音响技术》；2 万～ 5 万册之间的数量减少为 6 种，它们是《中国美术馆》《美术向导》《美术之友》《中国艺术》《现代阅读》《建筑与文化》；而 2 万册以下的刊物则由 4 种增加为 6 种，它们是《新文学史料》《艺术沙龙》《音乐研究》《竞争力》《文史》《世界临床医学》。

　　这些数据表明，①年发行量 10 万册是衡量集团期刊发行量走势的一个基准线，在这个基准线以上则强者更强，以下则弱者更弱。②我们面临的挑战是全方位的：弱者面临着发行量下降的趋势，强者则面临着增长缓慢、增长乏力的问题。

中国出版集团报刊 年发行量统计表

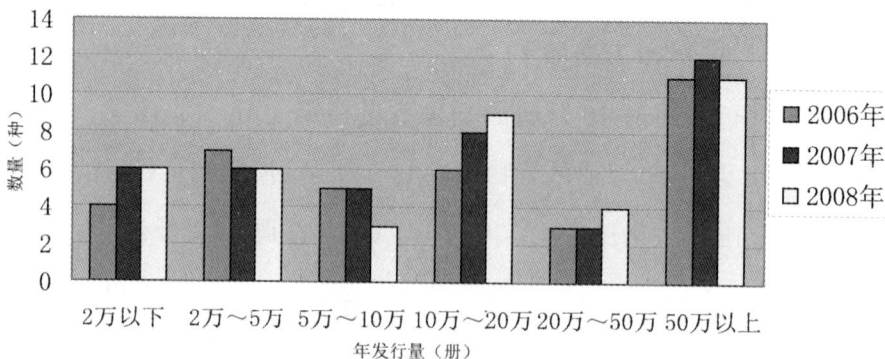

2. 平均单期发行量

　　从集团报刊的平均单期发行量来看，如果以 2 万册为基准线，形势更不容乐观。平均单期发行量在 2 万册以上的，只有 17 种。

其中，在 2 万～ 5 万册之间的有所增加，为 12 种，它们是《当代》《文学故事报》《文史知识》《小百科》《红地产》《城市周报》《百科知识》《动感》《大都市》《新华书目报》《儿童漫画》《爱乐》，其中，新增加的有《儿童漫画》《爱乐》两种；在 5 万～ 10 万册之间的增加为 4 种，它们是《漫画大王》《中华活页文选》《读书》《中国图书商报》，其中《漫画大王》《读书》两种是新增加的；单期发行量在 10 万～ 20 万册的依然只有 1 种，即《三联生活周刊》。

中国出版集团报刊　平均单期发行量统计表

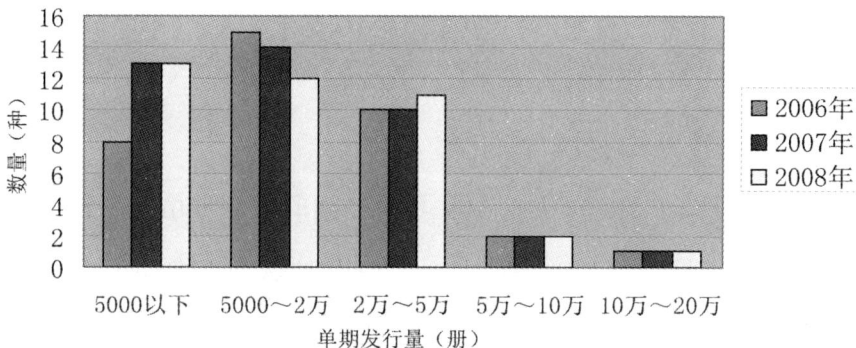

平均单期发行量在 2 万册以下的，则有 26 种。其中，平均单期发行量在 5000 册以下的增加为 12 种，它们是《新文学史料》《文史》《中国美术馆》《美术向导》《中国艺术》《艺术沙龙》《音乐研究》《现代阅读》《世界临床医学》《建筑与文化》《现代音响技术》《竞争力》；在 5000 册～ 2 万册之间的由 15 种下降至 14 种，它们是《中华文学选刊》《中华散文》《英语世界》《汉语世界》《中

华遗产》《少年漫画》《连环画报》《美术之友》《中国中小学美术》《钢琴艺术》《中国音乐教育》《中国广告》《荣宝斋》《长三角》。

这组数据说明：单期发行量不足 2 万册的期刊发行量还在逐渐下滑，需要扼制这一势头；2 万册以上的，发展相对平稳，挖掘的潜力还很大。但是单期发行量突破 10 万册的品种太少，只有一个《三联生活周刊》。

3. 年销售收入

年销售收入在 50 万元以下的刊物数量三年来略有减少，减少为 16 种，它们是《中华文学选刊》《中华散文》《新文学史料》《文史》《汉语世界》《红地产》《少年漫画》《美术之友》《中国美术馆》《中国艺术》《中国中小学美术》《音乐研究》《竞争力》《现代阅读》《现代音响技术》《建筑与文化》。

年销售收入在 50 万～ 100 万元之间的由 6 种增至 9 种，它们是《文学故事报》《中华遗产》《连环画报》《钢琴艺术》《中国音乐教育》《爱乐》《中国广告》《中国图书商报》《世界临床医学》。

年销售收入在 100 万～ 500 万元之间的由 11 种增至 15 种，它们是《当代》《英语世界》《小百科》《百科知识》《城市周报》《儿童漫画》《漫画大王》《长三角》《大都市》《中华活页文选》《文史知识》《美术向导》《艺术沙龙》《读书》《荣宝斋》，新增加的是《美术向导》《艺术沙龙》《读书》《荣宝斋》。

年销售收入在 500 万～ 1000 万元以及 1000 万元以上的刊物数量保持不变，仍为 3 种，它们是《三联生活周刊》《新华书目报》

《动感》。

中国出版集团报刊 年销售收入统计表

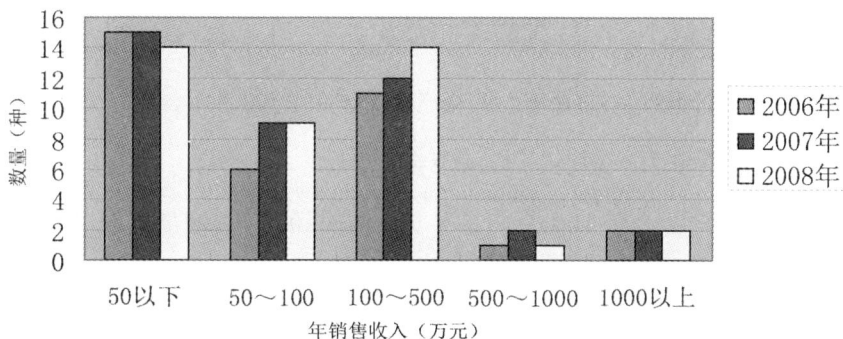

总体上来说，年销售收入突破 50 万的报刊在 2008 年增长到了 28 种，说明报刊的销售能力在增强。总体上讲，经济规模仍然很小，利润则更少。年销售收入超过 500 万元的报刊，在期刊数量上保持均衡，说明其发展模式进入了平缓期，如何实现突破性的发展成为下一步要解决的问题。

4. 年广告收入

集团 43 种正常运营的报刊中，没有开展广告业务的有 12 种，它们是《当代》《中华文学选刊》《中华散文》《新文学史料》《文学故事报》《文史知识》《文史》《小百科》《城市周报》《连环画报》《音乐研究》《爱乐》。

年广告收入在 50 万元以下的数量略有所上升，共 19 种，它们是《中华活页文选》《百科知识》《儿童漫画》《少年漫画》《漫画大王》《中国美术馆》《美术之友》《美术向导》《中国艺术》《艺术沙龙》《中国中小学美术》《钢琴艺术》《中国音乐教育》《新华书目报》《现代阅读》《世界临床医学》《建筑与文化》《英语世界》《读书》。

年广告收入在 50 万～ 100 万元之间的基本不变，为 3 种，它们是《竞争力》《长三角》《荣宝斋》。

年广告收入在 100 万～ 500 万元之间的有所增加，从 3 种增加为 6 种，它们是《汉语世界》《红地产》《中华遗产》《现代音响技术》《动感》《汉语世界》，其中新增的为《现代音响技术》《动感》《汉语世界》。

年广告收入在 500 万～ 1000 万元之间的刊物数量由 4 种下降为 1 种，即《大都市》。

中国出版集团报刊　年广告收入统计表

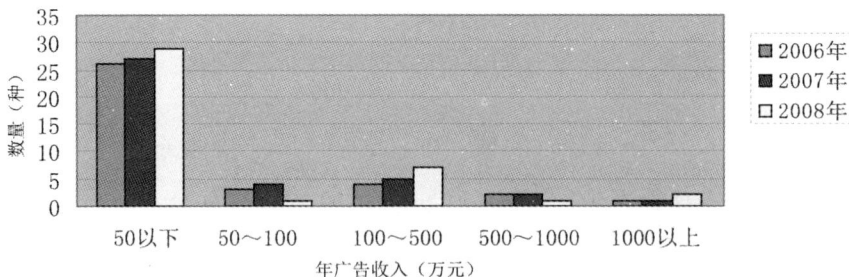

年广告收入在 1000 万元以上刊物的由 1 种增至 2 种，即原来的《三联生活周刊》和新增加的《中国图书商报》。

　　总之，在 2006 ～ 2008 年期间，一些报刊的经营指标呈现出良好的上升势头。例如《三联生活周刊》的年发行量、年销售收入和年广告收入以 33%、51%、14% 的速度快速递增；《现代音响技术》的年发行量、年销售收入和年广告收入以 21%、75%、36% 的速度快速递增；《动感》的年发行量、年销售收入、年广告收入以 15%、105%、56% 的速度递增；《新华书目报》的年销售收入和年广告收入以 19%、9% 的速度递增；《中国图书商报》的年发行量和年广告收入以 1.5%、12% 的速度递增；《大都市》的年发行量和年广告收入以 11%、10% 的速度递增；《音乐研究》《爱乐》的年发行量、年销售收入均以 20%、8% 的速度递增。

　　但与此同时，一批报刊的经营指标则处于逐年递减的势头。例如《当代》的年发行量和年销售收入出现了平均为 –2.5%、–25% 的负增长；《中华文学选刊》的年发行量和年销售收入出现了平均为 –8%、–12% 的负增长；《英语世界》的年发行量、年销售收入、广告收入出现了平均为 –12%、–14%、–16% 的负增长；《儿童漫画》的年发行量和年销售收入出现了平均为 –21%、–12% 的负增长；《荣宝斋》的年销售收入和广告收入出现了平均为 –5%、–30% 的负增长；《中国广告》的年发行量和年销售收入出现了 –6%、–9% 的负增长；《文学故事报》的年销售收入也出现了 –7% 的负增长；《钢琴艺术》的年发行量和年销售收入出现平均为 –4%、–5% 的负增长；《文史知识》《文史》《竞争力》的年发行量和年销售收入则连续裹足不前。

这种增长与下降并存的现象，有经营中正常波动的因素，也有经营方式、经营手段的影响。如果更多的是后者，就需要引起高度警觉，认真检查存在的问题，找出对策。

三、集团报刊的优势和不足

（一）优势

1. 在一个出版集团内拥有的报刊数量居全国第一。集团拥有45 家报刊（期刊 42 种、报纸 3 种），具有数量规模优势，为出版资源兼并、重组和股份制改造，实施报刊自身的集团化、规模化经营奠定了较好的基础。

2. 报刊门类比较齐全，内容比较丰富，覆盖面比较广。集团的报刊包括学术理论类、文学艺术类、综合文化生活类、教育教学类、经营管理类、信息文摘类、科技类等 7 大门类，涵盖文学、历史、美术、音乐、艺术、生活、教育、经济、医学、建筑、科技、思想文化、百科知识等 13 个学科门类，具有非常丰富的知识资本和智力资源，辐射面大，能够形成比较广阔的信息覆盖网络。

3. 具有比较好的社会效益和比较大的品牌影响力。由于长期以来坚持正确的出版导向，重视品牌建设，注意作者资源建设，集团期刊的社会效益总体来说比较好。《当代》《新文学史料》《文史》《文史知识》《读书》《三联生活周刊》和《连环画报》等都是名声响亮的品牌期刊；《三联生活周刊》更是以平均期发行量超过 20 万册、主营业务收入超过 7000 万元、年利润 1700 万元的经营业绩和广泛的社会影响力，成为集团代表性的、旗舰式的期刊。上述品牌期刊，不仅获得过国家期刊奖等各类奖项，入选百种重点期刊、中国期刊方阵等多种荣誉，在读书界、文化界中也赢得了众多读者的好评。集团成立以来，获得国家期刊奖和集团报刊奖的报刊数量逐年递增，呈现出蓬勃发展的活力：《当代》《英语世界》《文史知识》等期刊，在第一、二、三届国家期刊奖中，多次获奖。在集团报刊奖评选中，《三联生活周刊》《当代》《读书》《大都市》《音乐研究》《大都市》等多种报刊累计获奖数十次。《中国图书商报》还获得了全国扫黄打非先进有功集体荣誉称号。《连环画报》《儿童漫画》《新文学史料》《音乐研究》等都曾获得过其他国家级奖项和荣誉称号。

（二）不足

总体而言，与国外大型报刊集团相比，集团报刊的整体实力还比较较弱；在国内，集团的大刊名刊还不够多、不够强，这与中国出版集团公司的地位很不相称。不足和差距主要体现在以下方面：

1. 思想观念落后，缺乏进取精神。目前的报刊在管理体制、运行机制上长期受计划经济的影响，不少报刊缺乏进取意识、竞争意识、创新意识，小富即安，不思进取；在经营过程中，存在"重编辑轻经营、重产品轻服务、重选题轻策划、重发行轻营销"的观念。

2. 体制机制创新不够，缺乏分类管理体系。2003 年集团期刊工作会议之后，刊物的主办单位开始转变"重书轻刊"的观念。但是，集团层面的管理力度和主办单位的经营力度仍然不强，尤其是那些经营不善的刊物常年在低水平状态徘徊，走不出困境。不同类别的期刊应该遵循不同的原则和规律进行管理和调控，但这块力度不够，常常是政策为了追求绝对公平而一刀切，最后形成吃"大锅饭"的局面。有一些期刊或报纸的市场细分相当准确，但却遇到一些政策阻力。如《中华活页文选》根据不同年级中小学生的实际，分为多种版本，面向各种不同细分市场，获得了比较好的双效。然而，却面临"一号多刊"的政策质疑和询问。一些"走出去"期刊在刊号审批上受到严格管理，使得"走出去"的步子迈不开。

3. 资本投入少，投融资渠道不畅。实践证明报刊的发展离不开大规模资金投入。目前集团大多数报刊发展资金匮乏，投入普遍不足。集团每年的宣传文化专项资金也没有对报刊发展予以倾斜。此外，有关管理部门对报刊发展的财政投入也存在严重不足，对于公益性的、文化积累性的或者文化"走出去"确有重大裨益的报刊，财政补贴力度或者投资力度不大。报刊发展的融资渠道狭窄，目前主要单纯依靠民营投资，而财政贴息贷款、专项资金的划拨或者资本市场融资的渠道很不畅通。

4. 报刊门类存在结构性欠缺，内容创新不足。受所在出版社性质与特点的制约，期刊类型以严肃的专业期刊较多，而雅俗共赏的时尚类、生活类、大众类刊物，以及具有高精尖特点的学术类刊物、综合文摘类刊物比较少。集团部分报刊的内容同质化、浅表化，存在严重的资源浪费甚至内部竞争，削弱了市场影响力。从内容定位及核心读者的定位来看，有的期刊或报纸的市场细分还不够，销售对象的定位不够准确。此外，对于报刊的装帧设计，以及后期校对和印制环节的重视程度明显不足，刊物的版式设计与国际上的优秀刊物相比，还有较大差距。

5. 经营模式比较滞后，数字化出版的含量不高。不少报刊的权、责、利不明确，激励和约束机制不健全，作坊式、小手工业式的生产模式和运营模式严重地制约了报刊的发展。此外，除世界图书出版公司的《世界最新医学信息文摘》为电子版杂志之外，其余所有刊物均为传统纸媒介的出版模式。大多数期刊缺乏数字化出版方式。

6. 部分报刊增长缓慢，遭遇发展瓶颈。6 年来，除了报纸的发行数量在逐年递减外，大部分期刊的发行量、销售收入和广告收入获得稳步递增；一部分报刊扭亏为赢，甚至快速成为集团报刊方阵中的领头羊。但是，也有一部分名牌刊物如《当代》《英语世界》《文史知识》的发展开始呈现小幅递减趋势。新锐期刊《汉语世界》《红地产》《美术之友》《美术向导》《中华遗产》发展不够稳定，有比较大的起伏。还有一些期刊，如《现代阅读》《竞争力》等发展缓慢。此外，在年广告收入和年销售收入的最高端，目前增长乏力，仍旧只有两家报刊突破 1000 万大关。在年销售收入和年广告收入分别在 500 万～ 1000 万之间的仍然只有 4 ～ 5 种，数量上没有更大突破。单期发行量在 5 万册以上的报刊仍旧很少，而且还是原有的几种。

7. 缺乏一批职业经理人队伍，部分刊物负责人任职资格不完全具备。现有的人才储备大多适合于人文出版、传统出版，缺乏具有强烈市场意识、职业意识、经营意识和比较强的策划营销能力、管理能力的报刊职业经理人。极少数报刊单位的主要负责人虽然具备比较强的经营管理能力，有的甚至在业界具有较大影响力，由于一些客观困难和历史原因，或不具备高级职称，或未获得新闻出版总署的岗位培训证书。如《儿童漫画》《中国连环画》和《中国中小学美术》等期刊的主要负责人不具备副高职称；《壹周刊》《荣宝斋》《竞争力》的主编未参加过新闻出版总署举办的主编培训班；也有少数主要负责人本身对任职资格不够重视，也不够努力。

四、适应文化体制改革的新形势和集团发展的新要求，加快集团报刊的管理、改革和发展

（一）规范解决报刊工作中的 8 个问题

从政府管理部门的现行政策要求和集团公司的管理实践来看，这些年，集团报刊管理工作中的问题，主要表现为以下 8 个方面。

1."一号多版"

（略）

2.违反"一刊一邮发代号"的规定，一刊设立多个邮发代号

（略）

3.刊名不规范，擅自增加副刊名、并弱化刊名

（略）

4.早已批复复刊，但长时间未复刊出版

《环球纪事》于 2003 年 12 月申请复刊、集团公司 2004 年 1 月批复同意复刊，但直到现在未恢复出版。按照《出版管理条例》和《期刊出版管理规定》，早该吊销刊号。若在 2009 年年底前还不能复刊，集团公司将收回办刊权，另行安排出版单位。

5.违反规定，版权页项目不全

《儿童漫画》版权页上没有刊载主管单位名称。

6.期号未按规定排序

《当代》是月刊，但其单月和双月出版的各自排序，未按规定统一期号排序。

7.反复变更刊名

变更刊名在一定的情况下是难免的。但有的刊物和出版社负责人，思虑不周、心中无数、定位没谱，反复或频繁地变更刊名。针对这种情况，今后，凡是需要变更刊名、刊期的，需出版社分管负责人向集团出版管理部门当面陈述变更理由，并就变更前后的效益预期向集团领导班子提出书面报告。

8. 工作纪律性不够，对集团相关工作要求重视性不够

如在 2009 年 3 月份到 4 月份的期刊情况调查中，《中华遗产》《爱乐》《竞争力》《中华活页文选》《文史知识》等刊物迟了半个多月的时间才向出版业务部交齐材料，影响了全集团向总署报告的时间。

综合以上这些问题，可以分为三大类。

第一类是工作态度、工作作风问题。集团公司作为期刊的主管单位，当然要履行主管的责任，报刊单位更要落实执行集团公司的各项管理措施。平时不重视总署和集团公司的管理要求，遇到问题了才想到上级的做法要不得。

第二类是期刊政策问题。一号多刊、副刊名比主刊名更突出等现象，尽管满足了一时经营之需，但违反了期刊管理的相关规定。针对这种问题，我们要学会两条腿走路，一条腿是履行有关手续、要正式报备，努力争取政府管理部门的支持；另一条腿是切实做好内功，如果内容差、市场定位不准，即使再华丽的名字也起不到根本作用。

第三类是工作思路问题。反复改变刊名、长期休刊等，根本的原因是不知道怎样去办刊，不清楚应该作怎样的定位、采取怎样的策略，缺乏对期刊的深入用心研究。行内有句话，一份好刊物需要十年的时间来养成，需要上千万的资金去投入。如果我们没有清晰的定位，没有周密的策划，没有坚定的信念，大资金进入的事情更无从谈起。资金投入，靠出版单位自身恐怕不行，靠

集团公司投入恐怕也不行，需要多元化的资金来源，甚至需要某些机构的风险资金，这就更要求我们能够拿出吸引人的办刊理念和方案。

（二）加快集团报刊改革发展的 6 大举措

根据中办 27 号文件和新闻出版总署 114 号文件精神，结合我们报刊发展的实际情况，集团公司将采取以下举措，推进报刊的改革发展。

1. 鼓励报刊社实体化运作。当前集团大部分报刊仍为出版社的一个编辑部门，不是独立的二级法人。下一步的改革重点就是要推动报刊实体化运作，鼓励那些有一定品牌影响和实力的报刊真正成为自主经营、自负盈亏、自我约束、自我发展的独立法人实体。通过实体化运作，增强报刊的业务经营能力，为其投融资开辟方便之门。

2. 加大集团专项资金支持力度。针对报刊发展资金匮乏的问题，集团公司将从 2009 年的出版专项资金中划拨出不低于 10%（约 200 万元）的资金投向报刊改革发展工作。每年投向 3 ～ 5 种资源优质、品牌响亮、改革发展方案好、发展前景好的报刊，为其改革开展中的关键性环节提供支持。报刊专项资金的投入，也将采取扶强不扶弱、不搞平衡的原则。

3. 加快网络化、数字化运营力度。期刊介入网络化、数字化发展，不仅在于开通网站、宣传形象，更重要的是向读者提供直接的数字化的信息服务，这也是国内外一些报刊的成功经验。目前，我们的大部分期刊还没有电子版，数字化信息服务方面的工作开展得更少。集团公司将从科技专项发展资金中拿出一部分，一方面扶持品牌报刊的网络建设，另一方面开展数字化信息方面的服务。

4. 培养一批专业化的职业经理人队伍。报刊的职业经理人，应当是熟知中国国情，洞察报刊市场运行环境，掌握现代报刊运营与管理技术，且具有丰富经验的专业化人士。集团公司鼓励各单位通过公开招聘、内部选拔等方式，建立一支专业化的报刊经营团队，借鉴和运用国际报刊业的管理模式、经验和方法，为提高经营管理水平服务。

5. 实施报刊业务专项管理、单独绩效考核。将报刊单位在出版单位的管理中单列，实行集团层面的业务专项管理和单独考核机制。具体来说，一是要将报刊的双效业绩考核纳入到主办单位负责人的双效业绩考核指标中，同时对所有报刊的负责人进行单独的出版业绩考核。二是要根据有关文件精神，自2009年年底开始，推行集团报刊等级评估，加大对报刊的杠杆调控力度，对优势报刊品牌，加以重点扶持，促其不断增强整体竞争力。三是要对那些长期经营管理不善、增长乏力、影响力下降甚或长期停刊的报刊，取消其办刊资格，通过经济有限补偿手段或者法律手段，使得低质量的刊物自动退出原出版单位，将刊号资源重组到集团其他有实力的报刊单位。四是要在此基础上建立和形成集团内部进退有序的报刊动态调整机制，通过刊号资源调整、集中，扶持有条件的报刊社成为报刊集团，进一步做大做强，提高国内影响力和国际竞争力。

6. 加快自我裂变式发展，把报刊培育成新的经济增长点。目前，集团公司在出版方面的主营业务收入在 20 亿元左右，而 44 种报刊的整体总收入在 1.8 亿元左右，只占集团出版收入的 9% 左右。报刊对集团的经济贡献率还有比较大的潜力可供挖掘。

一方面，我们要巩固和扩大已经具备良好基础的报刊的综合实力，推动其实施品牌延伸战略和"走出去"战略。比如《三联生活周刊》，目前已经按照中宣部领导和集团公司的要求和部署，制定了《〈三联生活周刊〉提高国际国内传播能力，加快文化体制改革发展计划（2008—2015）》，这个计划的核心，就是要办成面向国际国内两个市场的、一个母刊多个子刊的、具有国际影响力和强大经济实力的期刊集群和期刊集团。

另一方面，在必要、稳妥的情况下，可以尝试将那些经营不好的报刊整体打包，引进战略投资者进行股份制改造，重新定位、重塑品牌，以多层次的报刊资源、人力资源和出版资源开展多形式的合作，真正做强做大报刊事业，不断提高报刊在集团整体出版格局中的地位，将报刊培育成集团的新经济增长点。

希望通过这次的集团报刊工作会议，促使大家一起来分析现状、分析问题，认清现实、认清形势，明确目标、明确任务，加快改革创新步伐，提高集团报刊的整体经营管理水平、整体竞争实力和社会影响力。

要提高集团报刊的竞争力和影响力，就要加大报刊体制机制的创新力度，就要在报刊的市场主体地位、经营管理体制、投融资方式、人才资源建设等诸多方面，进行总体思路上的、制度性的创新，逐步建立规范高效的现代报刊企业制度，不断加快报刊发展速度，提高报刊的发展动力和经营活力。让我们共同探索、共下决心，努力建设国内一流的中国出版集团报刊品牌集群，努力开创中国出版集团报刊发展的新局面！

出版业转变经济发展方式的认识与努力★

一、对加快转变经济发展方式的认识

过去强调大投入，通过大投入获得了经济的快速增长，但同时也消耗了大量的人力、物力和财力等经济资源，并以环境的破坏和损害为代价。这种模式只是一个单纯的粗放型的经济增长，不是全面的经济社会的科学协调发展。

目前，我国的人均 GDP 相当美、英、法 100 年前水平。并且，中国各地区发展不平衡，经济发展与文化发展不平衡。

2000 ～ 2006 年，发达国家人均收入从 2.6 万美元增加到 3.6 万美元，我国从 930 美元增加到 2020 美元。

国际金融危机使我国转变经济发展方式这个问题更加突显出来。国际金融危机对我国经济的冲击，表面上是对经济增长速度的冲击，实际上是对不合理的经济发展方式的冲击。

★ 2010 年 3 月答《出版发行研究》记者问提纲。

　　早在 1995 年制定的"九五"计划中，就明确提出要"加快转变经济增长方式"，也取得了诸多进步，但至今问题仍很突出。目前，我国 GDP 只占世界经济总量的 6% 多一点，而 2009 年我国钢铁消费约占世界的 37%，能源消费占世界的 17%。经济发展的技术含量不高、企业技术创新能力不强的问题也相当突出。我国两万多家大中型企业研发费占销售收入的比重 0.81%，只相当于发达国家的十分之一；我国 928 万家注册企业中，拥有自主知识产权核心技术的企业仅为万分之三，98.6% 的企业从未申请过专利。

　　由上可见，胡锦涛总书记提出要加快转变经济发展方式，是历史的强烈呼声和现实的迫切需要。这已经是一个刻不容缓的重大问题，是深入贯彻落实科学发展观的重要目标和战略举措，对全面建设小康社会、推进社会主义现代化建设具有重要意义。

二、对出版业加快转变经济发展方式的认识

（一）出版业加快转变经济发展方式的背景

　　从内部来讲，经济强盛必然要求文化强盛，大国崛起必然要求国家文化软实力的提高。

　　从外部来看，国际政治经济新格局对中国文化社会的发展提出了新的要求。

　　在政府层面，政府一直在大力推动文化建设。

在行业层面，企业越来越自觉地参与文化产业发展。

（二）出版业对加快转变经济发展方式的作用

出版业作为文化产业的重要组成部分，在经济发展中具有不可替代的重要作用。

1. 出版业作为文化与经济相互交融的集中体现，科技含量高，资源消耗低，环境污染少，发展潜力大。出版业所生产的精神文化产品能够渗透到全社会的各个角落，所传播的价值观念、精神内涵、思想方法能够影响到各行各业，具有很强的知识溢出效应。

2. 当前，我国科学技术取得了长足进步，国内国外两个市场的开放程度前所未有，已经为新闻出版业加快转变经济发展方式创造了必要条件，为实现经济发展方式的转变提供了现实可能性。

三、中国出版集团公司转变经济发展方式的基本经验

（一）资源配置方式

1. 内部：优化资源配置组合

（1）战略重组进出口业务。集团旗下的中国图书进出口（集团）总公司和中国出版对外贸易公司都从事进出口业务，存在业务重合、资源浪费和内部关联竞争问题。2009 年年初，由中图总公司战略重组中国出版对外贸易公司，有利于合理配置资源，提高整体竞争力。

（2）单列文化艺术品经营。集团所属的荣宝斋是一个有着三百多年历史的著名品牌，主要从事文化艺术品经营，但长期厕身于中国美术出版总社旗下。鉴于人们的物质生活水平不断提高，文化需求日益旺盛，文化艺术品的消费能力不断增强，集团将荣宝斋从中国美术出版总社独立出来，使得文化艺术品经营单列为一个经营板块，并积极推动荣宝斋上市融资。

2. 外部：外延式资本扩张

集团大力开展资本运作，积极吸收海内外的出版实体加盟。2009 年成功并购中国民主法制出版社，并积极洽谈控股黄河出版传媒集团有限公司，2010 年计划吸收华文出版社。这些扩张，有利于提高市场集中度，提高资源集约化经营管理水平。

3. 整体布局：政府可以大有作为

由于目前出版业的产业集中度不高，整体规模偏小，出版资源长期处于分散配置状态，需要从全国范围内进行资源配置，成立大型国家出版集团。例如，对于中国出版集团公司，可以配置吸纳一些主营少儿、科技、教育出版的出版社。

（二）结构调整

1. 调整图书产品线结构

（1）集团公司 2009 年召开产品线建设专题会，确立了 13 条一级产品线和 31 条二级产品线。集团在这两级产品线的市场占有率全部排名全国的前三名，近一半排名第一。集团还开发了农村读物产品线、"走出去"产品线的市场。

（2）尽管教材出版在全国出版市场所占比重正在下降，但集团的教材出版比重仍需要大力提高。因此，集团专门组建了教材中心，自主研发和收购了多套新课标教材，教材出版规模不断增大。

（3）集团还积极开发科学普及、文化普及、理论普及读物。

2. 优化报刊结构

集团现有报刊 51 家，有的效益好，有的效益差。集团《三联生活周刊》2009 年纯利 2000 多万元，是其他报刊盈利的总和。集团将继续优化报刊结构，大力提高报刊收入在整个集团主营业务收入中的比重。这有两个途径，一是实现报刊实体化，一是重组报刊资源。

3. 加强音像电子出版物合作

集团现有音像电子出版社 11 家。目前整个行业市场仍在萎缩，但可以加强与有关单位和研究机构合作，根据市场需要提供个性化服务。

4. 开拓数字出版

集团在数字出版上进行了多方面的开拓，有了较好的开端和发展基础。

（1）重点项目数据库

集团已经开发了商务印书馆的"辞书语料库"和"工具书在线"、中华书局的"古籍语料库"、中国大百科出版社的"百科术语数据库"、中国对外翻译出版公司的"多语种翻译资源数据库及应用系统"、中版数字传媒公司的"中国可供书目数据库"和"书业公共数据交换中心"。集团还承担了"中华字库"建设项目总体组牵头单位的任务，这是国务院《文化产业振兴规划》确定的重大科研项目。

（2）个性化产品

提供个性化的数字信息和阅读服务。例如编辑出版数字版的《中国出版集团公司书目（1949—2009）》。

（3）阅读器

争取 2010 年上半年推出集团公司的阅读器，第一批阅读器将存储集团近几年来出版的 200 种精品图书。

（4）ODB 按需印刷设备

已与美国著名技术研发公司——ODB 公司就其研发的按需印刷设备达成技术转让协议。中央领导同志对该项技术合作做出重要批示，财政部下拨了专项资金提供支持。通过这一合作，我们将成为集成式按需印刷设备的全球生产商和供应商，占据按需印刷技术的制高点。

（5）在线阅读

集团各出版单位多已开通了门户网站，提供重点图书和畅销书的在线阅读服务。

（6）网站服务

"中国数字出版网——大佳中文网"已获批准立项，成为国家信息化服务试点项目，获得国家专项资金支持。此外还开展了版权贸易、信息服务、经纪业务、采购招标。

（7）手机报

中版数字传媒公司和人民文学出版社的《文学故事报》，利用中国移动手机平台积极打造"手机报——文学故事报"，并于2009年12月18日正式上线运营，面向全国移动用户收费开放，标志着集团公司第一个自主研发的移动产品由此诞生。

目前，集团的数字产品正在向高附加值、高技术产品过渡，形成了一定的规模，比较好地提高了阅读效果。

（三）开拓国外市场

1. 产品贸易

2009年，集团出版物进口25.5万种，金额1.46亿美元；出口35.7万种，金额872.8万美元。

2. 版权贸易

2010年集团对外输出版权172种，在全国名列前茅，同比增长32.3%；版权输出和引进之比为1:3.4，同比缩小逆差0.2。

3. 合作出版

三联书店与全球著名旅游出版社LP出版社联合出版的《LP旅游指南系列》，获得了很好的社会效益和经济效益。

中国大百科全书出版社与比利时根特大学以及所属Vartec公司共同研发，正式推出了《中国大百科全书》欧洲单机版和网络版。

4. 境外本土化出版

2009 年，集团在海外开办的中国出版悉尼公司、纽约公司、首尔公司、法兰克福公司、巴黎公司，已在境外出版图书 145 种，比较好地宣传了中华优秀传统文化。

5. 对外服务

集团承担了法兰克福国际书展主宾国活动的会议服务和展场服务；承担了上海世博会的翻译服务。

6. 开办机构

目前有 27 家在海外的独资、合资出版发行公司及销售网点，其中包括 5 家海外新华书店（伦敦、圣地亚哥、纽约、新泽西、新华书店北美网上书店）。在海外开办机构，使得同一个产品既在国内产生影响，又在国外产生影响，有利于提高文化竞争力和国际传播力。

（四）公共文化建设

1. "双推计划"

集团在业内首创"畅销书推广计划"和"常销书推荐计划"，通过这两个计划，让更多的好书走到更多的读者之中，让好书成为滋养人们精神与心灵的文化源泉，同时也提高了集团产品的核心竞争力。

此外，集团积极参加"农家书屋"建设。2008 年全国投资近10 亿元，集团入选品种 100 多种、码洋 3000 多万元；2009 年全国投资近 14 亿元，集团入选品种 205 种，入选出版社 10 多家，销售码洋也有比较大的提高，例如仅中国大百科全书出版社的销售码洋就有 2000 多万元，人民文学出版社销售码洋 1345 万元，中译公司销售码洋 600 万元。

2. 读者大会

集团于 2008 年发起创办的"读者大会"已经成功举办两届，已经吸纳全国近 50 家知名出版单位协办，已连续两届被新闻出版总署列入全国书博会的四大活动之一。它一方面积极推进全民阅读，一方面让读者与知名学者、作者见面互动，共同分享知识和智慧。

在大会现场，还同时向当地的大中小学、工矿企业、社区团体捐赠图书，捐建"读者之家"。2008 年首届读者大会，捐建了 4 个"读者之家"，码洋 50 万元；2009 年捐建 5 家，码洋 55 万元；2010 年准备捐建 8 家，码洋 60 万元。"读者大会"和捐建"读者之家"活动，带动了国内相关出版单位积极参与公益出版服务。比如 2009 年，山东出版集团向山东莒南一中捐赠 10 万元图书；2010 年，香港联合出版集团将向 100 所学校捐赠 200 万元图书。

3. 其他公益文化服务

在 2008 年的抗震救灾活动中，集团向四川灾区捐书 10 万册，码洋近 200 万元，荣宝斋通过举办书画义卖向灾区捐助 900 多万元。2009 年，集团向四川阿坝藏族自治州壤塘县某村、广西百色等少数民族地区和革命老区捐赠了大量图书。

四、问题与建议

（一）跨地域、跨媒体发展需要破除障碍

1.跨地域发展受到的障碍

现代市场经济要求生产要素以市场为基础进行自由流动和合理配置。但是，资本作为重要的生产要素还不能完全在全国统一市场自由流动，常常在地方上碰到很强的区域壁垒和行政保护，市场配置资源的作用难以完全发挥。例如，集团即使有能力去投资一些地方出版集团或出版发行实体，但仍受到地方行政力量的干预而难以收购。

建议进一步打破区域垄断和地方保护，加快形成全国统一开放、竞争有序的产业市场。

2.跨媒体发展受到的障碍

全媒体出版在国外已经是一种潮流，但当前的媒体融合还有难度，纯粹依靠传统出版业自有积累资金去从事电视、电影、广播业务经营，还是捉襟见肘，难以为继。

建议国家给予相关政策支持和资金扶持。

（二）文化"走出去"需要加大协调力度

目前，国家大力推动文化"走出去"，已经构建了 6 大工程：国新办、总署的中国图书对外推广计划；国新办、总署的中国文

化著作翻译出版工程；总署的经典中国国际出版工程；商务部的国家重点文化企业和重点文化项目；国家哲学社会科学方面的国家社科基金项目"中华学术外译项目"；政府对外采购工程。

以上 6 个工程由不同的部门从不同角度来操作，容易导致信息不对称。

建议由一个部门牵头，对这些工程或者资助项目加以统筹，发挥四个协调作用：协调统筹政策，协调版权贸易中的内部竞争，协调市场价格，协调海外机构的布局。

（三）建议组建并强化大型国家出版集团

中国至今没有一个资产和规模能够与贝塔斯曼、阿歇特等国际出版巨头相匹敌的大型国家出版集团，不能够适应我国综合国力迅速提升、出版传媒业国际竞争日益激烈，以及中华文化"走出去"的紧迫要求。因此，从国家战略的层面对出版企业进行战略性重组，打破地区的、行业的、媒体的壁垒，集中配置出版文化资源和资金，推动打造一个类似中国移动、中国电信那样的国家级大型出版传媒集团。立足中国国情和实际，先行政后市场，在行政推动下，打造能在国内市场起主导和引领作用，在国际市场有较强竞争能力的强大市场主体。

如何管好国家出版基金项目★

　　国家出版基金于 2007 年经国务院批准设立，是我国继自然科学基金、哲学社会科学基金之后的第三大基金。该基金由新闻出版总署、中宣部、财政部、教育部、科技部联合组成国家出版基金管理委员会进行管理，专门用于资助国家重大优秀出版项目。它的设立对中国出版业的发展和繁荣是一个极大的鼓舞和推动。这既说明党和政府非常重视出版工作在我国经济社会中的重要地位和重要作用，也体现了这些年来我国新闻出版体制改革取得了新突破和新成就。

　　6 月 12 日，柳斌杰署长在国家出版基金管理委员会第二次全体会议上提出，"要加强对国家出版基金的科学规范管理，必须着重建立和完善四个方面的管理机制"，一是建立政府主导与出版单位申报选题、专家参与策划国家经典出版工程相结合的选题策划机制；二是建立客观公正、诚信公开的专家评审机制；三

★　2010 年 6 月 23 日，在国家出版基金项目专家座谈会上的发言。

是建立严格规范的项目审批与项目执行监管相分离的监督制约机制；四是建立奖罚分明且贯穿于资助项目管理全过程的绩效考评机制。对照柳署长的指示精神，我主要从工作班子建设、规章制度建设、项目申报机制、专家评审机制、宣传推广机制、绩效考核机制等 6 个方面，谈一谈如何进一步完善国家出版基金项目的管理机制，提高项目管理能力和水平。

一、完善工作班子

1. 设立专门的管理机构——国家出版基金办公室，核定编制与职数，明确职能与权限。

2. 成立专家咨询委员会和出版顾问委员会，聘请知名的学者专家和出版界的资深专家担任项目评委和顾问。

二、完善规章制度

1. 制定并尽快出台《国家出版基金资助项目管理办法》。

2. 制定并尽快出台《国家出版基金项目申报指南》。

3. 制定并尽快出台《国家出版基金项目资助经费管理办法》。

4. 如有可能，制定《国家出版基金条例》，报国务院审核。

三、完善申报机制

1. 总量要求

（1）项目申报总量

目前全国每年图书出版总量在 23 万～ 28 万种左右。为了遴选精品、经典，本着优中选优的原则，建议项目申报总量不得超过每年图书出版总量的 1/1000，即申报总量大概在 230 ～ 280 种之间。

（2）项目批准总量

建议项目批准总量按照项目申报总量的 60% 这一比例进行筛选，保留在 130 ～ 160 种之间。不求入选项目数量的多，而求项目质量的精；不撒胡椒面，重视突出重点。

2. 项目结构要求

（1）在古、今、中、外之间保持恰当比例；

（2）在理工类和人文社会科学类之间保持适当比例；

（3）在本版书和引进版之间保持合适比例；

（4）在新书和修订书之间保持恰当比例。

3. 申报资质要求

尽管项目申报不论出身，但还是要讲一点基本资质，以确保项目能够按时、保质、保量地完成。

（1）入选项目的出版社应具有比较强的品牌影响力，具备充足的生产能力和人、财、物等出版资源的配置能力。入选项目的生产总量不得超过出版社当年生产总量的 50%。

（2）有着高质量的稳定的编辑出版团队。一般项目的负责人至少具有 3 年以上编辑出版工作经验，具备中级以上职称；大型出版项目的总负责人必须具有 5 年以上编辑出版工作经验，具备高级职称，且该项目的编辑出版团队至少有 1/3 的人员具备高级职称。

（3）同类别的相近出版项目优先考虑国家一级、二级出版社。

4. 禁止申报的类型

（1）已经获得国家自然科学基金资助项目和国家哲学社科基金资助项目的，不得申报本基金项目。

（2）已经获得中国图书对外推广计划资助项目（国新办、总署）、中国文化著作翻译出版工程（国新办）、经典中国国际出版工程（总署）、文化出口重点项目（商务部）、国家社科资金项目"中华学术外译项目"（国家哲学社会科学办）、政府对外采购工程项目（汉办、国新办）资助的，不得申报本基金项目。

（3）四级出版社不得申报本基金项目。

（4）出版社与民营文化公司合作出版的项目不得申报基金项目。

（5）领导人的著作不申报基金项目。

（6）修订书的修订幅度低于 30% 者不得申报本基金项目。

（7）已经翻译的比较成熟的经典作品重新翻译，为避免资源浪费，原则上不得申报本基金项目。

（8）已经出版的比较成熟的古籍重新整理，为避免资源浪费，原则上不得申报本基金项目。

5. 项目申报材料要求

（1）明确规定项目经费预算和支出的范围和标准，只有和本项目直接相关的生产、制作、发行成本才能作为列支项目，如作者稿费、编校费、印制费、纸张费等。而与项目没有直接关联的办公设备（如电脑、家具等）费用和单位均摊的人力成本等不得作为列支项目。

（2）申报材料中需要有出版社资质证明、项目负责人资质证明、项目工作团队成员的资质证明。

6. 项目出版周期要求

（1）100 万字以下的项目一年内完成；

（2）100 万～ 500 万字以内的项目一年半内完成；

（3）500 万～ 1000 万字以内的项目两年内完成；

（4）1000 万字以上的项目可适当延期，但最迟在 5 年内完成。

（例如《中华大典》这样的项目，开展这么多年，工程进展缓慢，效益很低，不宜给予出版基金支持。）

四、专家评审机制

1. 建立评审专家委员会

建议成立评审专家委员会，包括学术专家和出版专家，对项目的整体质量予以审议。其中，学术专家侧重于对申报项目的学术质量进行论证，出版专家侧重于对申报项目的编辑出版能力和水平进行论证。

2. 严格项目遴选标准

（1）具有自主知识产权的当代原创性作品；

（2）具有重要的文化传承积累价值、历久弥新的作品；

（3）具有重大学术价值、能够产生深远影响力、有助于明显提升该领域学术研究水平的创新之作或填补学术空白的开山之作；

（4）注重与现实需要密切结合，体现国家意志，为国家当前急需的重要作品；

（5）对推动改革开放事业发展、促进出版产业繁荣有着重大贡献和重要影响的作品；

（6）有助于品牌出版社打造品牌集群、提升核心竞争力的中长线产品；

（7）反映时代和人民心声，对构建社会主义核心价值体系、营造社会文明风尚具有突出作用的作品；

（8）对促进中国出版"走出去"，提升中华文化国际传播力有着突出作用的作品。

五、宣传推广机制

1. 为了扩大国家出版基金的品牌影响力，便于社会公众监督项目的实施水平，便于读者识别和记忆，建议统一设计"国家出版基金办公室 LOGO"或者"国家出版基金资助项目 LOGO",在每本书的封面左上角予以明确标注。

2. 入选项目在结项和验收合格后,才可以作为国家出版基金资助项目加以对外宣传。

3. 定期编辑出版国家出版基金项目工作通讯,将最新的政策方针、重点项目计划和执行情况予以公告。

六、绩效考核机制

1. 监督检查机制

(1)每年组织一次项目进度检查和质量检查。

(2)完善公示机制。第一,扩大公示范围:既在出版类媒体公示预选项目和入选项目名单,也在重要的学术文化类报刊公示预选项目和入选项目名单。第二,增加公示内容:既对外公示预选项目和入选项目名单,也公示项目执行进度和年度检查结果。

2. 严格奖惩机制

(1)奖励

每两年集中举办一次高规格的优秀项目表彰大会,表彰项目完成率高、完成质量优秀的出版单位和项目负责人。

对于项目完成率高的出版单位和省份(集团),在下年度项目入选数量和资助额度上予以适当增加。

（2）惩罚

对于项目完成率低的出版单位和省份（集团），在下年度项目入选数量和资助额度上予以适当削减，并通报批评。

对于在承诺时间内未能完成项目的出版单位，在项目未完成期间以及项目完成的当年度，一律不得申报新的项目，同时还要追究在此期间出版单位主要负责人的领导责任和项目负责人的相应责任。

对于项目内容出现严重政治导向问题，或者项目实施环节出现严重违反出版法律法规的行为，要严格追究出版社主要负责人的领导责任和项目负责人的相应责任。

七、其他建议

1. 将报纸和期刊纳入基金资助范围，而不仅仅是图书。

2. 资助项目如果获得非常好的经济效益，又该怎么办？建议将该资金用于资助本单位重大出版项目。

出版规划的着力点是做优做强★

一、商务印书馆

商务印书馆三年两易班长，主要负责人调整很快。短期内，有几种经营管理思想汇聚，也是好事；商务的整个团队，老、中、青相结合，靠得住，又有后续动力。

一是要保持优势。商务现在处于一个企业的成熟发展期，既要收获好，又要播种好。商务现在的市场占有率为 5.88%，全国第一；收入占集团出版收益的 56.74%，在集团遥遥领先。保持优势，就是要保持每年 6% ～ 8% 乃至更高的持续增长。

二是要保障重点。工具书和高端学术著作是商务的两大重点方向。《现代汉语词典》《新华字典》《英汉词典》每年各 1 亿码洋，要保住；学术方面，汉译名著、中华现代学术名著等丛书，要继续做大。

★ 2010 年 9 月 14 日至 11 月 3 日期间，在中国出版集团成员单位"十二五"规划调研会上的系列讲话。

三是要拓展规模。要进一步扩大品牌优势。企业拓展方面，业已成立的成都分馆、南宁公司、商务文化公司以及上海、深圳大学分馆，要结合好、运用好商务品质、本土特色、当地影响。产品线拓展方面，要从高端适当向中低端拓展。品种拓展方面，现在年出书 1250 种，规划年出书 1595 种；现动销品种 3000 种，规划发展到 5500 种或更多，适度的规模拓展是必要的。

四是要培育新的增长点。相对于集团乃至国内的其他出版社，商务的海外影响很大，在对外合作方面有很多优势，但实际的成长性一般，应有大的作为与贡献。数字出版方面，商务有雄厚的资源基础和技术基础，但还需要找到盈利模式，形成新的增长点。

五是要优化机制。老企业有老企业的文化特质，这样的文化需要继承，也需要创新，要防止因循守旧，要强化创新观念，建立有效的激励机制，进一步增强员工的创造活力。

六是要适度多元经营。要有专人研究以出版为核心的适度的多元文化经营方案，拓展和光大商务优秀的文化品牌。这方面可以借鉴荣宝斋的例子。

二、中国大百科全书出版社

一是要再奋斗，再创业。大百科出版社目前处于恢复成长期，需要有再次创业的精神。第一次创业是 20 世纪 70 年代末至 80 年代初，依靠政府和学界支持，开始组织编纂、逐步推出规模浩大的《中国大百科全书》，在社会上产生了广泛影响，在读者、学者中树立了高品质的品牌形象。第二次创业是 20 世纪 90 年代初，出版社内部实行部门承包责任制，激发了内部活力和市场意识，成为率先走向市场的第一批出版单位。第三次创业就是现在，既要用好政府资金，完成国家重点出版工程《中国大百科全书（第三版）》，第三版要创新编纂方法、创新内容设计、创新呈现方式，与互联网时代的查检、阅读需要共同进步；还要以丰富的百科全书资源为依托，开拓学术的、专业的、大众的出版选题，进一步占领出版市场，赢得更大的市场地位。

二是要保特色，扩优势。要强化品牌优势，适度扩大规模，扩大百科类为主的工具书的市场占有率，带动相关图书发展。要通过产品集群，形成带动效应。百科全书可以从综合百科拓展至专业、地区、儿童百科等等；词典可以拓展到百科辞典、学习词典、多语种词典以及其他工具书；学术类可以拓展至法律、史学（如近现代名人名著）等；大众类可以拓展至医疗、救护、文化普及。过去搞过文物鉴赏、汽车鉴赏、货币鉴赏、诗词鉴赏、体育百科、京剧百科、西藏文化系列等等，效益良好，但切忌边搞边丢，要不断细化、稳定、积累，形成风格与特色，不能搞了几十年，除了百科全书没有什么稳定的特色品种。出版规模，目前是每年出版新书 490 种，规划是 1625 种，应当超过千种；动销品种 2000 种，规划是达到 4000 种，这个难度不小。收入规划目标是 2015 年 1.5 亿元，利润规划目标是到 550 万元，从百科社的资源及在集团的地位来说，应当分别达到要到 2 亿元和 1000 万元以上。期刊方面也要利用百科全书的资源优势，挖掘潜力、改变机制，实现快速增长。

三是要保重点，做亮点。重点是内容的创新、媒体的创新、方法的创新。亮点是做好主题出版（重大活动）、对外合作（百科的基础好）、数字出版（百科有资源、技术的先发优势），要在集团内带头实现数字化转型，提供知识密集、信息密集的现代出版服务。

四是多激励，提待遇。事业的成功关键在人，关键在调动全体员工的积极性和创造活力。集团相关单位（不含总店的 13 家成员单位）2009 年在岗职工平均工资：第 1 名音乐，第 2 名商务，第 10 名东方，第 11 名百科，第 12 名商报，第 13 名现代教育。百科社的收入水平是居后的。应当从激励与分配机制上作出改进，提高收入水平，激发创造力。

三、人民文学出版社

一是保持清晰坚定的导向意识。导向对文学社是刚性指标，文艺作品要有思想性，思想性与政治性之间没有鸿沟。政治是刚性的，政治类读物的导向标准是易于判定的；文学性、思想性是丰富多彩的，文学作品的导向标准是难以把握的。文学作品，对于十七届三中全会要求的"引导社会、教育人民、推动发展"的功能，作用尤其重大。出版导向方面，全国看出版集团，出版集团看文学社。另一方面，文学社还要出好主旋律作品、指标性作品，出好丰富多彩、满足各类人群需要、健康向上的作品；出好引领文学潮流和社会风尚的典型作品、类型作品。一句话：要出好在重大活动中挑大梁的作品，在广大作者中有广泛影响的作品。同时，坚决不出史有定论的有问题的作品；不出史有定论的有问题的人的作品；不出有自由化倾向的人的作品；港台作者的作品，适度出版；主题、倾向吃不准的，不出版；有关内容吃不准的，备案之后再出版。

二是坚持大文学观。真正做到古今中外、无所不包。古典的、现代的、当代的文学都有很多精品。古典作品的出版成本低，经典是反复出版的资源。文学社还要成为集团进军影视市场的排头兵。影视翻拍最近掀起风潮，大量名著在我们文学社，如何转化好，需要你们研究。

三是坚持大生产观。生产规模和产品规模要进一步提升，规模也有助于打造品牌。集团鼓励品牌社扩大生产规模，扩大品牌优势、市场优势。今年 10 月的全国文学作品市场上，文学社的动销品种占有率排第 1，为 2199 种，占 4.79%；码洋占有率排第 2，占 2.11%（长江文艺社占 8.9%，我们还有很大的竞争压力）。"强"与"大"互为影响，只有不断做大市场占有率，才能不断巩固市场地位，保持强社地位、领先地位。所以，文学社要改善出版机制，提升编辑出版队伍的能力，扩大文学出版的外延，提高产出能力和出版规模。

四是坚持大改革观。文学出版的竞争最为激烈，手段方法最多，最需改革创新。在版权获取方面，可以与机构合作，可以更大胆尝试，成立合资公司。与作者关系方面，可以培养、包装、"包养"签约作家。同时可以在内部推行激励机制，实行分社品牌授权、工作室授权。

五是坚持大市场观。国内文学出版的市场竞争主体增多，几乎每家出版社都在出文学作品，同时文学作品的市场需求也是最多样化的，市场竞争最激烈，最不定型。往往是各领风骚三五月，最有发挥弹性和余地。国际市场也大有可为，出版"走出去"，最能产生影响的是文学作品，最有可为的也是文学作品。文学社基础好，须进一步着力。传统市场方面，书、报、刊相关资源要统筹用好，可以尝试引进战略投资者一起开发。数字市场应当积极探索。

六是坚持大企业观。要追求大作品、大制作、大影响，要有危机感、紧迫感。名社、强社就必须是大企业。国内文学出版格局目前是文学三强（文学、长江文艺、作家），我们要努力做到一超多强，文学社应当是"一超"。文学社发展得好，可以成立文学出版集团，有自己的分社、子社；可以吸纳地方文艺社，吸纳民营书商，吸纳文学网站；可以与境外机构合资。国际一流的出版集团，一个重要的标志，就是有国际一流的文学出版社。

四、人民音乐出版社

一是努力适应人的素质全面发展的时代要求，扩大专业出版优势，变三强社之一为遥遥领先。保持音乐教材的优势地位（70%）。扩大培训类图书优势，做到教材与教训两翼齐飞，进而做到教材、培训（专业）、大众（音乐欣赏）三峰并峙。首先是两翼齐飞，这是我们的传统优势，是"现金流"产品。10 月份集团非教辅类图书前 100 名中，音乐社占了 5 名，分别是《拜厄钢琴基本教程》《车尔尼钢琴初步教程》《五线谱本：巴赫》《小奏鸣曲集》《巴赫初级钢琴曲集》；10 月份音乐社销售前 20 名的图书中，18 种是专业培训图书。从业绩上看，与集团其他社相比，音乐社目前是典型的教育出版和专业出版为主的出版社。就国内的整个音乐出版而言，音乐社是三强之首，第二是上海音乐社，第三湖南文艺社。尤其是第二名，把我们咬得比较紧，应当争取能往后甩远点。

二是适应社会大变革、文化大繁荣时代人的个性不断张扬的要求，优化产品线建设，打造大众音乐欣赏、提高修养、完善自我、表现自我的新平台。音乐的特点是有亲近感，谁都离不开，与全体大众贴近；有时尚感，有一时之音，有一地之音，贴近时代；有参与感，人人可演唱可演奏，贴近生活；有愉悦感，是享受，贴近心灵。听别人唱、奏是享受；自己唱、奏是享受；学唱、学奏，考级考试，也应当在提高、进步中享受。目前的教材、培训图书，"苦"功下得多，是"受苦"的音乐出版物。目前还缺少针对普通大众的为了欣赏、为了快乐的音乐出版物，因此要更好地发挥音乐出版的愉悦功能。音乐产品线以前的三级划分是：一级，音乐；二级，音乐理论、器乐、声乐；三级，音乐赏析。建议改为：一级，音乐；二级，音乐教材、音乐教训图书、音乐专业图书、音乐普及读物；三级，音乐知识，演唱法、演奏法、乐队知识、乐曲知识、乐器知识、乐理知识、舞蹈图书；音乐欣赏，CD、VCD，音像定制。要综合用好人音社、华乐社、音像社的三个出版品牌，让音乐出版"响"起来，让读者"乐"起来。

三是适应音乐传播无语言障碍、媒体障碍、地域障碍（"三无碍"）的特点，做跨界发展、多元发展的楷模。音乐社与其他出版社不同（唯美术社可以类比）：既是出版界的重镇，又是音乐界的重要团体，还是教育界的重要培训机构，可以说是身跨三界。因此，面向教育界，要继续出版好音乐教材，为国家培养音乐人才；面向音乐界，要继续出好《中国当代作曲家曲库》，继续办好"当代作曲家音乐会"。要通过引进专业人才，把现有的业余音乐表演团队，打造成准专业的，甚至是专业的表演团队。要由"乐谱租赁"发展成音乐中介机构、音乐经纪人。

四是要适应建设国际一流出版传媒集团的需要，构建"十二五"蓝图，唱响优美旋律。要努力经过五年的发展，保持集团出版单位利润三强，保持集团各单位利润五强，争取国内一家独大（更强），争取国际名声响亮（更响）。总之，要做大社强社名社响社；要坚持正确出版导向，坚持发展是硬道理，在经济上有大发展，多出优秀作品，唱响主旋律、优美旋律。

五、黄河出版集团

一是要坚持导向，服务大局，做好主题出版工作，做政治上更有作为的集团。导向就是"不出错"和"要出彩"。要围绕大局和重大时间节点提前组织策划选题。围绕建党，黄河出版集团已经组织了《中国共产党党史纪实》《中国共产党与少数民族》等；围绕辛亥革命100年，黄河出版集团组织了《民国大家书系》《回族与辛亥革命》《新西部随想》等，这些都是有所作为。

二是要发挥优势，抓住重点，做好重大出版工程，做文化上更有建树的集团。出版源自文化。文化的土壤包括地域、民族、宗教，源自它们的差异性；黄河集团可以很好地利用文化的差异性，创造重大出版的独特性。第二届出版政府奖，中国出版集团得了30个左右；国家出版基金项目，共95个项目，中国出版集团有6个，分别是《中国当代作曲家曲库》《辞源（第二版）》《中国书法全集（荣宝斋版）》《三联经典文库》《中国儿童立体百科》《中华民国史》，黄河集团也有两个，分别是《中国回族文学史》《中国民族文化丛书》，这一点很了不起。黄河要积极策划有重大文化积累和传承价值的文献性图书，比如已出版的《宁夏历史图经》《西夏文词典》《穆斯林全书》《中国民族文化丛书》《中华回族爱国英才》；有重大科技文化普及和传播价值的常销图书，如西北文学、西部"三农",以及《中国农业通史》《中国汉族通史》《中国民族政策简史》《伊斯兰知识读本》;有重大市场效应和较大收益的畅销图书,如《历史是个什么玩意儿(3)》等。

三是要强化特色,选择着力点,调好产品线,提高占有率,做市场上更有影响的子集团。要把少儿、教辅、学术文化等既有的优势产品线做大;把区域的、民族的、宗教的、历史的产品线做足;把"三农"的、科技的产品线做成;把文学的产品线做好。

四是要适应形势,借力发力点,独辟蹊径,有所突破,做经济上更有实力的子集团。国际化方面,要致力于中国经典的阿拉伯语化,比如已有的阿英汉对照《中国伊斯兰建筑艺术》、波斯语《孙子兵法》,将出版的《中国回族穆斯林传说故事》《道德经》《三字经》。要运用好中国出版集团的整体优势和海外影响,用好国家和地区扶持政策。期刊实体化方面,宁夏画报社、黄河期刊公司已经实体化,但要进一步做大,要借鉴《三联生活周刊》的经验。数字化方面,要继续推进《手机读者》业务。资本运作、资产运营方面,要用好地方政府扶持文化发展的政策优势。

五是要以做好"十二五"规划为契机,抓好下一个五年,出优秀产品,出优秀人才,出创新发展机制,出创新发展成果,做国际一流的子集团。规划方面要明确指标,不管采取什么措施,关键是重大项目带动战略。要看相对指标,看黄河集团在中国出版集团的比重、在全国的比重;还要看人本指标,如人的成长机制、创新能力和福利待遇。

黄河集团背靠中国出版，立足西部，有独特的资源优势和文化特色，希望能够为中国出版作出更大贡献！

（作者注：2008年起，中国出版集团与黄河出版集团协商重组。此后数年，中国出版集团将黄河集团纳入业务管理。2011年，重组进程终止。）

出版业存在的问题及出版管理工作的建议★

一、当前出版业发展状况以及存在的问题

（一）发展状况

在中央文化体制改革精神的指引下，出版业改革取得了重大进展和显著成就，主要体现以下四个方面。

第一，市场化方面。出版业转企改制工作取得重大突破，逐渐完成了由传统事业单位向现代企业法人的身份转换，成为自主经营、自我约束、自我发展的独立市场主体。出版业还启动了进军资本市场的破冰之旅，40 多家经过股份制改造的新闻出版传媒企业成功在国内 A 股市场或者 H 股市场上市，市场价值和公司价值获得极大提升。以资本为纽带、以市场为导向的企业兼并、战略重组如火如荼。

中国出版集团公司在全国率先重组中央部委出版社民主法制

★ 2010 年 11 月 18 日，在新闻出版总署出版管理司召集的部分出版集团主要负责人座谈会上的发言。

出版社，随后重组华文出版社。同时连续 8 年以 7% 的市场占有率在全国零售市场保持排名第一。2010 年 10 月，受一系列利好因素的影响，当月的市场占有率达到 10.36%，是排名第二、三、四名出版集团的总和。

第二，规模化方面。行业市场规模不断扩容，保持积极增长势头。2009 年，新闻出版业的总产值超过 1 万亿元，占到当年 GDP 份额的 3%，新闻出版业对国民经济的贡献率不断提高。原有的散、小、弱的出版格局正在发生巨大变化，优质出版资源正逐渐向优势企业或者集团集中，产业集中度不断提升。已有一批资产超过 50 亿元的大型出版集团正在崛起，有两家出版集团的总资产超过 100 亿。2009 年，中国出版集团公司总资产达到 70 亿元。

第三，管理规范化，产品精细化，内容积极、健康、有序。

第四，数字化方面。行业的技术革命方兴未艾，数字化、信息化、多媒体化成为行业发展的趋势。科技力量正有力地推动着出版行业转变经济发展方式，出版业正在由传统纸质出版向现代数字出版转型。一批有实力的出版企业研发出新兴数字产品，正在积累新的商业模式和盈利模式。

中国出版集团公司已经开发出具有自主知识产权的"大佳阅读器"，在国家发改委成功立项"中国数字出版网"项目。此外，"百科在线""工具书在线"等数字产品也都获得盈利；百科社出版的《中国西藏》系列图书的数字版权还成功签约 iPad，开始被用户付费下载。

第五，国际化方面。中国出版业"走出去"步伐加快，不仅实现了版权"走出去"，还成功实现了产品和实体"走出去"。中国出版集团公司近年已经在海外成立了9家海外出版公司，加上原来的书店、分公司，海外机构共30家，年策划出版图书200多种。70多年来，首次在海外设立新华书店分店，先后设立了7家新华书店。

（二）存在的问题

一是市场竞争过于激烈，选题同质化更趋严重。现在，在同类产品的细分市场，常常有几十个出版社竞争，甚至有上百个出版社竞争。在文学类市场和少儿市场，全国80%的出版社都参与竞争。因为同质化严重而造成的市场竞争过于残酷，不仅造成了行业出版资源的浪费，而且还造成选题同质化更加明显，削弱了行业的整体实力。例如，柏杨、星云大师的作品在全国许多出版社反复出版，市场需求真有那么大吗？如果没有那么大，就存在着出版资源的极大浪费。缺少创新，30万种规模，不少是同质的、质量不高的。

二是与文化工作室合作不够规范。2009年4月新闻出版总署出台新政，极大地解放了民营出版的生产力。但是，也出现了少数出版社的出版业务"空心化"、品牌"稀释化"的现象，选题策划和内容提供功能不断弱化，面临着比较严峻的发展危机。畅销类小说，民营占了 70%，近年来，非虚构作品的占比也在上升。如何做，能保证出版社和民营出版公司都能提升，是我们需要研究的。

三是出版社的数字出版权益得不到有力保障。尽管 2009 年全国数字出版的收入已经达到 700 多个亿，但是出版社作为数字产品的核心内容提供商，从中获利甚微，这是极其不公平的。数字产品的生产商和技术提供商占据了数字出版的龙头地位，控制着数字产品的定价权，而出版社的权益不仅无法在市场契约中得以体现，也无法受到行业管理部门的立法保护。

四是地方"割据"。应当通过一些有效手段打破这个局面，比如战略重组，比如"农家书屋"。

五是图书的纯销售没有上去。

二、2011 年中国出版集团公司在深化改革、推进发展、生产精品、落实"十二五"规划方面的新思路和新举措

1. 围绕中心，服务大局，狠抓标志性出版工程

2011 年是建党 90 周年和辛亥革命 100 周年。集团公司围绕这两个主题，已经组织策划了 50 多种重点出版物，后期还将开发一系列出版物。围绕建党 90 周年，集团将组织出版《庆祝建党 90 周年特辑》，从政治、经济、文化、社会、艺术等五个领域，推出一批名家名作和通俗理论读物。其中，王树增的长篇纪实文

学《1911》和方方的长篇小说《武昌城》两书，均已列入中宣部纪念建党 90 周年和辛亥革命 100 周年百种重点选题。

围绕纪念辛亥革命 100 周年，集团公司将推出标志性出版工程《中国文库（第五辑）》，将该辑打造为《民国学术经典特辑》，收录 100 部民国时期的学术文化经典，继续提升标志性出版工程在全国的市场号召力和品牌辐射力。

对于在围绕中心、服务大局中表现出色的出版单位或者出版项目，集团公司在集团图书奖评奖中予以单列，在集团报刊奖评奖中予以倾斜，还在集团年度工作会上专门予以表彰和物质奖励。

2. 大力实施产品线建设，打造更多畅销书和常销书

集团公司已经建立了产品线建设体系，在 2011 年将进一步大力实施 13 条一级产品线建设规划。通过产品线建设，集中开发和集约利用优质出版资源，确保每个出版社在同一细分市场进入前三甲的领先地位，建设具有核心竞争力和明显规模效应的产品集群。

2010 年年初，集团公司进一步调整了"双推计划"的奖励办法，将以往的年度一次奖励改为年度、月度两次奖励办法，更加激发了各单位围绕集团产品线建设，开发畅销书和常销书的积极性。2011 年，集团将继续巩固这一制度，并对畅销书品种予以持续奖励。

3. 刷新"走出去"模式，提高中华文化传播力和国际影响力

目前，集团公司"走出去"工作具备了比较好的基础。集团

在海外的分支机构和营销网点建设取得了明显成效。下一步，集团公司将进一步刷新"走出去"模式，以更好地提高"走出去"的实效和水平。

例如，在创作模式上，将改变原有的由国内作者编写的方式，实行跨国写作模式，邀请中外专业作者联合编写，以更好地适应西方人的阅读口味。现代出版社策划的《中国百城》系列丛书，就由国内有分量的作者和欧洲的知名作者创作，包括每一个图片都要经过外国专家的审定。

在版权贸易上，不再单纯追求进出口比指标，在兼顾一定版权贸易数量的同时，逐渐向质量效益上转变。因为，有的外国出版商在了解中国政府制定的版权贸易任务后，不断地压低版权支付价格，这对我们不利。因此，应当开发更多的类似《于丹〈论语〉心得》《山楂树之恋》这样的选题，获得更好的社会效益和经济效益，在海外更广泛的受众群中传播中华文化。

4. 建立"十二五"规划项目执行保障机制

集团公司刚刚完成"十二五"规划调研工作，正在紧张有序地制定集团"十二五"发展规划。打造一批精品出版工程是集团"十二五"发展规划的重中之重。为了更好地落实好规划任务、实现好规划目标，集团公司将出台一系列政策措施。例如，在集团年度专项出版资金补贴和国家出版基金项目补贴的申报遴选中，在集团的图书奖、报刊奖评比和国家级出版奖项的申报遴选中，对于"十二五"规划项目予以重点倾斜。对于被列入集团

"十二五"规划的项目，可以在图书封面和对外宣传上统一使用"中国出版集团公司'十二五'重点规划项目"字样和 LOGO。

三、进一步加强出版管理工作的具体建议

1. 建议进一步改革中国政府奖评奖的指标分配办法

目前的评奖办法有点按计划按比例分配的味道，是否可以向出版资源雄厚、出版主业挺拔、"双效"明显的大型出版集团或出版企业倾斜。因为这些出版单位有较多的骨干项目和品牌项目，培养了较多的经营管理人才，为文化传承和出版事业发展作出比较大的贡献，应该从政府层面给予更多的激励，以更好地发挥其积极性和创造热情。

2. 建议进一步提高工作的计划性和工作效率

行业管理部门有时发通知过于紧急，要求集团两三天内甚至一天内报送相关材料。集团只有立即通知下属单位迅速准备材料。尽管有时也是事发突然，集团层面也可以理解，但是有些下属单位仍然觉得没有计划性，有一些情绪和看法。因此，建议提前做好工作计划，及早下发通知和文件，便于各单位更加积极主动、更加高质量地报送汇报材料，也便于总署更加全面准确地掌握情况。

此外，一些常规性的报文的审核时间过长，例如申请新办期刊，变更期刊刊名、主管主办单位等，一般都得经过好几个月甚

至大半年。至于像重大选题备案的情形，送审时间就更长了，有的一拖就是一两年，这着实让一些出版单位等得着急，影响出版进度。因此，这方面能否制定有关措施或者建立相关机制，予以改进？

3. 建议由总署出台相关措施，保护出版社在数字出版运营中的合法权益

总署前不久下发了一个关于加快电子书发展的意见，在业内外引起强烈反响。但是，出版社的内容资源经常遇到数字技术生产商的侵权，出版社不得不为捍卫自己的合法权益而诉诸法律，但是打官司一打就一年半载的，干扰了出版社的正常经营。因此，能否也出台有关措施，明确规定数字版权受到保护、不容侵犯，在使用时必须付费，并且规定一个付费区间。

4. 进行战略重组。

总的原则是，先政府推动，后企业自主；先行业重组，再市场重组。

产业转型与出版创新★

　　党的十七届六中全会吹响了包括出版在内的文化产业全面转型的号角。这次会议顺乎时代潮流、洞悉产业规律、反映人民心愿、集聚全党智慧，作出了《中共中央关于深化文化体制改革、推动社会主义文化大发展大繁荣若干重大问题的决定》。这是推动当前和今后一个时期我国文化事业和文化产业改革发展的纲领性文件，对出版产业的中长期发展具有重要的指导意义。这是党中央第一次在全会上专题研究、部署文化改革和发展问题，是党中央第一次就文化改革发展做出专项决定，是党中央第一次明确提出建设社会主义文化强国的战略目标，充分体现了我们党高度的文化自觉、文化自信、文化自强。出版业位于文化产业的核心层，是文化发展的中坚力量，应当在建设文化强国的国家战略中更自觉、更积极、更主动地发挥文化主力军的作用。

　　可以说，在《决定》系统地提出文化改革发展这一战略问题

★　2011 年 12 月 15 日，在第六届香山论坛上的主题演讲。

之前，出版产业的改革已经走过了一段不寻常的路程，并已取得了可观的成就。但只有在《决定》发布以后，文化产业发展才第一次上升为国家战略，文化产业的发展目标才更为宏大、发展任务才更为艰巨、改革进程才更为彻底，整个出版产业的转型，才切切实实地作为一项政治任务、文化任务和经济任务摆在我们的面前。可以预见，这一转型，将对出版产业产生全面、深刻、持续的重大影响，现有的产业格局将被颠覆，新格局在不远的将来必将逐步成型。

首先，出版产业转型不是突变式的转型，而是扬弃式的转型。我们谈出版转型，并不是要急切地割裂与传统出版的各种联系，这样并不能使我们立地成佛，脱胎换骨，摇身变为现代企业。简单的现代化不是我们的目的。转型的目的，是去掉那些束缚出版生产力发展的种种滞后因素，扫除绊脚石，开辟新天地。传统出版对文化的敬畏和担当、对图书品质的追求和守望、对社会责任的强调和重视，这些都对出版生产力的发展有百利而无一害，非但不能扫除，还要加以继承、加以发扬光大。经济学里面还有个经验曲线的问题：产业转型之际，我们这些传统出版企业的竞争优势之一，就是我们的员工在内容判断、形式规范、政策理解、业务流程、工作效率等方面的丰富经验。这是汉王、亚马逊等新进企业所不具备的、所极度渴求的。我们现在天天呼唤复合型人才，对懂技术的新型人才青眼有加，对经验丰富的编辑人员不免冷落。这一点值得反思。静下心来，研究一下产业趋势，我们认为，数字出版短期内不可能取代传统出版的市场主导地位，传统业态仍将在相当长的一段时间内占据产业主流位置。现在是要积极转型，但仍然要做强传统出版。所以，产业转型必定是一种扬弃式的转型：扬既有之优势，弃发展之桎梏。

其次，出版产业转型不是转目标，而是转路径。"盖文章，经国之大业，不朽之盛事。"放到现代语境里来说就是：文化越来越成为民族凝聚力和创造力的重要源泉、越来越成为综合国力竞争的重要因素、越来越成为经济社会发展的重要支撑，丰富精神文化生活越来越成为我国人民的热切愿望。出版转型，转的是做强、做大、做好、做快的路径和方式，转的是束缚出版改革发展的体制机制，转的是对出版产业发展规律的传统认识，不转的则是文化传承的终极目标。我们讲文化"传承"，一是要"传播"，要不断增强出版产业的国内、国际传播能力，要把中华优秀文化在国民中普及，要在国际上塑造良好的国家形象，要打造出与经济实力相匹配的文化软实力；二是要"继承"，要承续中华优秀文化的核心部分，要充分发挥传统文化凝聚人心的力量，要使其成为社会转型期的重要黏合剂，要使其成为新时期社会科学发展的支撑力量。所以，数字化、多元化、国际化、集约化、跨地区、跨行业等等，只是产业转型的具体路径和方式，而文化传承才是产业转型的终极目的。我们在转型过程中要时刻牢记的是，路径服务于目标而不是取代目标。

第三，出版产业转型不等于数字化转型，我们要的转型是全面转型。新型业态不仅仅是数字出版，而是牵涉包括技术要素在内的制度、文化、发展模式、产业结构等多重要素在内的全面转型。以数字出版为代表的新型出版模式，只是这场转型的突出表现之一，其内里，则是传统出版流程向现代出版流程、传统出版管理向现代企业制度、传统资源配置模式向新型资源配置模式等全方位、多层面的深刻变革。即便是技术转型，也不是从一种技术完全倒向另一种技术，而很可能是从现有技术结构转型为多种技术手段并存的新型格局。所以，我们要反思目前高度重视数字出版，但却相对轻视机制创新、文化创新、内容创新，相对轻视传统出版、传统技术人员的倾向。

可以说，出版转型是一个系统工程，而这项工程最少有以下四个着力点或者说创新点：

第一个着力点是文化。在文化层面上，需要我们对"出版"这一概念有全新的认知。一是产业边界。放眼世界，传统的出版产业边界正日渐趋于模糊，以维普资讯、苹果、亚马逊等为代表的一批新的市场主体的加入，使得出版产业领域迅速扩大。总署制定的"十二五"规划明确提出，要大力发展"五大产业"：传统出版产业、战略性新兴出版产业、动漫游戏出版产业、印刷复制产业、新闻出版流通和物流产业。其中，战略性新兴出版产业、动漫游戏出版产业的提法是首次出现，物流产业也得到了"规划"的高度重视。这一变化最重大的意义在于，出版产业的边界已经比原来有了很大的拓展，数字出版、动漫游戏产业将作为新的出版产业的重要组成部分。出版产业边界模糊或边界扩展的趋势在国外市场更为明显。以美国为例，2010 年出版按需印刷图书品种最多的 9 家出版商中，只有以科技类图书出版为主的施普林格是唯一一家传统出版商，其余几家都不是传统意义上的出版企业。出版边界的模糊，导致市场竞争主体的多元化和市场的进一步开放。二是产业定位。出版产业作为核心层的文化产业，历来都是全体国民不可或缺的精神家园。新时期，党中央提出包括出版业在内的文化产业要成为国民经济的支柱型产业。这就要求出版产业既要定位于文化家园的建设，要更好地服务于社会主义核心价值体系的建设，又要迅速发展成为国民经济的支柱型产业，在国家的整体经济转型中成为有生力量。三是产业功能。目前，随着国民素质的不断提高和社会思潮多元化的不断发展，人们对出版产品和出版服务的需求也更加多元。出版产业既要重视传承，又要重视文化创新；既要重视核心价值观的塑造，又要满足读者的娱乐需求。

第二个着力点是战略。产业转型时期，战略创新将在很大程度上改变现有的出版产业生态：一是战略创新导致出版格局发生变化。经过转型，出版产业将从目前相对零散、分割的产业格局过渡到集约、流通的新格局，全国出版产业总体上实现规模经济，各大出版发行集团将成为产业骨干力量。截至 2010 年年底，我国 31 家出版集团共有 218 家所属出版社，占全国出版机构总数的 37.7%；码洋占有率达到 44.0%；动销品种占有率为 36.7%。

出版集团 CR10 已从 2005 年的 24.6% 增至 2010 年的 28.6%，出版社 CR10 反从 2006 年的 17.3% 降至 2010 年的 14.7%。最新的数据，2011 年 9 月，全国 36 家出版集团的销售码洋市场占有率，CR5 为全国的 24.7％、约为 1/4，CR10 为全国的 36.0％、约为 1/3 强。这些数据较以往有较大提升，但与美英等国相比仍有较大差距。美国 CR10 出版企业的占有率在 70% 上下，英国 CR8 数值则在 60% 左右。转型后的出版产业，集中度必定会大幅提升。二是战略创新导致企业发展模式发生变化。传统的出版企业以内生式发展为主，目前已呈现出逐步侧重外延式发展的倾向。转型后，出版集团将更多地通过资本手段贯彻其发展战略，兼并重组将逐渐成为影响产业格局的主流模式，随着一批骨干企业实现跨行业、多元化发展，全流通、全覆盖的出版物生产流通体系有望成型。三是战略创新导致产业角色定位发生变化。出版企业将从传统的内容生产商向具备多种服务职能的内容和信息服务商、战略投资者转变。多数出版社将从单一产品提供商变为全产业链服务商、生产商。世界知名出版传媒企业业务领域覆盖范围很广，如贝塔斯曼集团的主要架构，就包括古纳亚尔（杂志出版）、兰登书屋（一般图书出版）、施普林格（专业出版）等传统出版；卢森堡广播电视公司（RTL）、贝塔斯曼音乐娱乐集团（MBG）等音乐出版和电视娱乐；贝塔斯曼图书俱乐部以及贝塔斯曼阿多瓦集团为国际媒介提供的印刷和制作等，俨然一个全媒体的出版集团。出版社的服务方式也将发生重大变化，从目前的规模化服务过渡到规模化与个性化服务并重的方式。

第三个着力点是制度，即体制机制。制度创新是产业转型之本、产业发展之纲，本立则道生，纲举而目张，解决了制度创新及其执行问题，就能为内容创新和传播方式创新提供坚实保障，就基本解决了产业转型的关键问题。制度创新中，举其大者、急者而言，以下三点较为重要：一是管理制度的创新。目前科层化的管理形态已经成为生产力发展的桎梏，生产环节的扁平化管理指日可待；管理制度的生产导向也将随着改革的深入而淡化，而消费导向、市场导向将成为新的管理制度的主要特色，产业评价制度将随之作出变革。另外，出版企业的管理主体，将一改过去的以编辑专业背景为主的特点，逐步变为以企业经理人背景为主。二是分配制度的创新。现有的分配制度还不能很好地解决利润与导向、文化与市场的平衡。随着现代企业制度的建立健全，创意导向、文化导向、市场导向并重的分配体系有望建立起来。三是运行机制的创新。随着出版企业规模上的大型化、业务领域的多元化，其运行机制必然相应作出调整，必须真正实现集团化。为实现规模效益，对工作的协同化的要求将比现在更高，对资源配置的合理规划更显重要，因此，企业必须建立起一套行之有效的工作协同机制。管理流程、生产流程也都需要一个流程再造的过程，以适应集团化的企业形式。

第四个着力点是技术。从人类传播活动的发展历史来看，任何一次传播格局的变革背后，都有新技术、新发明作为重要驱动力。但每一个新媒体从出现到成熟，都需要一个较长的历史过程，一般情况下，新媒体也并不能够完全取代传统媒体。广播的出现并没有导致报纸的消亡；电视的出现也没有将广播赶尽杀绝；电脑普及后，一方面某些功能与电视趋于融合，另一方面两者的受众群体趋于分化，电脑也不可能取代电视。因此，对于这一轮产业转型中的技术驱动力，可以有几个初步判断：一是以数字技术为代表的新技术将是这一轮产业转型的重要驱动力，虽然转型的同时必然意味着体制机制、发展模式、产业格局等诸多改变，但新业态将明显带有新技术的烙印。二是引发产业转型或者说媒体换代的新技术，其革新周期与以往相比将进一步缩短，出版业态的创新将更为频繁。三是随着技术普及速度的加快，产业变革的技术成本将快速降低，依靠技术优势构筑新壁垒的有效期将大大缩短，在不考虑行政准入的前提下，新业态的准入门槛将不断降低，产业竞争将趋于激烈，直至整体格局趋于稳定。

聚首雪城亚布力　共商转型创新路★

第六届"香山论坛·亚布力峰会"，在黑龙江省委、省政府，特别是省委宣传部的支持下，在东道主黑龙江出版集团的悉心安排下，在各位嘉宾的共同努力下，在众多工作人员的辛勤付出当中，即将圆满结束、落下帷幕。短短两天，我们感慨良多、收获甚多。在这里，对此次论坛作一个简单的回顾。

本届论坛是一个欢聚的舞台——

本届论坛邀请到了近 70 位嘉宾，故友新朋，怀着共同的目标、共同的希望，朝夕相处、亲切交流，加深了了解、增进了友谊。这短短两天里，我们于白山黑水之间，欣赏了二人转的热辣多情，沐浴了东道主的细致温情，下午我们还将在"中国的达沃斯"——亚布力感受从高山之巅飞驰而下的激情。在这晶莹剔透、如诗如画的北国世界里，我们忘却了工作的劳顿，展开了思想的

★　2011 年 12 月 16 日，在第六届"香山论坛"上的总结发言。

翅膀，于冰天雪地中，放飞身体、放飞心情、放飞思想。

本届论坛的主题是"产业转型与出版创新"。我觉得，无论怎么转型、怎么创新，都需要在繁忙的工作中停下脚步、静下心来，有所思考、有所交流、凝聚共识，互相借鉴、互相支持、凝聚友谊。这样，我们才能继续扫除障碍，向着文化强国、出版强国的目标，携手前行。

本届论坛是一个奉献的平台——

滔滔林海，茫茫雪原。我们的前辈曾经在这里打鬼子、打土匪、打天下，写下了可歌可泣的大文章。今天的林海雪原，我们在这里研究转型，论讨创新，谋划出版强企强国之道，描绘出版强企强国蓝图。各位无私地奉献了自己的经验、得失、智慧和美好的心情，谈转型、谈转移、谈转变，谈出了改革的新思路，转出了发展的新天地。大家的奉献，为的是产业的创新、文化的创新，为的是打造文化强国，我们不愧是快乐的出版同道者。

本届论坛更是一个交锋碰撞、交流融合的讲台——

雪山无际，思想无涯。在轻松、开放、热烈的论坛上，我们或演讲，或主持，或提问，或聆听，敞开心扉，知无不言、言无不尽，每个人的思想疆界都得以拓展与延伸。本届论坛对产业转型的讨论涉及以下五个方面。

一是为什么要转型？文化改革发展分为三个阶段：第一是改

革，就是让文化单位成为文化企业，成为市场主体；第二是改组，就是通过兼并重组形成企业集团，进而推动集团进一步扩张；第三是改造，就是通过产业转型转变发展方式，拓宽发展道路。云山同志指出，文化改革发展要解决为了谁、依靠谁、我是谁的问题。

本届论坛上，谭跃同志结合六中全会的精神和中央领导同志的要求，研判了出版产业的国际环境和发展趋势，分析了产业转型中体制、资本和科技三种重要力量；李久军同志分析了出版企业的体制升级、产业链升级、发行渠道改造升级。他们都阐述了转型的必要性和紧迫性。柳建尧同志从国有企业的改革历程和一般规律出发，阐述了转型的必然性。

二是什么是转型？齐峰同志结合本集团实际阐述了转型的四种类型——竞争方式的转型、四跨经营的转型、经营业态的转型以及可持续发展的绿色转型。也有同志探讨了出版转型的几个主要特点，以及文化、战略、体制机制、技术等几个主要着力点、创新点。

三是凭借什么转型？也就是关于转型的条件。刘拥军同志从理论研究者的视角，论述了十多年的改革发展，已经使得出版业具备了转型发展的基础条件。他从斌杰署长的要求中概括的消费拉动、投资拉动、技术拉动、渠道拉动、走出去拉动、政策拉动等六大拉动因素，让我们对出版产业转型有了更坚定的信心。

四是转型转什么？樊希安同志结合三联书店创新发展的实践，着重探讨了转型的四大基本内容与创新实质。于晓北同志通过黑龙江出版集团在产业转型、出版创新中,《格言》杂志现象、重大项目带动战略这两个亮点,探讨了他们对于转型着力点的成功选择。齐峰、柳建尧等同志都探讨了产品和服务方式、产业链再造、生产模式创新、生产流程再造、战略设计、资源配置等要素,在转型过程当中的重要作用。很多同志还探讨了制度、技术、资本、产权股权、公司制、人才等转型过程中需要考虑的关键因素。

五是怎么转型?这是大家最关心的问题。周斌同志从凤凰集团的成功经验出发,总结了通过"滚雪球"的方式突出主业、挺拔主业、创新主业、做强主业的转型模式。吴斌同志通过分析企业转型过程中的正、反案例,引出了本单位转型的三大原则和几个方面的经验。顾青同志提出了传统专业出版社的转型必须立足于企业品牌、强化核心竞争力的观点,以及他们"三个转型"的成功经验。数字化是大家讨论转型时关注较多的问题。龚莉同志阐述了"数字资产"之于企业的战略意义,提出了把数字资产作为转型的重要资源和依托,从资产的合法性、质量、规模特色三个方面进行管理和经营的见解。黄闽同志论述了数字出版是专业出版转型的主要手段和途径的观点,介绍了他们在数字出版方面的显著成就。

总之,我们深深地感受到,大家在发言中结合各自的转型实践,总结了许多成功经验,为我们产业的转型、创新、发展提供了生动的案例。

我们也深深地感受到,通过热烈的交流与探讨,大家分享了许多新的见解、新的思路，为我们提升创新能力提供了重要的理性支持。

迄今为止，"香山论坛"已举办了 6 届。从 2006 年开始，我们分别选择"图书选题""文化软实力""科技发展""文化'走出去'""科技、资本"与出版创新的关系作为论坛主题，引发了大家的深入思考，产生了积极作用。本届论坛适逢党的十七届六中全会作出深化文化体制改革、推动文化大发展大繁荣的重要决议，提出建设文化强国的宏伟目标，大家选择了"产业转型"为关键词，讨论它与"创新"的关系、与今后一个时期出版发展的关系，应当说，是顺应时势、切中肯綮的。

此时此刻，我想套用唐代诗人王维《终南别业》中的诗句来形容我们的心情：

出版多同（中岁颇好）道，

相聚（晚家）雪（南）山陲。

兴来不（每）独往，

胜事空自如。

论（行）到转型（水穷）处，

坐看云起时。

偶然值林海（叟），

谈笑无还期。

回头望成绩显著　向前看寻求突破★

一、对 2012 年工作的盘点

（一）出版方面

1. 重点突出。在"学雷锋"活动、宣传社会主义核心价值观、迎接和宣传十八大等方面作了细致安排，效果突出。

2. 资助有力。获得国家出版专项资金等各种资助，为发展奠定基础。

3. 获奖不少。第十二届"五个一工程"集团有 2 本入选，分别是《解放战争》《1911》，中华优秀出版物奖评选中也成绩亮丽。

4. 营销给力。春季订货会、夏季宁夏图博会和读者大会取得圆满成功，"双推计划"之"中版好书榜"影响力逐步显现。

5. 选题路径更清晰。2007 年进行了第一次图书产品线的设计和规划，2009 年进行了第二次图书产品线的设计，2012 年进行

★　2012 年 12 月 6 日，在中国出版集团专题座谈会上的讲话。

了第三次产品线修订。

6. 有所为有所不为。《中国文库》已经出到第 5 辑，经典图书基本搜罗得差不多，暂时不再出版。"三大书系"：《中国发展道路丛书》（法制），《中国复兴之路丛书》（百科），《中国文化之路丛书》（中华），逐步进入实施阶段。

7. 日常管理到位、可靠。无论是书号实名申领还是重大选题备案，都完成得很好。

8. 效益稳定。10 月集团在国内零售市场占有率为 7.8%，继续位居第一；10 月收入同比上升 11.7%。

但是也还存在一些问题，如畅销书不够多、市场热点不够多；市场占有率虽领先，但徘徊不前，一直未能有效突破 10%；数字化产品有进展，但无大的突破；在获奖方面，虽然仍处于领先地位，但还不够突出；创新不足、机制不活，品牌影响力还不够。

（二）对外合作方面

1. 版权输出领先。伦敦书展上名列第二，共输出 162 种；FBF 上输出版权列第二，共 323 种。

2. 进出口继续增长、保持领先。10 月中图营收 21.5 亿元，同比提高 2.2 亿元（11.2%），占集团 42.6%。

3. 交流活动活跃。战略合作日益增多。

但也还有不足之处，如国际化产品（版权输出产品），数量占先、影响大的不多；海外机构建设方面有新的拓展，但影响不够、动静不够、效益不彰。

（三）国际公司

通过组团参加国际书展，逐步积累了经验。在外向型、引进版选题策划方面，推出了《目标中国》等书，有新的尝试和效果。在会议、培训方面也有新的拓展。但公司的整体定位还不够清晰。

（四）中版联公司

2012 年营收增长快。10 月营收 7 亿，比 2011 年同期的 3.3 亿增加了 115%，为全集团的第二名，仅次于中图。10 月利润 237 万元，同比增长 26%。自主品牌有一定的推进，但欠款增加，欠款周期长。有些单位纸张仍未全部整合进来。7 个亿营收中，集团外占 4 亿，集团内尚有死角。

（五）中图公司

主要工作有：1. 在集团"三六构想"基础上，提出了"56119 改革发展思路"；2. 开始向数字化转型，从产品提供商向信息服务商转型；3. 开展了资源整合、业务重组、机构调整、人员竞聘、奖励激励机制强化等工作；4. 按集团做大规模要求，克服进口传统业务大幅下滑的困难，在大文化贸易、数字化产品方面着力，争取 2012 年双超 10%；5. 强化进口审查，为十八大的召开营造氛围，为社会担责任、为政府担损失——审查 60 万种，直接经济损失 1421 万元；6."三南一中"布局有推进。

但与此同时，进出口之进口、之报刊进口大幅下滑；数字产品进口，2011 年全国为 15 亿元，中图 2 亿元，2012 年全国 20 亿，中图 3 亿，有增长但市场份额不领先；中图盘子大，机制方面有缺陷，子公司增长滞后，缺乏奖惩机制的创新；资产方面，中图共有房产 17 万平方米，其中出租 7 万平方米，收入 500 万元；金融方面有 1.6 亿元投资，2011 年收益 1000 万，2012 年减少一半。

二、关于 2013 年集团工作的思路

总的思路是：围绕十八大、围绕"三六构想"进一步强化定位、思路，通过研究成功企业案例进一步优化战略战术，通过研究政府政策、企业机制进一步明确改革发展措施。

研究十八大提出的"文化软实力显著增强"的要求。十八大将之作为全面建成小康社会的 5 个新要求之一，我们应当研究：文化与小康社会、民生要求关系，文化与科技创新、信息社会关系，文化与软实力、影响力关系，文化与支柱产业、产业特性关系，文化与民族精神、素质、复兴关系。

研究"三六构想"这一战略布局。"三六构想"，最终要落在国际一流上。建设文化强国，意味着要有国际一流文化企业，意味着要有国际化经营企业、国际化管理企业，意味着集团必须走大型化、现代化、国际化的发展道路。六大战略各有针对性，各

有突破口。关键就在于找准突破口。

内容创新的突破口，在于选题问题。一是要体现国家队责任，策划国家社会需要的、富于时代性的作品；要通过出版物来宣传中国道路、中国经验、中国模式、中国情感、中国气派；要善于抓导向，做到出彩、发声。二是要发挥品牌企业的资源优势。要把文化传承和时代发展结合起来，做好经典作品的当代诠释，充分展现我国最新的科技成果、理论成果；要推出一批文艺精品。三是要把大众出版作为发展的基础。要积极满足大众多层次、多样化的文化需求，多出版优秀的普及读物；要善于抓市场热点，推出一批优秀畅销书。四是要进一步提高海外的知名度。要找准海外市场需要的中国题材的图书，帮助外国读者了解中国、理解中国、适应中国；要抓国际影响力、软实力，做国际招牌书。五是选题要符合企业自身发展需要的。要按照图书产品线规划来策划，要有自己的独门利器。毕竟一个出版社精力、财务有限，只能攻其一点、几点，不可能全面推进、面面俱到。

品牌创新的突破口关键在于机制。包括管理决策机制和奖励激励机制。要通过机制创新，实现企业文化传统的继承和创新能力的提升。

数字化的突破口，关键在于抓好重大项目，即"1+6"平台的衔接和运用，以及数据库和电子书的聚合等等。

国际化的突破口在于做好布局。要全面布局、重点下棋，进一步做好做大"大文化"贸易；要主动策划国际产品，而不单纯是原有作品翻译。

　　集团化的突破口在于适度多元化。要做大文化、大出版。许多国际国内的出版企业在这方面都有很好的经验和案例供我们去参考和学习。

　　人才强企的关键在于队伍建设，在于人才培养和使用。我们要认真思考和研究：我们在什么样的前提下用人——事业需要、企业需要还是岗位需要；我们要用什么样的人，如品德好、素质好、能力好等具体标准；我们希望人才（干部）发挥什么样作用，要有设定；我们希望人才（干部）注意什么问题，要拉一个清单。用人是点将，战将如云、兵多将广事业才能兴旺发达；如果主帅如云，那反而乱了阵脚。

出版企业做大了出版事业★

2001 年年底的一天，当时的杨牧之副署长找我谈话，说是按照中央精神，要在原来署属的十几家出版社的基础上，组建中国出版集团。从此，我和杨牧之、聂震宁、宋晓红、王俊国几位同志一起，开始了我并不熟悉的出版集团的筹备工作。2002 年 4 月 9 日中国出版集团正式成立，与出版社一样，实行事业单位企业管理体制。之前成立的上海世纪出版集团等，都是这个体制。

正当我们按照事业体制推进集团化建设，推进所谓"物理反应"向"化学反应"转变时，2002 年 8 月，新闻出版总署专门发文，以推进集团化建设为突破口进行产业结构调整。2002 年 11 月，我有幸参加党的十六大，亲耳聆听了大会发出的加快文化体制改革、促进文化事业和文化产业发展的号召。稍后的 2003 年 6 月，召开了全国文化体制改革试点工作会议，出台了中办发 21 号文件，确定 26 家文化体制改革试点单位。12 月，出台了国办

★ 此文撰于 2013 年 3 月 31 日。

发 105 号文件，进一步明确试点中的经营性文化事业单位转制为企业。2004 年 3 月 25 日，国务院下发国函 22 号文件，授权成立中国出版集团公司，对所属成员单位行使出资人权利。中国出版集团公司因而成为我国第一家具有完全企业身份的、由政府授权经营的出版单位。

这一系列政策和举措，极大地推动了包括出版业在内的文化体制改革和文化产业发展。一个是集团化，一个是企业化，就从那个时候全面铺开了。与集团化、企业化相伴生的，是生产规模化、经营专业化、竞争市场化、市场国际化、产业资本化、内容数字化、传播网络化、管理规范化、阅读大众化；在事业主体向市场主体转变的同时，我们这些原来的事业人也完成了向企业人和社会人的转变。

改革和转变的结果是，出版企业做大了出版事业、做强了出版产业，在短短 10 年间实现了跨越式发展。

10 年来，我国共成立了 37 家出版集团，以及 27 家发行集团、39 家报业集团、5 家期刊集团。至 2012 年，有 10 万多家国有新闻出版事业单位转制为企业，其中上市的企业达 52 家，总市值超过 3000 多亿元。这些集团、这些企业，在出版发行印刷复制等领域都发挥了主媒体、主渠道作用。加上从无到有、从弱到强的民营企业，我国新闻出版企业已达 30 多万家，有百万种出版产品在国内外市场上流通，总产出达 1.6 万亿，占了核心文化产业的 60%，与 2002 年相比翻了三番。

10 年来，中国的图书、报纸出版品种和总发行量占世界第一位，数字出版产值占世界第二位，印刷业产能占世界第三位，成为名副其实的出版大国。2011 年，我国版权贸易量达到 24422 种、输出引进比 1:2.14，与 2004 年的 13108 种、1:8.62 相比，总量提高、逆差改善都很明显；出版物进出口总金额 4.64 亿美元，是 2004 年 0.98 亿美元的 4.7 倍。出版产品已经进入 193 个国家和地区。

出版业的大改革、大发展，既满足了社会大众的文化需求、巩固和扩大了思想文化主阵地，又为转变经济发展方式、推动国民经济快速健康发展作出了贡献，同时也提高了中国文化的国际竞争力和影响力。

采取新举措 复兴老新华★

新华书店总店作为集团的重要成员，规模较大，虽然经济上有很多困难，但是总店的发展对集团的发展大局至关重要。如果总店能够做到自给自足，就对集团有很大贡献；如果总店能够在这基础上有一个比较好的发展，那将是集团的福气。这让我想起柯达胶卷，柯达公司曾经是世界上最成功的公司之一，辉煌于20世纪90年代，21世纪初开始衰落，2012年被微软收购，这是数字化时代的必然。总店有着与柯达胶卷相似的辉煌经历，柯达公司已经不存在了，但是总店不仅存在着，而且还有资本、品牌、资源，还有精神，还参与外部合作、吸引资金、招商引资。从这点来讲，总店既了不起，又不容易。

对于总店过去一年的工作，我有以下几点认识。

第一，领导班子有担当。总店新建的领导班子很有担当。总经理到任之后，直面困难和问题，广泛深入调研，很快地拿出一

★ 2015年2月6日，在新华书店总店2015年度工作会议上的讲话。

套规划方案。领导班子的其他几位成员，能做到一心一意、精诚团结、互相支持、齐心协力、攻坚克难。一个领导班子是否具有攻坚克难的精神，是考察它是否优秀的重要因素。正是由于总店的领导班子素质过硬，才能本着对总店负责、对广大职工负责、对历史负责的精神来积极有力地开展工作。

第二，职工有精气神。在新领导班子的带领下，员工的积极性被调动起来了。过去看困难比较多，现在看希望比较多；过去看问题比较多，现在看目标、任务、绩效比较多。大家焕发了创新进取、突破奋起的职业精神，艰苦奋斗、牺牲奉献的"老新华"精神。

第三，发展有思路。通过学习领会中央精神、通过贯彻集团的战略要求、通过摸清家底、通过调研取经、通过分析研究，形成了目前来看较好的战略规划。有了思路清晰、目标明确的战略规划，就为下一步往哪儿走、怎么走奠定了基础。

第四，管理有抓手。工作报告中提出的几点意见比较实在。首先，全面梳理总店的风险点、发现管理的风险，制定相应的规章制度。然后，对于重大的决策、重要的工程项目，做到心中有数，同时接受大家的监督。其次，市场主体的改革取得进展。再次，机构改革。对组织机构、岗位进行重新配置，进行人事分配制度改革，拓宽员工的晋升通道。一个企业的发展如果不能与员工的成长紧密地关联在一起，那么谁都没有希望；如果关联得好，大家都有希望。接下来，是薪酬考核分配制度改革。最后，是干部使用改革，通过竞聘上岗完善机构内部设置。总店没有把落聘的员工推向社会，既是对员工负责，也是对社会负责。这些都说明，管理有抓手、有成效。

第五，经营有推进。重大的项目有实际的进展，其中包括编制完成 135 号院的整体规划和开发方案、设计开发"中国新华发行网络平台"项目和"全国大中专教材网络采选系统"。这不仅与总店传统的主业有关，而且也适应了转型的需要。正是由于项目取向既结合了传统业务又包括了现代转型，总店争取到了 2500 万资金的支持。行业活动方面，"出版界图书馆界全民阅读年会""全国大中专教材公共论坛"和"全国馆社高层论坛"，这些跟总店的行业地位、历史地位和已有的品牌号召力、影响力有关联，也是我们应该做并且能够做好的。从这些情况来看，经营工作在这些重点项目的带动下有所推进。

第六，职工的待遇有提高。企业发展的出发点和落脚点是人、是职工自身。有岗无工作人员的再就业，离退休、内退员工增发补贴，在职职工涨工资，这些做法对于职工的积极性和自信心是很大的激励。

总之，过去一年总店的领导班子和广大职工付出很多、贡献很多，取得了不小的成绩，这样的局面来之不易，创新奋起与复兴的精神令人振奋。

新的一年，期盼总店取得新的发展、新的业绩。

第一，抓学习、把导向、明方向、找机遇。首先要继续深入学习习近平总书记的系列讲话，寻找新的发展机遇、社会发展的走向；学习集团的部署，以及中央有关部门出台的政策。尤其要把握好"四个全面"的要求，即全面建成小康社会、全面深化改革、全面依法治国、全面从严治党，这当中就有很多机遇。全面建成小康社会不仅仅是指经济的增长，而且文化消费、教育、体育等相关产业要均衡发展，这是文化产业发展的机遇。在全面深化改革的大的环境下，我们自身要改革，整个社会也要改革、适应。全面依法治国、依法治企，就跟我们内部的科学管理有关，同时也跟社会成本有关。社会上有的单位财大气粗，愿意付出高于常规企业的代价，来取得市场地位。而总店所希望的是比较正常的竞争，这对我们有利。反腐倡廉与我们的日常工作息息相关，是一件好事。

其次，适应新常态，力争新进展。新常态一是速度，一是结构，一是动力机制。结构是我们正在做的转型工作；动力机制是激发内部改革，包括股份制改造，包括内引外联。

再次，在国家文化软实力建设中发挥作用。国家文化软实力主要是对外来讲的，对内也涉及这一问题。例如，弘扬社会主义核心价值观，总店能否在公共文化服务体系建设方面寻找到新的机会？值得我们思考。

最后，也是最为重要的，就是要始终坚持正确的导向。虽然总店现在不直接出版图书，但依然和产品打交道，产品目录也是产品，所举办的各大业界会议也是产品，这其中都存在导向的问题。为此，总店仍然需要坚持正确的导向。做好这些工作，不仅会给总店加分，也会扩大总店的行业影响力。这些工作中都存在着发展机遇和发展动力。通过学习，寻找机遇、用好政策，对指导今后的改革发展实践很有帮助。

第二，抓改革，激发创新活力。目前，我们已做了力度不小的改革，但改革没有"完成时"，我们仍然有很大的改革空间。在改革期间出现的新问题、新情况，也需要我们继续改革。其中，一是要深化企业内部的经营管理、资产、人事、收入分配制度改革，这是最基本的，也是最重要的。我们思想的藩篱和机制的固化，要通过新的机制，特别是人才的选拔机制来把它冲破。要通过"能上能下，能进能出"的人才流动机制的建设，形成"激发动力，富有活力"的收入分配机制，营造"人尽其才，物尽其用，地尽其利"的企业发展氛围。通过深化改革让员工感受到改革的成果，感受到改革提供的机会，感受到改革带来的实惠，感受到改革激发的企业活力和新发展。改革本身是重要的手段，不是目的。当然，改革还是要坚持稳中求进、实事求是、联系实际。从工作层面来讲，我们要更多地在结构、创新、增量、合作、重组等方面做文章。

第三，抓重点，重塑竞争能力。前些年，我们很多单位对于参与市场竞争没有多少拿得出手的东西。现在，"核心竞争力"这一概念已经为大家所熟悉，而我所讲的是"重塑竞争能力"，可能相对保守一些。希望总店在各种竞争能力的尝试之中，找回自己新的核心竞争力，要大胆地向前尝试并推进。通过一些重点项目的推进，形成新的增长、形成新的竞争力，在此基础上重新构造核心竞争力。如果没有核心竞争力，没有新的品牌性产品与服务，企业的长远发展就是一句空话。所以，重大项目、重点工程的推动和带动就显得尤为重要。在抓重点的过程中，总店提出的一些思路和方案很有意义：一是盘活土地资源。这是总店目前来看最大的、能够变现带来效益的，同时也能促进长远发展的资源。二是数字化平台建设。这是一个转型的问题，作为传统的发行平台要转型，平台目前的几大网站也很重要。三是在数字化动力的前提下，实现商业模式的转型。这不仅是内容本身，也是重构产业链。四是文化元素与商业元素的有机结合。尽管总店是一家文化企业，但是很多项目具有较强的商业性。不过，这与一般的商业项目有所不同，这是在文化企业里的商业项目，文化与商业两个元素进行有机结合，更具创新意义。

第四，抓品牌，盘活资源。新华书店总店的品牌是一个红色的品牌，具有一定的历史纵深度。虽然近些年总店在经济上的发展不快，但在业内，乃至在国际上还是一个具有影响力的品牌。"新华书店总店"是一个有号召力和影响力的品牌，是一个可以重生复兴的品牌。近日，集团在讨论传媒股份公司上市项目，上市需要有好的项目。商务印书馆主要是工具书，其对工具书项目进行"打包"，从将来的趋势来看，这可能会成为新的"商务"，做网上的工具书；中华书局要做一个线上的"中华"，如此等等。从这些单位所运行的项目来看，目前大家都要转型，都在转型，这是一个普遍的情况。所以，在这个转型发展的过程中，品牌资源就显得很重要，是可以拿来进行经营运作的。又比如，前两年，我兼任中国图书进出口（集团）总公司总经理时，也有这样的例子。那时，中图虽有几十个亿的销售规模，但同样存在危机。其盈利渠道主要以科技报刊进口为主，然而随着国外科技期刊日渐数字化，促使中图不得不转型。现在来看，它的转型基本上是成功的。以上的情况都说明，在目前这样一个迅速发展的数字化、国际化的时代，家家都面临着新挑战，都要适应新形势新业态，都要转型升级。总店的品牌资源、渠道资源、技术资源、土地资源，都具有一定的优势，现在最缺的是资金，而我们是可以通过盘活资源、通过品牌经营解决这个问题的。

第五，抓队伍，用好人才。人才问题，从目标来讲有两点，一是就地取材，唯才是举。人人都有潜能，关键是能不能得到机会，愿不愿意给机会。二是舍得本钱，广纳贤才。对于重点的板块和项目所需要的人才，要舍得花本钱引进。从方法上来讲，要坚持德才兼备的标准，竞争择优的原则。从措施上来讲，要坚持职责明确，监督到位，奖惩有力；另外，还要加强分类培训，交流学习。最后，关键是要营造一个"能干事者有机会干事，能够干成事者有机会干大事"的环境，把人才培养与企业发展结合起来。如何结合？要解决好两个问题：一是晋升通道，即荣誉感问题；二是效益报酬，即激励问题。

第六，抓党的建设与企业文化，不断营造积极向上、奋发有为的现代企业氛围。以党的事业来凝聚现代企业，以企业发展目标来凝聚职工的共识、追求和共同意志，以重点项目带动、激发职工的能动性和创造性，以优质的管理营造良好的发展环境，以职工广泛参与的各种活动，包括业务活动和文体活动，来营造生动活泼、开拓创新、积极向上的企业文化。

2015年是"十二五"规划的收官之年，要准备筹划制定"十三五"规划；从集团考核各单位绩效来讲，是三年新考核任期的第一年；从集团的工作安排上来讲，2015年要推进集团化战略。集团化战略与总店关系很大，集团化即在整个集团内部全面分配角色、分配权利、分配资源。在这样的大格局下，总店应该担当什么角色？获取什么资源？得到什么支持？当然，也包括承担什么职责？比如在集团的物流和发行整合中，总店可以发挥什么作用？这些都值得我们注意。从国家层面来讲，2015年有一系列重大活动，其中一个活动是隆重纪念抗战胜利70年，总店是抗战时诞生的企业，在这一过程中，总店能做哪些社会营销活动？总之，总店要根据2015年的形势，找准工作的结合点与着力点，趁热打铁，趁势而上，巩固良好的发展势头，继续推动全面改革与转型发展。以坚忍不拔、攻坚克难的毅力，在新的一年有所作为，有新成效，为总店下一步迈向更大的发展、最终复兴奠定坚实的基础，为中国出版集团增光添彩，同时也为行业的发展作出新的贡献。

图书榜单与阅读趣味★

　　评价国民阅读的水平，不仅要看阅读率的高低，还要看阅读趣味的取向与高下。一个只满足于碎片化阅读、功利化阅读或潮流性阅读的国民阅读状态，毕竟不是健康的。阅读趣味，就个人而言很难评判，是个见仁见智的问题。但如果从宏观层面上看，我觉得理想的国民阅读，应当同时体现在三张榜单之中：畅销书排行榜、常销书排行榜和个性化榜单。

　　1895 年，美国《读书人》杂志登载了 19 个城市书店中最畅销的六本书的书名，这被认为是历史上的第一张畅销书排行榜。1897 年，这家杂志又发表了全美"最好销的书"的书单。自 1903 年开始，《读书人》每期公布本月内最好销的六本书，称为"畅销书六册"。此后图书排行榜逐渐被推行到世界各地。在 1994 年前后，中国大陆出现了图书排行榜，最早刊登排行榜的杂志应该是《中国图书评论》。最早的图书排行榜功能单一、分类随意、

★　2015 年 10 月 27 日，在第五届书香中国·北京阅读季主题对话活动的演讲。

数据来源不确定，并无一定的标准，只是某一时期特定范围内图书销售情况的统计排名，有人将其称为"简单的资讯提供阶段"。随着出版业的发展，图书排行榜的品类愈加丰富，不但有每周图书排行榜，还有月度、年度图书排行榜；不但有新书排行榜，还有重印书排行榜；不但有好书排行榜，还有最有影响力图书排行榜；不但报纸期刊登载图书排行榜，各大门户网站也纷纷登载图书排行榜……可谓"乱花渐欲迷人眼"。一些媒体也因为刊登各类图书排行榜而逐步确立了自己的特色和地位，如中国的《新京报》，美国的《出版商周刊》和《纽约时报》，中国搜狐和新浪的读书频道，等等。更为重要的是，图书排行榜已经不再仅仅是市场销售情况的简单统计和被动反映，而已经成为图书营销的手段之一，成为文化界、出版界审美取向和价值取向的反映，成为国民阅读趣味的集中反映；随着出版业市场化进程的加快，图书排行榜又反过来对阅读活动产生引导和塑造作用，成为培养国民阅读趣味的重要抓手。

畅销书排行榜。这个榜单上的图书，最容易引起读者关注。这个榜单的作用，在于引导阅读，带动不怎么读书的人养成爱读书的好习惯，带动社会阅读风尚的形成。畅销书榜单往往能集中反映一个时期的社会现实与热点、思想潮流与主流、价值判断与追求。比如20世纪初，《天演论》在中国的风行，正是由于其"物竞天择，适者生存"的理论，契合了甲午战争及其后一系列失败带来的国家危亡的状况，契合了当时中国人不振作不自强就会亡国灭种的认知；而 18 世纪以《论语》为代表的儒家著作在欧洲的传播，是由于其"己所不欲，勿施于人"的思想，契合了法国大革命时期对自由道德的推崇，所以罗伯斯庇尔在起草《人权宣言》时，特地将这句话写入其中。拿近几年的例子来讲，《于丹〈论语〉心得》的畅销，固然让许多人不以为然，甚至嗤之以鼻，但从客观上讲，这类书的畅销，反映了在当代日趋浮躁、功利的社会情绪中，大家对于内心平静的一种追求，对于从传统文化中获得生活智慧的追求。畅销书的内容，不限于文学作品，也不一定浅显，《陈寅恪的最后 20 年》《邓小平时代》《解放战争》《抗日战争》《1944：腾冲之围》都很厚重、都有深度，照样畅销，像《邓小平时代》一年内就销售了近百万册。其主要原因，是这些图书对于一个代表性人物或者一段历史或者一个重大历史事件作了深入细致、真实贴切的还原，同时可读性也很强。而这个，正是很多当代读者所关注的。畅销书排行榜上的作品，未必价值都很高，未必都能传之久远，读者也未必一一尽读，但作品就是畅销了。爱读畅销书的读者，可能是他愿意跟风，跟随阅读风尚没有什么不好；更可能是因为其关注现实，从而参与塑造了阅读风尚，这样更好。作为出版人，应当关注阅读风尚、塑造阅读风尚，努力使自己的好书登上畅销书榜单，推动更广泛的阅读。

常销书榜单在某种程度上是人类文化精华的汇集，是人类经历长期的选择，披沙拣金，留存下来的"干货"。比如既畅销又常销的中国四大名著、外国文学经典、汉译世界学术名著以及当代的《围城》等，比如销量不大却是每个图书馆、书店都要必备必配的二十四史、各种工具书、各种品质好的系列丛书等等，都是经得起时间检验、为读者所应知应读的精品力作。对于读者，无论是为了求知的需要、修身的需要、研究的需要，还是职业的需要，都应当关注并选择精读或查检常销书榜单上的图书。对于出版人来说，则应当尽可能多地使自己的作品能够登上常销书榜单，提升出版企业的核心竞争力和持续竞争力，践行企业的文化使命和历史使命。

除了这两个榜单，我要特别地强调第三种书单，那就是个性化或者说私人性的书单。私人书单，可以是心中无形的，也可能是名人推荐、可资本人参考的。通过对近年来一些数据的分析，我们发现，在图书消费中，"二八现象"和"长尾现象"同时存在、并行不悖。一方面，5%左右的图书品种，占据了60%以上的图书销售码洋，赢得了大量的读者；另一方面，我国的图书动销品种数，从2010年的105万种，增加到了2014年的132万种，这说明读者的阅读越来越多元化、个性化。可以说，互联网和多媒体的发展，一方面推动了大众传播时代的来临，另一方面又通过数字长尾满足了小众传播时代的消费需求，同时还大大提高了读者选择的主动性，增强了文化消费的主体性。

传统经济学把稀缺作为先验背景，认为经济总体上的矛盾是供给不能满足需求的矛盾，供不应求是经济的常态，因此传统出版产业主要在生产资料和稀缺资源的整合分配上展开竞争。但随着工业化进程的结束与信息时代的来临，稀缺经济让位于丰饶经济，供大于求逐渐成为经济社会总体的常态。这个常态之下，谁能够满足更加个性化的读者需求，提供更加多样化的产品选择，谁才可能成为胜者。也就是说，只要存储和流通的渠道足够大、品种足够多，需求不旺、销量较低的图书所占据的市场份额，也能够与那些数量不多的热门图书所占据的市场份额相匹敌甚至更大。

对出版业来说，稀缺经济时代最丰饶的是同质化产品的数量，最稀缺的是读者选择权；丰饶经济时代最丰饶的是读者选择权，最稀缺的是读者选择的有效性。互联网技术的出现，打破了"有限供应"的藩篱，有望很好地填补读者选择有效性的稀缺。"虚拟库存"的无限性，为读者提供了近乎无限的选择机会——无论是多么冷僻的图书，无论是何种版本的图书，都有可能在网络书店上找到。当然这里面有一个前提，那就是有出版社愿意出版这些不赚钱的图书。因此，在信息化时代，在媒体融合时代，有责任的出版人和出版企业，应当在这个榜单上有所作为，努力满足更多的小众化的读者需求。正是众多的小众阅读，汇成了全社会的大众阅读，汇成了全民阅读；而全民阅读的推进，才是国民整体素质的提升之道，才是出版企业践行文化使命、做细做优做大做强之道。

作为出版人，我们愿意更加积极地关注读者越来越丰富的阅读需求和趣味，写好三个榜单、做好三份答卷，为推进全民阅读作出更大贡献！

青年是创新的源泉与保证*

　　自 2012 年以来，集团内部举办了三届"香山论坛"，这是第四次举办。每届论坛都以青年职工为主体，以集团改革发展大局为中心，结合当年的工作重点展开热烈讨论，在激发思考、交流思想，协调思路、凝结共识，进而推动年度工作、推进"三六构想"的逐步深入实施方面，发挥了积极作用；在组织动员青年，发挥青年才智，进而带动广大职工为集团改革发展献计献策、尽心尽力方面，"香山论坛"也发挥了积极作用。

　　论坛上，10 位同志围绕"集团化与新进展"的主题展开演讲，富有激情、富有才气、富有智慧，更富有青年人的创新精神，我们听了很受启发。同志们结合单位和个人工作实际，从不同角度阐释了对集团化战略的理解，对如何推进集团化建设提出了很好的思路和建议。有的同志认为，实施集团化战略要不断完善现代企业制度，通过打造新媒体产品群，又或者通过转型和品牌创

★　2015 年 10 月 28 日，在中国出版集团第四届"香山论坛"上的讲话。

新，培育新的核心竞争力；有的同志认为，应汇"集"资源，"团"聚人心，不断拓展业务线、产业链，实现"1+1＞2"的集团化效应，乃至构建"中版生态圈"；有的同志认为，优秀编辑是集团化之本，编辑要有激情和雄心，要通过自身素质的革新，不断创新内容，不断推出主流的、主题的出版产品，熟悉编辑的全流程，同时将营销意识贯穿于出版的全过程；有的同志提出，要用现代企业的管理思维，建立集团管控体系，以达到资源共享、优势互补的功效，提升企业在决策、组织、文化、创新方面的综合竞争力；有的同志从"互联网＋"、物联网、微信营销等角度，阐释了新媒体条件下，通过资源的整合、媒体的融合、品牌的竞合，推进集团化建设。这些演讲，非常用心，非常精彩，非常贴合集团和各单位实际，从中我们能够感受到集团青年职工聚焦中心工作、聚焦集团大局、聚焦单位实际、聚焦事业发展的深入思考，能够感受到大家锐意创新、锐意改革、锐意发展的执着意识，感受到大家的文化担当和文化追求。

2015 年集团在内容生产、集团化建设、品牌经营、媒体融合、国际传播、队伍建设六个方面，扎实工作，着实取得了"六个新进展"。但全集团完成双效指标特别是经济指标的任务还很艰巨，推进集团化建设、谋划"十三五"发展的任务也很迫切。当此之时，集团希望各单位各部门，一是要进一步办好"香山论坛"等各种思想平台，凝聚青年职工的创新智慧和创新力量。二是要认真总结"三六构想"实施以来各单位各部门的发展成就和成功经验，凝聚全集团干部职工的改革意识、发展愿望、进取精神，形成"十三五"期间集团改革发展的新思路、新办法、新动力、新成效。三是要认真学习贯彻《中华人民共和国国民经济和社会发展第十三个五年规划纲要》《新闻出版业"十三五"时期发展规划》《中共中央国务院关于深化国有企业改革的指导意见》《关于推动国有文化企业把社会效益放在首位、实现社会效益和经济效益相统一的指导意见》，认真践行"三严三实"要求，认真制定"十三五"规划，认真谋划新的重点项目、重大工程、重要举措，为在新的历史时期，进一步提升集团的文化影响力和国际竞争力，实现共同的梦想、共同的战略目标，作出新的更大的贡献。

木文同志对出版界最后的话★

宋木文同志是大家熟知的出版界的老领导、出版家。木文同志走的那天是重阳节，"不用登临恨落晖"，恰是人们容易记住的日子。在八宝山为木文同志送行的时候，刚过霜降，秋风渐凉，然而，赶去送行的人很多很多，出版界的、文化界的，京城的、外地的，做领导的、做过领导的，受过领导的、没受过领导的，下至出版社的老编辑，上至奇葆同志。

木文同志之所以受人尊重，诚如另一位出版界的老领导刘杲同志在挽联中所说的，"繁荣出版一代功臣垂青史，建设文明万卷图书传世间"；之所以让人念念不舍，是因为他的很多言行对人们影响很大。人生三不朽，立言是其一。2015年8月份刚刚出版的《一个"出版官"的自述：出版是我一生的事业》，是木文同志最后的文字记言；在木文同志生病住院的三个月，在很多老同事、老部下、老朋友去看望时，他想必说了很多的话，关于出

★ 载于《中国新闻出版广电报》2015年11月2日。

版、关于文化的；在木文同志生命的最后时光，在家人和亲友的陪伴下，他想必也留下了很多的话，关于家庭、关于生活的。而在我的印象中，7月2日那天，我们中国出版集团召开"研究制定'十三五'规划老干部专题座谈会"，邀请到宋木文、于友先、高明光、伍杰、桂晓风、石峰、邬书林、聂震宁、陈为江等老干部参加，这是木文同志生病住院前参加的最后一次出版活动，木文同志在会上的发言正是他在出版界的最后的正式发言、正式讲话，最后的"立言"。

木文同志"最后"对我们出版人说的话，语重心长，充满鼓励和期盼。

木文同志在仔细阅读了谭跃同志的工作报告、集团的一系列材料并听了王涛同志的情况介绍后，肯定了集团化建设和中国出版集团的发展。他充满深情地对我们说：组建集团这个事儿我是积极分子。集团是从地方推动搞起的，地方搞这个比中央容易，因为它原来就是一个社分出来的，后来又提升合一，有的还以总社的名义，那总社一翻牌就是集团，那不是相对容易嘛。我们这个集团可不是那么简单啊，老字号、上百年，各有优势、各有特色，各有自己的影响，各有读者群、作者群，各有自己经营的一套，它是很独立的。我觉得牧之、震宁和谭跃，他们三位总裁的工作班子，把这个集团组建起来、整合起来、形成整体，还有所创新、有所前进，达到今天这个水平很不容易。

木文同志拥护并赞同中央对于中国出版集团的定位，以及我们的发展目标，他指出：根据云山同志、奇葆同志，中央、中宣部的指示，要把中国出版集团建成一个国际知名的出版集团，这个任务有了。我看集团实行的三化目标、六大战略，把这个出版集团组建的成绩、进展、发展要求都讲明白了。我们是在书写历史啊，写了13年了，还要往下写下去，往下写什么呢？恐怕很重要的一个内容就是我们怎么样把这个出版集团建成一个国际知名的出版集团。这个国家队要定位好，第一是定位，第二是定位，第三还是定位。使命啊、担当啊，首先是内容的影响力，其次是产业的影响力、经济的影响力。主业为主，如果还做一点服务业赚钱的事，也不是不可以，这个也别限制自己太死，人家赚钱没突出主业是缺陷，人家赚钱了它的经验我们还是可以吸收。

在讲到集团的使命、担当时，木文同志强调说：我们规划的每个方面都要体现国家队的使命、担当。使命担当，一条线，一个重点，甚至高一点说，一个纲，贯彻下去，和我们这个老字号单位历史使命和应该具有的发展相结合，既是完成我们自身的工作，又是完成中央的委托和要求。和党中央保持一致，不要把它当成套话，要学习、要研究，学习以习近平同志为核心的党中央的指示、要求、理论，同时也要观察借鉴好的方式方法。要体现在我们的工作上，体现在我们的出版物上，体现在我们的主题出版上，也体现在平时不是主题出版的那些出版物上。我们不是中央电视台，也不是《人民日报》，咱们的任务，是通过比较稳定性的出版物加以论述、加以宣传。

木文同志也强调了产业发展的重要意义：我想应当对我们的产业发展做出规划，出版产业、文化产业，这是着重解决经济利益问题，前面说的定位、担当主要解决灵魂问题。这个灵魂要附体，灵魂要有经济支柱，因为经济力量越强，我们的思想影响力就越大，凝聚力就越大，这个应该是统一的，相辅相成的。文化经济、文化产业、出版产业，要处理好这些关系，做好我们的工作规划。

木文同志认为，"互联网＋"与媒体融合是一场新的产业革命。他说：这个"互联网＋"的影响是全局的，这个"互联网＋"就是中国出版集团数字化、技术改革这方面的东西了，我感觉到"互联网＋"正在影响各个方面。要借助互联网的平台，借助它的技术，扩大我们的影响，发展正能量。集团有操作的、有实践的"八大平台"，应当在若干年，不是很长远的未来，有新的成绩出来。这个影响又不仅仅是在几个平台上，我看对我们出版，从编辑工作、发行工作、销售，甚至各个方面都能够借助其力量，都是可以"＋"的。在产业规划里面，我觉得把这个问题讲明白，对我们今后五年、十年都有用。进而我想，我们这些老字号单位啊，在新的产业革命过程中，应当有新作为、新贡献、新发展，有老品牌的新风格、新特点。融合是整体的融合，这个融合还是要把那个根本性的要求体现进去，那就是内容，就是导向，过去那些管理都要移植到这里来，融合到这里。

木文同志还针对中国出版集团老字号、老品牌企业多的特点，强调了品牌建设的重要性。他说：将来这个品牌建设，特别是老单位的发展，在体制上是不是适当地研究一下？老的品牌单位是否应该有更多的权利？……不能都集中，集中太多某种情况下不好。他肯定了我们这些年比较侧重整个集团拢起来做的品牌建设，认为做得不错。

木文同志最后谈到了向国际进军的问题。他说，向国外进军，目前还受很多客观条件的限制，比如意识形态的限制，语言的限制，这对我们走出去扩大市场销售、产生影响力是一种不利的因素。过去我就讲过，我们有自己独特的作用，但是这种事情我们都要受制于人的，受教育的影响、科技的影响、理论的影响。因此，谈这种问题的时候要注意分寸，不是说得越有劲、调子越高越好，那个不容易做；先把自己的事情做好，向国际进军才有条件，要积极创造条件。

以上，是木文同志在正式场合最后说的话。记述在此，是对老出版家的景仰与怀念；倘若还能对出版同人有所启示，那便是更好的怀念。

"十三五"规划要标高度、拓宽度、权机制、勇创新★

　　规划对大企业、大工程很重要。对于小企业、小事情来说，通常是边想边干，边干边想，未必规划；对于有的大企业来说，想归想，干归干，规划成"鬼话"；对于优秀的大企业来讲，规划是谋划，是上下左右"共谋"，是统一意志，想明白了再干，该怎么干才怎么干，最后达到目标。

　　今天我讲四点。

一、集团制定"十三五"规划的安排

　　中国出版集团公司制定"十三五"规划的过程主要分为五个阶段，这个安排可以作为中图公司制定自己"十三五"规划的参考。

　　一是资料准备工作。对集团"十二五"时期发展情况进行全

★　2015 年 11 月 4 日，在中国图书进出口（集团）总公司"十三五"规划编制座谈会上的讲话。

面回顾，总结发展的主要成就、主要经验和存在问题。对上级主管部门"十三五"规划的最新精神进行动态整理，对国际国内产业政策、行业态势进行综合分析，对我国相关文化产业进行比较研究，最终形成完整的分析材料。

二是安排了一系列的调研活动。比如今明两天召开的老干部座谈会和外部专家座谈会，下周还要召开专题研讨会，此外还有骨干编辑座谈会以及专项规划讨论会，等等。要尽可能多地听取方方面面对集团未来五年改革发展的意见和建议，广泛吸取各方智慧。

三是专项规划编制工作。相关的业务部门，分头编制集团"十三五"规划之专项规划，核心是制定发展指标、策划重大项目、提出保障措施。

四是各单位的规划编制工作。各单位根据集团规划编制工作的进程安排，成立相应的领导小组和编制小组，做到专人领导、专人与集团对接，适时开展本单位"十三五"规划的编制工作，并配合集团相关部门，集中申报集团"十三五"规划重大项目，提出自身的发展指标。

五是集团的"十三五"规划编制工作。先根据各方意见和调研成果，拿出规划要点，再结合国家和相关主管部门的规划和精神，最终完成定稿。

二、集团"十三五"规划初稿

主要有五个部分。

（一）现实基础

1.集团现状分析

（1）产业基础

出版生产、进出口、艺术品经营三大传统板块，加上翻译、印务、物流、资金集中管理、数字产品等新板块。

（2）经济基础

一是规模上了"双百亿"：收入 100 亿，资产 150 亿，利润 10 亿。二是在世界出版 50 强、文化企业 30 强的排名不断上升。

（3）制度基础

双效考核制度逐步完善，积累了丰富的经验，取得了很好的效果。

3 家公司进行了股改，上市工作在不断推进。

（4）技术基础

经过几年的发展，我们拥有了一批初步知名的数字产品和品牌，如译云、易阅通、中华经典古籍库等等。

（5）品牌基础

我们制定了品牌名录，有 10 家品牌企业、29 项技术服务品牌等等。另外集团的品牌影响力不断提升。其中，29 项技术服务，中图占了 8 个，包括 BIBF、主宾国、外籍报刊、音像进口、报税库、易阅通、外文书店、现代书店等。

（6）队伍基础

集团的"三个一批"人才队伍建设，先后选拔了 4 拨人才，为今后发展奠定了人力基础。

2. 产业形势判断

通过对中央精神、相关政策、行业数据等的综合分析，我们认为产业形势可以主要归纳为以下五点：

（1）中央提出新要求——更加重视文化贡献。

（2）经济进入新常态——就出版而言，数字阅读成为消费热点、扶持重点。

（3）阅读呈现新趋势——内容生产是"二八"加"长尾"，销售是网店和实体店齐头并进。

（4）竞争显露新态势——主业突出，适度多元。

（5）发展还有新空间——"一带一路"倡议助推出版"走出去"。

（二）指导思想

指导思想是：高举中国特色社会主义伟大旗帜，全面贯彻党的十八大及十八届三中、四中、五中全会精神和习近平总书记系列重要讲话精神，按照"五位一体"的总体布局和"四个全面"的战略布局，牢牢把握"两个巩固"根本任务，坚持创新、协调、绿色、开放、共享五大发展理念，牢记"高举旗帜、引领导向，围绕中心、服务大局，团结人民、鼓舞士气，成风化人、凝心聚力，澄清谬误、明辨是非，联接中外、沟通世界"的职责使命，为打造"国际著名出版集团"不懈努力。

其中的主线是产品竞争力、品牌渗透力、文化贡献率、国际影响力和综合实力；动力是内容创新、制度创新（集团化）、媒体融合、资本运作、品牌经营和人才强企。

在板块布局及发展思路方面，是"固三展八"，即巩固传统三大板块：出版、进出口和艺术品经营，拓展新的八个板块：翻译、印务、物流、大贸易、金融、数字、会展和房产。

（三）指标体系

我们把指标体系大致划分为三大类：一是市场指标体系，包括收入、利润、净资产收益率、市场占有率等等；二是社会效益指标体系，如重大项目、重大奖项、导向情况等；三是结构指标体系，主要是体现调结构的战略布局，不断提升集团竞争力，通过一些指标来强长板、补短板。

（四）主要工作

1. 内容创新，文化影响增强方面有 5 条：强化出版导向管理，提升产品质量，优化出版结构，创新营销方式，抓好重大项目。

2. 增强经济实力，产业领先优势方面有 4 条：推动股改上市，加大资本运作，优化产业结构，抓好重大建设工程。

3. 媒体融合，新业态、新模式方面有 3 条：建立融合发展市场机制，抓好融合发展重大项目，加快传统报刊媒体融合转型升级。

4. 国际全局，国际著名集团方面有 3 条：讲好中国故事，拓展国际渠道，优化海外布局。

5. 以人为本，创新企业组织方面有 3 条：创新选人用人机制，深化两项制度改革，优化干部人才结构。

6. 集团化建设，塑造市场主体方面有 5 条：强化党的建设，推进总部建设，优化要素配置，强化财务管理，加强内控建设。

（五）保障措施

一是完善重大项目带动机制，二是完善规划落实机制，三是完善规划推进和评估机制。

三、中图公司要考虑的基本问题

（一）身在何处

要做好现状的梳理和外部形势分析，搞清楚企业所处的位置在哪里。

（二）将往何处

即定位和（战略）目标，也即改革发展的大方向在哪里。

定位方面，我的思考是"3 重 3 队"，即图书进出口的重要渠道，做好（全集团的）服务队；出版"走出去"的重要力量，做好（全集团的）先遣队；中国出版国际化的重要平台，做好（全行业的）突击队。全媒体信息服务商，也是中图公司的一个重要定位，这是符合产业趋势的发展方向，需要大力转型。

这个定位的具体推进，恐怕可以概括为五个化，即数字化、多样化、专业化、规模化、国际化。发展目标，能否达到收入 50 亿、净资产 20 亿、利润 2 亿、职工年收入 15 万？可以调整，怎么调整，根据什么调整？都要有科学细致的论证作为基础。

（三）如何前进

这属于战略路径选择问题。我将之概括为"五先一支（六战略）"，即：进口领先、出口争先、数字优先、会展占先、国际拓展率先，资产效益提升与支持。具体的路径，应当更宽、有更多选择，还需要你们深入研究。

（四）前进的动力

动力主要来自于重大项目、重点工作：

建设好 3 大平台——聚合平台、交易平台和审读平台；

构建成 3 大体系——物流配送体系、海外发展体系、国际会展体系；

布局好 3 大基地——深圳、上海和西安；

实施好 2 大工程——全球数字聚合与服务工程和国际传播能力建设工程。

上面这些项目和工程，有些是综合在一起考虑和推进的，有些还未取得大的进展；有些则推进不足，如配送体系和国际渠道等等，要好好分析不同原因，重新谋划。

（五）前进的保障

主要是保障措施，主要有 9 大保障：管理构架、文化安全、资源配置、绩效管理、数字化带动、政策拉动、人才推动、党组织调动、企业文化鼓动。要根据新情况、新要求，重新考虑这一块。

四、中图公司的建设

中图公司的建设，要重点抓好四个问题。

（一）增长问题（指标高度问题）

1. 集团的要求是收入和利润每年增长 8%。中图从现状看，2015 年有些困难。

2. 国家经济发展的宏观要求，从年增长 7% 调整为 6.5%，这样才能确保 2020 年 GDP 比 2010 年翻一番，我们不能低于这个增速。

3. 从自身条件来看，过去 5 年已翻一番，在目前的大平台上，再翻番增长可能有困难。

4. 从行业现状和自身发展要求来看。

（1）行业现状

国际大企业的发展普遍要高于行业平均增长，因为它们具有更强的竞争能力。

出版文化行业过去的发展普遍高于全国经济的平均增长，行业内领先企业的发展速度也普遍很快。

（2）自身发展要求

要强化行业领先地位，要提高国际竞争能力，就必须保持一个合适的发展速度。

最终，发展指标究竟定多高，希望你们从以上4方面考虑。但总的来说是不进则退、慢进则退。

（二）拓展问题（战略路径拓展）

从目前的态势看，不拓展就难以保持以往的增长速度。做好战略拓展是大势所趋。拓展的路径你们可以考虑：产品线——微观拓展；产业链——宏观拓展；品牌经营，兼并重组——外延拓展；渠道——经营拓展。我们选择哪种路径来集中精力搞好拓展？要专题研究。

（三）动力问题（机制问题）

机制问题是改革发展的核心问题之一。对于中图来说，要重点解决好以下机制问题：

1. 集团化管理体制。子公司如何管理，海外公司如何管理，尤其是如何确定考核目标，要好好思考。

2. 运行机制。包括部门设置、事业部制、公司制、内部创业（工作组）等多种形式和工作。

3. 激励机制。营销激励、创新激励、创业鼓励、长期（期权）激励都是可以考虑的，但前提是符合国家相关政策。

4. 成长机制。要建立健全管理者上升通道、资深等级上升通道（骨干员工、种子员工）等。

（四）突破问题

要在四个方向上谋求实现重大突破：

1. 国际方向。这是出版"走出去"的要求，是企业跨国经营的要求。国际会展的海外运作，几大海外机构转型，海外并购，"一带一路"布局，恐怕是实现突破的重要路径和方向。

2. 资产方向。要盘活存量资源，加快通州、西安等地块的开发经营工作。

3. 资本方向。考虑整体或部分股改上市。

4. 数字转型方向。这个方向要加强，并且非常紧迫。好在我们有基础，要点在于加快收入形成、收入增长，成为企业的经济支柱之一。

媒体融合时代出版人才的需求与因应★

在这个产业转型的特殊时期，思想上时常会产生一些困惑，工作上经常会遇到一些难啃的骨头，人才问题就是其中之一。韬奋基金会主办出版人才高端论坛，让我们静下心来、深入思考，研究如何啃掉这块硬骨头，为媒体融合时代的产业发展，打下坚实的人才基础。

韬奋基金会主办"出版人才高端论坛"，本身就是对"韬奋精神"的积极弘扬和继承。韬奋同志说过："一人的精神材（才）力无论如何奇伟卓越，总有限制，故事业的规模愈大而内容愈繁者，其成败兴衰的枢机愈在用人之得当与否。"他主持《生活周刊》时，一开始就奠定了"人才主义"的用人政策，把人才的发现、使用作为周刊经营的重要方面，这一点刚才震宁理事长也谈到了。韬奋同志说，"凡关于物色人材（才），培养人材（才），爱护人材（才），提拔人材（才），分配人材（才），督察人材（才）乃

★　2015 年 11 月 5 日，在第四届韬奋出版人才高端论坛上的发言。载于《科技与出版》2016 年第 3 期。

至奖惩人材（才），都包含在内"。他还说，生活书店"最大的特色之一，是有着一群得力的干部，外面的朋友谈起生活书店，总是敬羡生活书店的一群英俊有为的得力干部。这是使我们最感到快慰的一件事"。这些话，这些论断，至今仍能给我们不少启示。

下面，我从三个方面和大家交流。

一、我们在人才方面面临的主要问题

就中国出版集团而言，我们的主要问题在于人才结构的不均衡和领军人才的缺失两个方面。这两个问题的出现，不仅仅是由于产业转型、媒体融合导致的，同时也是由于产业竞争的加剧导致的。

一方面，媒体融合的大趋势，使得我们既有的人才结构难以适应新的产业发展形势。目前的问题是，内部的新型出版人才的比重过低，而外部的所谓的新型出版人才有时却又可望而不可即，可谓"溯洄从之，道阻且长；溯游从之，宛在水中央"。总是感觉到有人，但又总是靠不近、抓不住。内部挖潜效果有限，外部引进也难有合适的目标，即便引进了一些，也很难做到传统出版与新兴技术的无缝对接，总有隔靴搔痒之感。

另一方面，出版改革的不断深入，使得产业壁垒逐步消除，竞争的加剧又使得既有的人才出现流失。近年来，民营资本和产业外竞争者蜂拥而至，挟资本、体制、渠道、受众规模、用户黏度等优势，挖走了我们传统出版产业的不少优秀人才。这些竞争者，包括百度等互联网巨头、苹果等智能终端巨头和中移动等信息渠道经营商等等。而那些适应媒体融合的领军人才本身，可能也希望到前面说的那些平台去工作。

近年来，通过对我们集团的人才状况进行梳理，发现我们缺少的主要是这些人才：

优秀的高端编辑人才。虽然我们的人才结构中，编辑人才占了最大比例，但是，依然存在有"高原"没"高峰"的现象。我们不缺一般的编辑人才，但缺少优秀的、高端的编辑人才。像周振甫、傅璇琮那样的既是一流学者又是一流编辑的大家，实在是凤毛麟角；真正能够与一流学者、一线作者保持密切联系、"亲密接触"，真正能够把握时代脉搏与思想主流，真正能够策划出高水平的优秀作品，真正能够组织制作出传世精品，真正能够引领市场、契合受众需求的编辑领军人才，实在是非常缺乏。即便是在媒体融合的背景下，这种传统的人才，这种内容生产、内容创新的组织者，依然是稀缺资源。

优秀的营销人才。我们现有的营销人才，虽然能够运用新媒体开展各类营销活动，但真正能够用好大数据，能够精准把握市场动向，尤其是，能够在媒体融合的背景下，通过营销创新引领市场风尚的人才，还是非常缺乏的。当前，"二八理论"和"长尾理论"在图书市场是并存的。我们 5% 的图书占了 65% 的销售；同时我们的动销品种增加的也很快，2010 年是 105 万种，2014

年是 132 万种。这说明，畅销书的作用在增强，个性化的、小销售量的图书销售也在增长，两头的情况都存在，这就给我们的营销人员提出了一个新的课题。

优秀的数字出版人才。数字出版不仅仅是传统出版与新技术的简单叠加，而应该是技术与内容的无缝融合。这方面的问题是，传统出版人才对技术有一定的隔膜，新技术人才对出版的内在本质又把握不准。我想这是行业存在的普遍问题。

优秀的资本运作人才。资本和技术、制度一样，都是驱动出版产业发展的巨大动力。目前我国已有不少上市的出版企业，在资本运作方面也有成功的案例，但总的来说，不但非上市出版企业缺乏优秀的资本运作人才，已经上市企业的资本运作能力也还有很大的提升空间。我们在讨论上市的时候，经常会涉及一个问题，就是当企业需要资金的时候想着上市，而上市之后这个资金怎么运用，怎样让它产生高的效益回报股民和市场，依然是一个问题，甚至是更严峻的问题。这就与相关的人才缺乏有很大的关系。所以，我们亟须这类优秀人才，通过资本运作，加快产业的资源整合。如果产业的资源不整合，过了十年、二十年以后，全国还是存在着几十个不相上下、各据一方的出版集团，行业内没有龙头企业、骨干企业、补充企业之分，那么，这个产业的繁荣是谈不上的。

此外，我们还缺乏优秀的经营管理人才、多媒体编辑制作人才、国际版权经纪人才等等。

二、我们的一些主要做法

在"十一五"和"十二五"期间，我们积极实施"人才强企"战略，努力营造尊重人才、有利于优秀人才脱颖而出并充分发挥作用的企业环境。

我们不断健全以"双效业绩考核"为主体的绩效考评体系和薪酬分配体系，强化激励和调动员工的生产积极性。我们施行多年的"双效"业绩考核，是借鉴国资委的经济效益考核，同时又结合出版界和文化界的实际，加上社会效益的内容搞出来的，并且还在不断完善。"双效"业绩考核办法应该说还是搞得比较早的，有一定的领先意义。

我们不断加强对管理人才、专业技术人才、复合型人才的培养和引进，不断创新人才的培养机制，定期组织这些专门人才到英国斯特灵大学、美国佩斯大学等进行相关的专业培训。

我们还充分发挥由社会知名学者和出版专家组成的"集团内容建设委员会"等各类专家委员会的咨询、指导作用，既为集团改革发展提供了智力支持，又在业务交流中带动了内部人才的成长。

我们以制度建设为基础，以体制机制创新为突破口，以优化结构为主线，以人才培养为着力点，不断增强企业发展的内生动力。先后制定了集团的《中长期人才发展规划纲要（2012—2020）》《推动所属企业人事、分配制度改革 30 条》，不断拓宽专业人才的选拔培养渠道。在不断创新人才工作机制的同时，还建立人才培养专项资金，启动了包括出版创意人才激励工程、特殊人才引进工程、教育培训千人工程在内的六大人才培养工程。

我们每两年进行一次"三个一百"人才（包括编辑人才、营销人才、国际化人才、数字化人才，实际是四类人才）的选拔；每年对上述人才进行集中的国内和国外培训；还建立了中国出版集团网络培训学院，为各类人才提供针对性的、多渠道的培训。截至 2015 年，集团选拔"三个一百"人才 312 名，其中，本科以上学历占 98%，平均年龄 39 岁；35 岁以下人才占 30%，30 岁以下人才占 10%。集团拥有"新中国 60 年百名优秀出版人物"14 名，"中国百名优秀出版企业家" 9 名，"百名有突出贡献的新闻出版专业技术人员" 6 名，"韬奋出版奖" 获得者 20 名；全国宣传文化系统 "四个一批" 人才 10 名；全国新闻出版行业 "领军人才" 34 名，享受国务院特殊津贴人员 147 名（其中在职人员 17 名）。

三、我们的主要目标和举措

"十三五" 期间，中国出版集团的人才培养将围绕 "一个中心，四项重点工作" 展开。"一个中心" 即适应媒体融合要求，不断优化人才结构；"四项重点工作" 即专业人才的引进和培养，出版创意人才的发展与激励，员工福利体系的保障，人力资源信息化管理。我们的主要目标是：人才管理方面的企业化、市场化意识及运作模式不断加强；人才的引进、培养与激励体系多样化；专业人才引进与选聘向35岁以下年轻人才倾斜，"三个一百"人才队伍中，35岁以下人才比例要达到35%以上；加大数字化人才、国际化人才的培养，并在人才中的占比达40%以上。

我们已经并将继续通过以下措施，不断加大人才培养和引进工作：

一是做好专业人才的引进工作。在做好公开招聘、竞聘上岗的基础上，集团公司和下属单位将采取有效措施，分层次、有计划地引进数字化人才、国际化人才、出版创新型人才等特殊人才。开展职业经理人制度试点，探索市场化选聘人才的办法。集团已经出台了政策，拿出一定的资金，对下属单位的特殊人才引进予以支持。

二是做好内部人才的培养工作。一方面推动集团内部的人才流动，规范内部招聘程序；另一方面在做好"三个一百"专业人才培养的同时，在专业人才的补充选拔中，注重向"80后"骨干人才倾斜，增加35岁以下骨干员工的占比。加强全集团的在线培训平台建设，增强培训的广泛性和互动性，提升培训效能。

三是针对特殊人才进行特殊安排。努力做到不拘一格用人才。为了发挥好特殊人才的创新能力和创造积极性，我们采取了多种办法。

一曰给机制。比如我们在人民文学出版社内部，为两个著名编辑人才分别设立了以个人命名的工作室。工作室成立时，集团出资 25 万，出版社出资 25 万，编辑个人出资 15 万，按照股权比例分配利润；主持工作室的编辑个人享有用人权、经营决策权。这样，编辑的积极性就调动起来了，几年下来，效果非常好，《解放战争》《抗日战争》等一批优秀作品脱颖而出。像《解放战争》这样的作品，凡 180 万字，是大部头的、很厚重的、带有历史研究性质的著作，同时又是畅销书，出版半年就卖了十几万套，两个效益都很好。类似这样的工作室机制，是发挥策划人才作用的好机制。

二曰给平台。就是从出版社中孕育孵化出一个新的实体。比如我们中华书局有一位同志，组织策划了"诗词中国"传统诗词创作大赛，社会反响非常大，集团就专门为其设立了新的公司，帮助其脱离既有的体制机制，完全按照市场化的方式来运作新公司。

三曰给待遇。就是打破资历、学历等限制，按市场价格给薪酬。比如我们的中国图书进出口（集团）总公司，前两年新成立了数字中心，需要大量引进技术人才。我们就打破资历、学历、职级、现有薪酬等级等限制，破格使用、特殊安排，调动了专门人才的积极性。这样一来，中心的规模迅速扩大，从开始的几个人迅速发展到七八十人，这些人很多是从社会各单位包括 IT 企业挖进来的，中心为他们量身定做了专门的岗位，从职务安排、薪酬标准上做了专门的考虑，和其他的部门是不一样的。由于采取了这样的一些措施，效果非常好，与之相关的数字产品的营销收入在短短两年多时间，从 1 亿多元增长到 7 亿多元。

四曰破格提拔。集团原来有个中国对外翻译出版公司，既做翻译又做出版。前几年，其中一位 1979 年出生的中层干部，牵头策划了"互联网＋翻译"业务，集团就对其破格提拔，让他成为全集团最年轻的公司副职，结果效果非常好。后来，我们将这家公司一分为二。其中的"互联网＋翻译"业务分离出来后，经过几轮融资取得了飞速发展，公司估值达到 10 亿元，目前正在积极谋划上市。虽然并不是仅仅因为有这样一位同志就有这样的结果，但是跟这位同志、类似的同志的作用得到充分发挥是有直接关系的。与此同时，分立后出版的部分也获得了新的发展空间，也吸引了新的人才。

五曰借助"外脑"。对于外部人才，除了正在研究制定专项资助办法外，我们还通过成立合作机构的方式用好外脑。比如我们天天出版社与儿童文学作家曹文轩成立了"曹文轩工作室"，出版社现金投资，作者以作品入股；曹文轩还是曹文轩，但是这个工作室是我们的，所出版的内容是我们共享的。这样，把作者的"外脑"与我们的出版平台捆绑在一起，也是一种发挥人才优势的模式。

六曰突破束缚。对外部人才的引进，我们还积极尝试"协议工资制"，用市场价格聘用专门人才，解决了工资总额的限制。在座的很多同志都明白，我们是国企，有时候说起来很高大上，但是一操作起来，会涉及很多低端的问题，比如国企有个"工资总额"。薪酬标准定高了，即便企业有钱，即便别人不眼红，你也给不了，因为有企业"工资总额"的限制。这种情况下，协议工资制就不失为一种解决工资总额不足的方式。

七曰就地取材。我们许多下属企业在外地设立了分支机构，比如荣宝斋这几年就在全国各地设立了10家分店、5家拍卖分行。对此类分支机构，我们通常只派驻一名总经理、一名财务负责人，其他的经营管理人员统统就地取材、就地聘用。这样，既是充分用好当地的人才资源，同时也便于开发当地市场。

类似的尝试还有很多。

目前，我们正在编制"十三五"规划。编制过程中，我们充分认识到，媒体融合时代的到来，为出版企业持续创新发展提供了机遇；而能否抓住机遇，靠的是人才；没有人才，机遇就成了不可逾越的挑战。我们只有以开放的心态、市场化的观念，积极引进和培养人才，调整适应于新时期新特点的人才结构和人才使用方式，才能更好地推动各项战略的顺利实施；有了优秀的人才，才能为读者提供源源不断的优秀作品。

文化：国家的软实力和国民的硬实力★

　　自 1840 年鸦片战争以来，经过了一百多年的上下求索与蹉跎（"在黑暗中摸索"），又经历了六十多年的社会主义改造、建设、改革、开放的实践与积累（"摸着石头过河"），中华民族终于迎来了自己伟大复兴的新时代，"中国梦"不再是遥不可及的了。如何建成富强、民主、文明、和谐的社会主义现代化国家，实现"中国梦"呢？我们认为：国力强盛与文化昌盛相统一，"硬实力"与"软实力"相匹配，这样的梦，才是繁荣昌盛的"中国梦"。

一、国家文化软实力和文化强国建设

　　"软实力"（Soft Power）的概念是由美国哈佛大学教授约瑟夫·奈提出来的。1990 年，他出版了《美国定能领导世界吗》（*Bound to Lead : The Changing Nature of American Power*）一书，提出了"软

★　2016 年 1 月，在中央党校第 65 期厅局级干部进修班学习期间撰写的读书报告。

实力"的概念：一个国家的综合国力既包括由经济、科技、军事实力等表现出来的"硬实力"，也包括以文化和意识形态吸引力体现出来的"软实力"……在信息时代，软实力正变得比以往更为突出。

我国开始重视"软实力"建设是在党的十七大。在此之前，一直只用"精神文明"这个概念，这个概念最早是由叶剑英同志于1979年在庆祝中华人民共和国成立30周年大会上的讲话中正式提出来的。2007年党的十七大，在强调物质、精神、政治、社会建设"四位一体"布局时，首次引入了"软实力"概念。胡锦涛同志在十七大报告中提出：要站在时代的高起点上，解放和发展文化生产力，提高社会主义文化的吸引力和凝聚力，增强中国文化的国际竞争力，提高国家文化的软实力。

2012年党的十八大，提出了经济、政治、文化、社会、生态建设"五位一体"的战略布局（表述上用"经济"替代了"物质"，用"文化"替代了"精神"）。十八届五中全会提出《中共中央关于制定国民经济和社会发展第十三个五年规划的建议》，阐述了创新、协调、绿色、开放、共享的发展新理念。在"协调发展"部分，提出要推动物质文明与精神文明协调发展（两个文明，由建设布局的内容变成了发展理念中需要协调发展的内容），进一步强调要坚定文化自信，增强文化自觉，加快文化改革发展，建设社会主义文化强国。

习近平总书记2013年在中央政治局第十二次集体学习时指

出：提高国家文化软实力，关系"两个一百年"奋斗目标和中华民族伟大复兴中国梦的实现。总书记围绕努力夯实国家文化软实力的根基、努力传播当代中国价值观念、努力展示中华文化独特魅力、努力提高国际话语权四个方面所作的精辟阐述，是建设社会主义文化强国、提高国家文化软实力的根本指引。

文化软实力的内核是创造活力，其作用是对内的凝聚力和对外的辐射力。

从我国历史看，"软"保证了"硬"，文化传承和创造活力保证了中华民族屹立于世界几千年而不倒。几千年来，中国社会的发展随着朝代的更迭而跌宕起伏，但中华文化总是能应时就势，在新的时势下创造性地更新发展，既有鲜明的时代特色，又能独留民族文化的精髓，长盛不衰。举凡文景之治、贞观之治、康乾盛世等国力强盛时期，也都是文化昌明繁盛时期。

从现实需要看，"软"和"硬"相辅相成、相得益彰，才能成就"中国梦"。建设文化强国、提高国家文化软实力，对于塑造民族精神、激发全民族团结奋进，对于培育社会主义价值观、形成健康向上的社会风尚，对于健全中国特色社会主义理论与制度、形成永续发展的国家治理体系，都有着积极的作用。

从世界形势看，国际竞争既是硬实力的竞争，也是软实力的竞争。没有"软"的相辅相成，"硬"就是没有韧性的、没有内涵的、脆弱的、外强中干的"硬"。当前，我国的综合国力、国际地位不断提升，已经作为世界第二大经济体日益走近国际舞台的中心，中国理念、中国模式、中国道路日益受到关注和重视。但与此同时，我国的文化在市场经济的公平原则、契约精神，在社会治理的法治精神，在社会主义核心价值观及国民的文化素质建设等方面，需要进一步加强；国际文化传播西强我弱的格局依然存在，美国等西方国家仍然把中国道路的成功视为对他们的挑战，借助其技术优势、传播优势、话语优势，加紧对我国的文化围堵与遏制。在此背景下，加快社会主义文化强国和国家文化软实力建设，十分紧要。

二、我国的文化事业与文化产业

1. 文化的内涵

文化的含义非常宽泛，大到社会意识形态、社会制度、民族精神，小到社会风尚、生活习俗、娱乐方式。其中，包括新闻出版、广播影视、文学艺术在内的文化，是可以作为"抓手"加以建设发展的、以有形达致无形的产业文化；而文化馆、图书馆、博物馆、影剧院、演出团体、网吧以及文化旅游和休闲设施等，则构成了公共文化体系或者说文化事业的主要内容。

人们通常说的全球化经历了三个发展阶段：殖民主义、经济全球化和文化全球化。美国的所谓"三片"（电影大片、电脑芯片和快餐薯片），就是文化全球化的典型。中国的发展得益于全球化，也应当在新阶段的全球化中有所作为。中国必须参与第三阶段全球化的构建，向国际社会传递中国价值观，参与乃至引领构建新一轮全球价值链，成为继美国之后又一个具有全球利益的国家。这是我们做强文化软实力的意义所在。

2. 我国文化产业现状

国家统计局核算，2014 年，全国文化及相关产业增加值23940 亿元，同比增长 12.1%，比同期 GDP 增速高 3.9 个百分点；占 GDP 的比重为 3.76%。其中，电影、数字出版、网络游戏等行业，"十二五"期间的年增长速度都在 30% 以上。预计到 2020 年"十三五"期末，文化产业增加值有望占到 GDP 的 5% 以上，成为国民经济支柱产业。

3. 我国文化事业现状

2014 年，全国共有公共图书馆 3117 个，通常到县区一级，总藏书量 79092 万册，全国人均图书藏量 0.58 册；电子图书藏量50674 万册。此外，在全国 60 多万个行政村，均建有"农家书屋"，平均每个投入 3 万元、1500 本书，覆盖全国农村的新闻出版公共服务体系基本建成。

全国共有文化馆 3298 个，通常到县区一级；乡镇、街道有文化站 34465 个；村、社区，有的有文化室。其他相关的群众文化机构有 44423 个。

全国共有文物机构 8418 个，其中博物馆（含美术馆、科技馆等）3658 个。文物藏品中，共有一、二、三级文物 419.15 万件。不可移动文化遗产中，全国重点文物保护单位 4200 多处，列入世界自然和文化遗产项目的 48 项，居世界第二。非物质文化遗产中，列入国家级非物质文化遗产名录的 1372 项，列入世界非物质文化遗产名录的 38 项，居世界第一。

全国共有档案馆 4122 个，已开放各类档案 12059 万卷（件）。

全国广播节目综合人口覆盖率为 97.8%，电视节目综合人口覆盖率为 98.4%，基本做到了广播电视村村通、户户通。全年生产电视剧 441 部 15783 集，生产故事影片 638 部。

全国共有艺术表演团体 8769 个。其中，各级文化部门管理的艺术表演团体 2053 个，演出 174 万场。

全国共有文化市场经营单位（含互联网上网服务场所、娱乐场所、民营艺术表演团体）22 万个。

2014 年，全国文化事业费 583.44 亿元，人均 42.65 元，比上年增加 3.66 元。文化事业费占财政总支出的比重为 0.38%。

4. 文化产业的分类分析

根据国家统计局的《文化及相关产业分类（2012）》和《文化及相关产业增加值核算方法》，文化产业分为两大部分 10 大类别。第一部分是文化产品的生产，包括新闻出版发行服务、广播电视电影服务、文化艺术服务、文化信息传输服务、文化创意和设计服务、文化休闲娱乐服务、工艺美术品的生产等 7 类。第二部分是文化相关产品的生产，包括文化产品生产的辅助生产（如印刷复制）、文化用品的生产（如办公用品、乐器制造、纸张、鞭炮）、文化专用设备的生产（如广播影视设备、舞台照明设备）等 3 类。

这是一个较大的统计口径。

文化产业的核心是内容生产。我们所讨论的"文化"，在文化产业统计上主要集中在第一部分即"文化产品的生产"部类中的前 3 个类别，实际上有新闻服务、出版服务、影视制作、演艺 4 类。

5. 我国的文化软实力

世界各国文化产业总值占 GDP 总量的比重，由于统计口径相差很大，很难对比。一般认为，美国是 30% 左右（有的统计是 31%，有的是 25%），日本是 20% 左右，韩国高于 15%，欧洲平均在 10%～15% 之间；我国的占比，按照目前的口径尚且不到 5%。

根据《文化软实力蓝皮书：中国文化软实力研究报告（2013）》，我国文化产业占世界文化市场的比重不足 5%，而美国则占了 42%。

美国卡内基基金会发表的《中国的软力量与中美关系》报告认为："中国的软力量中，文化的吸引力还相对较弱。相较于美国的电影、音乐和其他文化产品，中国似乎没有一个突出的享誉世界的文化品牌，世界上许多国家对中国的印象还很模糊并充满错觉。在这个意义上来说，中国的软力量还有待加强。"本文开头说的那位约瑟夫·奈，在 2015 年年底接受中国学者采访时强调：总的来看，全球力量，无论是经济实力、军事实力还是软实力，在 25 年内，没有任何国家能超越美国……处理国际问题，需要美国与中国及其他国家的合作。

相比于美国等西方国家，我国的文化软实力确实还比较弱。从文化资源的丰富性、多样性，以及文化产品的生产能力、普及程度等方面来看，我国已经是文化大国；但从文化的国际经营能力、传播能力、国际影响力来看，我们还远不是文化强国。在当前的综合国力竞争中，无论是为了抵御文化渗透、维护自身文化安全，还是为了构建国际经济社会新秩序、维护自身经济安全，或是为了提升中国文化观念、发展模式、行为方式的辐射力、影响力、感召力，大力发展和提升中国文化的软实力，都是重要的、紧迫的任务。

三、我国的出版产业

出版既是文化的重要组成部分，也是传播思想精神、道德学术、文学艺术等其他文化的重要途径。

在整个文化产业格局中，出版产业具有这样一些特点：一是产品内容的广泛性。图书报刊等出版物既是文化的重要组成部分，也是传播价值观念、伦理道德、思想学术、文学艺术等其他文化的重要载体。二是传播方式的多样性和兼容性。出版产品能比较容易地与其他产品嫁接，比如说文学、艺术、电影、电视。三是企业化运作的普适性。出版企业相对于其他文化机构而言，更能适应于一般经济企业的运行规律。四是受众的普遍性。出版消费属于纯内容消费，比如，我们看演出、看电影，要去剧院、电影院，剧院、电影院要具备相应的舞台、座位、声光电设备等外在的环境条件；但无论是传统阅读还是数字阅读，只要一卷在手、一机在手，便可如培根所说，"足以怡情，足以博彩，足以长才"。五是影响的持久性。出版产品具有更持久的社会影响力。

这些特点，使得出版相对于新闻、广播、影视、艺术表演等产业而言居于基础性地位，是提高文化软实力的基础行业和主力军。提高出版的国际化水平，加快"走出去"步伐，使得更多的中国图书、报刊、数字出版物，能像华为的电信产品、阿里巴巴的电子商务、海尔的智能家电等"中国创造"一样称雄于国际市场，是建设文化强国的重要体现，是提高国家文化软实力的重要途径。

当前，中国出版的整体实力和国际影响力已有明显提升。近三年来，包括中国出版集团在内，已经有 3 家企业入选全球出版业 50 强，这就使得出版加快"走出去"、加速国际化有了更好的机遇和现实条件。

1. 传统出版

2014 年，全国出版、印刷和发行服务实现营业收入 19967.1 亿元，较 2013 年增长 9.4%。

全国共出版图书 44.8 万种。据统计，我国有史以来至 1949 年共出版图书 28 万种。现在一年的图书出版量，就超过过去 1400 年的总和。全国还出版录音制品 9505 种，录像制品 5850 种，电子出版物 11823 种，报纸 1912 种，期刊 9966 种。

2. 数字出版

2014 年，数字出版实现营业收入 3387.7 亿元，较 2013 年增长 33.4%，且自 2010 年以来一直保持着 30% 以上的增速，已经成为拉动行业增长的主力军。

特别值得注意的是网络游戏，专业的市场研究公司 newzoo 的数据显示，2015 年，中国游戏产业收入 222.2 亿美元，超过美国的 219.4 亿美元和日本的 123.6 亿美元，居第一位。

3. 出版产品贸易和版权贸易

2014 年，全国出口图书、报纸、期刊 7830.44 万美元，进口 28381.57 万美元，出口与进口比例为 1:3.62，仍然是很大的入超。全国共输出版权 10293 种，引进版权 16695 种，版权的输出与引进比为 1:1.6，虽然还是入超，但比 10 年前的 1:10 改善了很多。

4. 市场主体

2014 年，全国共有图书、音像、电子、网络出版单位近千家，其中出版集团 35 家，除西藏外，其他省区市都有至少一家出版集团。出版集团是典型的行政区域格局，而不是成熟的市场格局。

目前共有 31 家出版业的上市公司，以 2014 年 12 月 31 日收盘价计算，这些上市公司股市流通市值合计 2601.8 亿元人民币，较 2013 年同期增长 49.5%。

5. 发展趋势

"十三五"时期是我国从出版大国向出版强国迈进的关键五年，是初步形成传统出版和新兴出版融合发展格局的重要阶段，也是调结构、转方式、稳增长、谋突破的重要时期。这一时期面临的形势主要有以下几个特点。

①中央提出文化发展新要求，出版企业考核更重视文化贡献。

中办、国办下发的《关于推动国有文化企业把社会效益放在首位、实现社会效益和经济效益相统一的指导意见》明确指出，文化企业必须始终坚持把社会效益放在首位、实现社会效益和经济效益相统一；要研究制定办法，明确社会效益指标考核权重应占 50% 以上。

②受益于经济新常态，数字阅读成为政策扶持和市场消费新热点。

当前，在经济下行压力持续增大、增速放缓的背景下，出版产业尤其是其中的数字出版，低碳、绿色、可持续的特征明显，是调结构、转方式的重要着力点。2015 年出台的《关于推动传统出版和新兴出版融合发展的指导意见》，更表明这一趋势将在"十三五"时期进一步得到强化。

市场方面，第 12 次全国国民阅读调查显示，2010 ～ 2015 年，我国成年国民图书阅读率从 52.3% 上升到 58.0%，数字化阅读方式的接触率从 32.8% 上升到 58.1%，各媒介综合阅读率从 77.1% 上升到 78.6%。

产业方面，新闻出版产业总体呈现较快增长趋势，虽然传统图书出版增速有所放缓，但数字出版保持高位增长。2014 年，移动出版增长 35.4%，高于数字出版总体水平；互联网期刊与电子书增长 18.2%，远高于新闻出版业总体水平。表明新兴出版活力强劲，媒体融合发展进一步深入。

③资本运作成为竞争新优势，适度多元成为产业大趋势。

不少出版集团围绕内容资源，积极延伸和拓展产业链，在物流、旅游、广告、影视、在线教育、文化地产等相关领域积极布局，为出版主业发展创造了更好的发展环境和物质基础。

④"一带一路"倡议为文化"走出去"开辟了新空间。

"一带一路"既是经济带，也是文化带。2015 年 12 月 30 日，斯坦福大学民主、发展与法制研究中心学者弗朗西斯·福山在新加坡《海峡时报》发表《出口中国模式》一文，认为"一带一路"计划标志着：中国有史以来首次在设法向其他国家出口自己的发展模式。出口模式倒也未必，然而，加强我国与沿线各国的文化交流、文化项目合作，塑造和谐友好的国际文化生态，确是这一战略的重要内容。

6. 我国出版的国际竞争力

我国的出版，从品种规模上看，是世界第一，遥遥领先。但是，第一，我国出版的经济总量不大，只占到全球的 9%。第二，市场化程度还不够高，目前尚未有一家出版企业达到国际超大型出版集团的规模。第三，出版物作为文化产品的消费水平还不高。第四，我国包括出版物在内的文化产品，对全球的辐射力、影响力还比较弱。一言以蔽之，我国已是出版大国，但还不是出版强国。在加快出版业改革和发展方面，我们还任重道远。

四、国民阅读与国民的硬实力

出版的目的在于阅读，在于提高国民素质。国民阅读的能力，是关乎国民自身生存、生活、生产能力的"硬实力"。一个人的阅读能力越强，往往意味着他的素质和能力越强，意味着他在社会上的竞争能力越强；一个国家的国民素质整体上强了，这个国家的竞争力也就强了，个人阅读的硬功夫、硬实力也就转化成了国家的文化软实力。

文化部发布的《中国文化消费指数报告（2013）》显示，我国文化消费的潜在规模为 4.7 万亿元，而实际消费仅为 1 万亿元左右，缺口超过 3 万亿元。有关数据还显示，发达国家的教育文化娱乐消费一般占居民总消费的 20%～30%，而我国这一数据 2014 年仅为 10.6%。

就文化消费中的读书消费而言，数字更是低下。前面提到，2015 年年初，我国成年国民图书阅读率是 58.0%，数字化阅读方式的接触率是 58.1%。但阅读率只能反映读过、接触过，究竟书读了多少、网上阅读"接触"有多深，则又当别论。

仅以国民人均阅读图书为例，2011 的调查显示，我国国民人均阅读图书为 4.35 本。其他国家，韩国是 11 本，法国是 20 本，日本是 40 本，美国是 50 本，俄罗斯是 55 本，以色列是 64 本。联合国对世界 500 强企业家读书情况进行的调查数据则显示：日本企业家一年读书50本，中国企业家一年读书0.5本，相差100倍。

这样的数据不能不令人忧虑，同时也说明，出版大国不等于阅读大国；出版的书多，不等于好读书的人也多。阅读不足，国民个人的"硬实力"及至国家整体的"软实力"定然难以提高。

1. 阅读的四个层级

我以为，阅读可以有四个层次的收获。

第一层是获取信息。获取的信息通常是一次性的，通常来自新闻和大众杂志，包括传统媒体的，也包括网络媒体的。信息属于"数"的层面。

第二层是获取知识。获取知识，提高能力，可以更好地适应工作和生活需要，这属于"术"的层面。

第三层是获取思想文化成果。比如阅读文艺作品、理论著作，从中可以获得快乐、提升修养。修养高了，才能登高望远、洞察社会与人生，这是属于"势"的层面。

第四层是获取智慧。智慧能带来人生最高的幸福感，建立在人生大智慧基础上的信仰、信念，那才是内化于心的动摇不了的信仰、信念，这是属于"道"的层面。

2. 辅助阅读的三张榜单

现在的问题是，我们所面对的书、报、刊，以及形形色色的网上作品越来越多，应当如何选择呢？站在出版人的角度，我觉得理想的国民阅读，应当同时体现在三张榜单之中：畅销书榜单、常销书榜单和个性化榜单。

第一个是畅销书榜单（排行榜）。通常见之于各大媒体。这个榜单上的图书，通常反映一个时期的社会现实与热点、思想潮流与主流、价值判断与追求，或者说反映了社会多数的阅读倾向，最容易引起读者关注。这个榜单的作用，在于引导阅读，带动不怎么读书的人养成爱读书的好习惯，带动社会阅读风尚的形成。

图书排行榜的品类，有每周的、月度的、年度的，不但《商务周刊》《纽约时报》《新京报》《中国出版传媒商报》等报刊登载，各大门户网站如搜狐和新浪的读书频道也有登载。

第二个是常销书榜单。通常包括诺贝尔文学奖、政府出版奖、茅盾文学奖等各种权威的获奖名单，有时也见之于严肃出版机构的"常销书名录"（如《中国出版集团品牌名录》），以及大型书店的动销品种名录。总之是各种中外经典性作品。无论是为了求知的需要、研究的需要还是修身的需要，都应当关注并选择精读或者查检这些常销书榜单上的图书。

常销书榜单在通常是人类文化精华的汇集，是人类长期选择、披沙拣金，留存下来的"干货"。比如中国文史名著、外国文学经典、汉译世界学术名著以及当代的《围城》等等，比如销量不大却是每个图书馆、书店都要必备必配的二十四史、大百科全书、各种品质好的系列丛书等等，都是经得起时间检验、为读者所应读或应知的精品力作。

第三个是个性化榜单，或者说私人性书单。这个书单写在我们的心里，是我们以自己的个人兴致开列的；也可以参考一些著名学者在媒体上公布的个性化读书清单。

通过对近年来的阅读数据的分析，我们发现，在图书消费中，"二八现象"和"长尾现象"同时存在、并行不悖。一方面，我国5%左右的畅销图书品种，占据了60%以上的图书销售，赢得了大量读者；另一方面，图书的动销品种（每年销售1册以上），从2010年的105万种，增加到了2014年的132万种，这说明读者的阅读越来越多元化、个性化。可以说，互联网和多媒体时代，一方面推动了大众传播的来临，另一方面又通过数字"长尾"满足了小众传播的消费需求，同时还大大提高了读者选择的主动性、文化消费的主体性。

出版的最终目的是为读者提供图书等阅读产品。作为出版人，我们愿意更加积极地关注读者越来越丰富的阅读需求和趣味，写好三个榜单、做好三份答卷，为了推进全民阅读、提高国民素质、提升国民的硬实力，为了在此基础上提高国家文化的软实力，作出更大贡献！

开拓创新成绩大　攻坚克难创新篇★

2015 年，总店全体同志在班子带领下，改革创新，开拓进取，团结务实，攻坚克难，围绕工作目标和既定战略，在经营管理、项目推进、品牌经营、企业文化等各个方面取得了较大的成绩，值得充分肯定，尤其是在整体经济形势下滑的背景下，经营成效逆势上扬，令人鼓舞。

回顾总店 2015 年的工作，应当说总店从较为困难的起点起步，经过战略定位的探索到战略规划的实施，开始向着制定的战略目标迈进。其中给我印象较深的主要是以下几个方面：

一是精神面貌好。领导班子有奉献精神，有攻坚克难的能力，员工团结奋进，积极向上，这和我在一年前参加总店的 2015 年度工作会议时看到的情形是一致的。总店作为老字号国企，历史的负担与现实的难题交织，如果没有默默奉献的精神、敢于担当的责任与勇于开拓的意识，是不可能扭转颓势的。今天总店有了

★ 2016 年 1 月 28 日，在新华书店总店 2016 年度工作会议上的讲话。

这样的发展局面，领导有作为，员工有心气，这是最值得我们珍视的财富，说明企业有希望，大家对领导班子有信心。

二是工作落实好。2015 年工作报告中确定的工作内容基本落实，工作目标基本实现，重大项目扎实推进，抓铁有痕，落实有力。总店自 2008 年主营业务即出版物的批销批发停业后，一直陷于没有主营业务的困境。在 2015 年总店实施业务重组与市场主体的构建，不仅成立了分别以"中国新华发行网"与"全国大中专教材网络采选系统"项目为核心的互联网数字平台公司，而且在教材发行、物业服务等方面不断开拓。总店的产业格局初见雏形，其前景与可持续发展潜力非常可观。对于北礼士路 135 号院的改造改建不仅提上日程，而且进入实际的实施阶段，中共党史美术馆也选址新华文化创意产业园。我们可以期待，将来的 135 号院一定能够作为总店发展的新起点、新基地，给总店完成更高的事业理想奠定雄厚的实力基础。

三是体制创新好。信息中心顺利实现改制，改革和经营任务都完成得很好，解决了与高教社多年悬而未决的历史遗留问题；建立了产权清晰、权责明确的公司治理体系，勤胜公司通过债转股改制重组为北京新华文博物业管理有限公司，大力拓展对外业务。这一年，总店在依法治企、完善规章制度上也做了大量工作。

四是品牌运营好。总店 2015 年围绕产业转型和业务创新，策划并组织了 8 场会展活动、5 项评选活动，新意迭出，反响热烈，其中对行业实践问题的探讨，对先进个体的宣传，所产生的产业引导性与社会公益性值得充分肯定。通过为内容提供商、行业协会、文化企业、渠道商等提供交流平台、专业服务，扩大了总店影响，为开展新业务创造了机会。

我们还看到了创刊的《新华书店总店通讯》，看到了总店在包括集团网在内的各类媒体上的身影，看到总店官网的上线与各种微信公众号的启动，多举办这样的活动，对于重新树立总店形象，扩大总店的影响大有益处。

五是企业文化好。总店能够在自身条件有限的情况下致力于以人为本，改善了工作环境，提高了职工收入，建立了职工食堂，建立了职工之家，建立了扶贫帮困基金，给全体老同志增加了生活补贴，积极参加集团组织的各项活动并取得很好的成绩，等等，营造了一种和谐温馨的氛围。这样的企业，就会有凝聚力，就会团结一心，工作就会有积极性。

六是经营业绩好。总店经营成效明显提升，员工收入大幅提高。营业收入较上年增长12.9%，较集团任务增长18.9%；计提存货减值损失2000多万元，经营更加稳健；利润700多万元，较上年增长493%，较集团任务增长408%；负债下降8000多万元。员工薪酬增长近40%。遗留问题有所突破，发展格局初步形成。现金流是2013年年末的20倍，改变了账上没钱的窘境；应付账款大幅降低，改变了发展环境恶劣的窘境；建立了一支与新产业、新技术发展趋势相适应的新队伍，改变了人才队伍短缺的窘境。新华文化创意产业园将奠定转型发展基础；中国新华发行网将助力总店引领行业转型；全国大中专教材网络采选系统将加速总店进入教育信息服务产业；新华书目报、图书馆报、国际出版周刊全新定位；会展活动不断创新，新的业务板块初步形成。专业的教材发行公司、技术服务公司、物业管理公司，将会成为总店开辟新市场、实现多元经营的利器。可以说，总店新的发展格局和业务模式已经形成。

总之，总店在过去的 2015 年成绩很大，付出很多，遇到的挑战与困难也是前所未有的。我们可以看到或者说明确地感受到总店正走在复兴与振兴的道路上，以后遇到的困难还会很多，还需要大家在总店领导班子的带领下去努力解决一个个难题，攻下一个个堡垒。对于已经到来的 2016 年，我们期待总店取得更大的发展。对此我想讲以下几点意见：

第一，继续加强学习，巩固和落实"三严三实"教育成果。首先是要努力学习十八大，十八届三中、四中、五中全会的精神，学习习近平总书记系列重要讲话精神。2016 年是"十三五"的开局之年，党的十八届五中全会的决议中明确提出要牢固树立"创新、协调、绿色、开放、共享的发展理念"。创新发展是扭转局面、克服难题的重要法宝，协调发展是把握大局、准确定位、正确处理改革发展与稳定之间关系的基本原则，绿色发展是遵循产业低碳化方向、提高可持续发展能力的思想指导，开放发展是立足社会、面向国际、不断壮大实力的途径桥梁，共享发展则是秉持社会责任、凝聚人心、提升人气的主要利器。总店的发展与实践已经充分证明了这些原则的重要性，在新的一年要更加注重贯彻执行这些原则；其次是通过改革为总店的发展不断注入新的活力与动力。这里包括对新的市场主体的塑造，对人才管理的创新，对绩效考核与分配方式的改进等，要在保障公平的前提下不断加大对领军人才、对敢于担当的人才、对做出突出贡献的人才的奖励力度，从而形成一种正面的引导与激励机制；再次是要多思考总店在集团、在出版发行界、在全国的公共文化服务体系中的定位与作用，要从中寻求更多的发展机遇，找准自己的发展方向；最后是在解决管理难题、处理历史遗留问题时要做到公开、透明，把握政策的界限，严格按照"三重一大"制度办事，形成定案的东西要经得起历史的考验。

第二，继续加大改革创新力度，力争在 2016 年将总店的事业推向一个新的高度。总店目前已经形成了产业转型、蓄势待发的发展格局，几个重点项目如 135 号院的改造改建、中国新华发行网、全国大中专教材网络采选系统等，都可以说是定位明确、步骤扎实、发展前景看好的项目。首先总店要在盘活存量资产、开发绿色园区方面加快进度，早日完成 135 号院的改造改建，为总店的进一步改革发展奠定基础；其次是按照媒体融合的方向打造新媒体。对于已有的媒体资源要通过新的板块设置改进内容与可读性，通过与相关协会、学会的合作进一步拓宽媒体的视野，提高其辐射面与影响力；再次是响应党中央发出的"大众创业，万众创新"的号召，扎实推进在互联网环境下的媒体转型与平台构建。总店有责任也有能力在互联网环境与数字化条件下为中国出版集团公司，也为全国出版产业构建一个整合线上资源、开放统一的数字网络平台。因为新华书店总店是全国新华书店的代表，也因为新华书店的传统业务特点是"进销存退"，加之实体店的现场体验魅力与全品种的存储条件是一般电商平台无以媲美的，因此建立起中国新华发行网不仅是总店的产业转型问题，也是为出版发行业提供一个更为安全可靠、信誉度高、有助于改善出版市场生态环境的流通渠道的大课题，中宣部、新闻出版广电总局、财政部文资办的领导都非常重视这个项目的建设。全国大中专教材网络采选系统具有很大的市场空间，要努力探索在数字化条件下高校教材的出版问题、发行问题，为总店独家所拥有的教材资源转型创建一流的"互联网＋"平台。我们需要经营好、运营好这几个重点项目，在项目的起始阶段可能会遇到很多困难，但只要有希望，就要坚持下去，要对自己的道路与方向抱有信心。当然，现在新技术的发展很快，业态转型与淘汰的速度也在加速，我们要有紧迫感，扎实推进每一项工作。

第三，继续做好品牌的建设与运营，加大开放力度，拓宽壮大总店实力的渠道与途径。新华书店的品牌影响力与商标价值都是无可估量的，总店自身也具有很好的渠道资源、土地资源、人才资源等。建立在策划与推进重点项目的基础上，总店要与外界的同类企业广泛交流，取长补短，一方面紧紧把握新技术发展的趋势，力争站在新技术发展的前沿，另一方面可采取多种合作方式，包括资本股权、业务板块的合作，迅速做大做强。对于已有的会展项目与社会活动平台，要进一步完善规则，创新方式，吸引更多的业内外人士的关注。努力通过品牌运营将会展经济打造成为总店发展重要一极；努力抓好媒体融合，做大做强国际出版周刊、新华书目报、图书馆报；要在充分论证的基础上大胆推进，以延伸内容产业链，并充分发挥其提高品牌影响力的作用。

第四，继续抓好队伍与人才建设。总店 2015 年在实行全员竞聘的基础上，通过招收高校毕业生、面向社会广纳贤才等方式引进了一批人才，增强了总店人才队伍的实力。就总店要完成的事业规模而言，与总店正在紧锣密鼓推进实施的业务板块、重点项目相比，应当说总店的人才队伍整体还有很多不足，在队伍的结构上亟待在新技术、资本运营、产业经营、法律等方面加以补充和完善。对此总店一方面要继续加大引进力度，另一方面也要通过对人事管理制度的改革，创造出更能吸引人才的团队环境与事业格局。

第五，继续完善党的建设，做好企业文化工作。在新的一年，总店要继续严格落实"两个主体责任"，加强党风廉政建设；严格执行中央八项规定，大力践行"三严三实"，在反对"四风"上进一步取得成效。发挥党组织在反腐倡廉、严守政治规矩等方面的核心作用，弘扬主流价值观、传播正能量，领导企业在社会责任感上、在大局意识上、在塑造企业文化理念上取得更大的进步。要多关心年轻同志的思想状况与工作状态，了解他们的利益诉求。要多关心老同志的生活。要多开展健康有益的文体活动，营造团结向上、生动活泼的企业文化氛围。

2016 年是"十三五"的开局之年，总店要配合集团做好自身的"十三五"规划制定工作，科学制定好总店"十三五"期间的规划，谋划新目标，构建新蓝图。思想的深度决定事业的高度，总店的各项事业发展需要集团的支持，另一方面也要努力探索总店在集团的"三六构想"中的定位，思考能够为集团"三六构想"的实现发挥什么样的独特作用。对于总店的发展势头我们由衷地高兴，今天的发展局面也是来之不易的，是总店领导班子与全体员工奋斗的结果，每一个人都应当倍加珍惜。在此我希望在新的一年里大家能够继续努力奋斗，为总店将来的腾飞与振兴奠定良好的基础。

从又快又好到又好又快★

一、中国出版集团基本情况

（一）重要时间节点

2002 年 4 月 9 日，中国出版集团经中共中央、国务院批准成立。

2004 年 3 月 25 日，国务院授权成立中国出版集团公司。

2011 年 12 月 28 日，中国出版传媒股份有限公司成立。

（二）上级管理部门

中宣部在集团干部人事管理、国有资产和资金监管、出版导向管理、重大经营活动和其他重大事项方面根据国家有关规定承担相应的主管职责，是集团的上级主管部门。

财政部目前对集团的管理主要集中在预算项目资金管理、资产评估、国有资产产权登记及报表编制（决算、季报、快报等）

★　中国出版集团情况介绍，此文撰于 2016 年 7 月。

等方面，部内主管司局为中央文化企业国有资产监督管理领导小组办公室。

国家新闻出版广电总局对集团进行业务管理，年度出版计划，按省局单列。

集团党的关系在中直工委。

集团是中纪委驻中宣部纪检组监督的十四家单位之一。

（三）集团架构

集团公司在母子公司的基本架构下，由中国出版传媒股份有限公司、中国图书进出口（集团）总公司、荣宝斋、新华书店总店、中国对外翻译有限公司、北京中版置业有限公司等全资子公司或控股公司组成。

中国出版传媒股份有限公司拥有的出版、传媒、发行机构主要有：人民文学出版社、商务印书馆、中华书局、中国大百科全书出版社、中国美术出版总社、人民音乐出版社、生活·读书·新知三联书店、中译出版社、东方出版中心、现代教育出版社、中国出版传媒商报社、中国民主法制出版社、研究出版社、华文出版社、世界图书出版有限公司、现代出版社、北京中新联科技股份有限公司、北京中版联印刷物资有限公司、中版集团数字传媒有限公司、中版教材有限公司、新华联合发行有限公司、北京新华印刷有限公司、中版国际传媒有限公司、中版文化传播（北京）有限公司等 24 家。

（四）主要业务

集团主要业务板块：出版、图书进出口、艺术品经营三大传统业务，翻译、数字化、纸张、印务等新兴板块，以及正在积极培育的物流、物业、金融等新兴产业增长点。

集团拥有各级子公司、控股公司等法人企业 142 家，其中集团管理二级单位 31 家（财务报表），3 种报纸、53 种期刊，每年出版各类出版物 1 万余种（2015 年 16556 种），在全国图书零售市场占有率为 7% 左右；每年从事书刊版权贸易 1000 多种，每年进出口各类出版物 20 多万种，书报刊进口和出口分别占据全国市场份额的 60% 和 30%；拥有海外出版社、连锁书店和办事机构 28 家，海外业务遍及 130 多个国家和地区。

（五）股改上市

经过近六年持续努力，中版传媒股份有限公司于 2015 年 12 月 24 日完成了上市申报，进入模拟上市公司新阶段；中译语通完成机构分立，荣宝斋股改方案正在多方论证，全集团登陆资本市场"一大二小"的格局初现端倪。

（六）人员情况

集团共有员工 8289 人，其中在职职工 5751 人，离休人员 225 人，退休人员 2313 人。

其中，专业技术人员 2567 人，研究生以上学历占 34%，本科以上研究生以下学历占 41%；35 岁以下人员占 37%。

经营管理人员 1813 人，研究生以上学历占 22%，本科以上研究生以下学历占 48%；35 岁以下人员占 29%。

出版单位专业技术人员 1400 人，高级职称占 25%，中级职称占 44%；35 岁以下人员占 33%。

集团拥有"新中国 60 年百名优秀出版人物"14 名，"中国百名优秀出版企业家"9 名，"百名有突出贡献的新闻出版专业技术人员"6 名，"韬奋出版奖"获得者 20 名；全国宣传文化系统"四个一批"人才 10 名；全国新闻出版行业领军人才 34 名，享受国务院特殊津贴人员 147 名（其中在职人员 17 名）。

二、中国出版集团近几年的发展情况

从 2011 年底以来，集团确定了"三六构想"的总体战略部署，以现代化、大型化、国际化为发展目标，以内容创新、品牌经营、集团化、数字化、国际化和人才强企为主要战略，经过集团上下的共同努力，五年来，集团总资产从近 78 亿元增加到 177 亿元，增幅 128.5%。收入从 47 亿元增加到 92 亿元，增幅 93.4%，利润从 3 亿元增加到 9.5 亿元，增幅 216.7%。

1. 出版主业不断壮大，文化影响日益扩大

"内容创新"战略提出了"创新十策"，我们通过扎实推进"资

源拓展计划""百名优秀编辑计划""三重资金扶持计划",成立内容建设委员会、修订产品线规划、加大营销创新等一系列举措,出版业务稳步发展,涌现了一大批双效俱佳的优秀产品,社会效益更加显著,文化影响力更加突出,在国家级重要奖项、国家级重大项目、零售市场占有率、版权输出等关键指标排名中,长期位居全国第一,在围绕中心、服务大局方面很好地起到了"国家队"的带头示范作用。

国家级大奖获奖总数从"十一五"的 111 项增加到"十二五"的 137 项,增长 23%;版权输出从"十一五"的 1044 项增加到"十二五"的 3338 项,增长近 220%;年销售 10 万册以上的图书,从 2011 年 48 种上升到 2015 年 82 种,增长 71%;在"五个一工程"奖、中国出版政府奖、"中国好书"榜、全国图书零售市场占有率等 12 项重要出版指标上位居全国第一。

在重大项目方面,我们确定"百科三版"85 个学科的主编,着力构建国家百科知识体系;完成《辞源》百年来的第二次修订,着力构建国家语言工具书知识体系;完成"二十四史"及《清史稿》修订工程中的《新五代史》《旧五代史》修订,出版《清代秋审文献》《毕沅文集》,启动"海外中文古籍总目"工程,着力构建国家古籍整理知识体系。

通过实施品牌经营战略,集团的品牌影响力获得了大幅提升,在全球、亚洲和全国等重要排名榜单中位置突出。五年间,集团连续入选"全国文化企业 30 强",排位从全国第 8 位跃居前 4 位;

连续三年进入"全球出版业 50 强",位居全球第 15 位;连续两年入选"亚洲品牌 500 强",由第 396 位上升到第 331 位。BIBF 的世界影响与日俱增,"读懂中国"沙画广告饮誉国际,韬奋 24 小时书店国内瞩目,品牌单位分支机构建设初见成效。

2. 资产总额和销售收入双双翻番有余,利润总额逼近翻两番,综合经济实力显著增强

2015 年,集团面临比较大的经济增长压力。上半年,在时间过半、营收完成不到 1/3、利润完成不到 1/4 的严峻形势下,集团紧急采取了一系列措施,最终取得了不错的效果。出版主业保持了比较强劲的增长势头,营业收入和利润总额大幅超越"双八"指标。由于其他经营遭遇宏观经济下行的巨大压力,特别是艺术品经营和大文化贸易下滑明显,集团整体依然顶住了压力,基本实现了稳中有升。

据财务季报口径,2015 年集团资产总额为 177 亿元,增幅 18%;所有者权益 93 亿元,增幅 36%;营业收入 92 亿元,增幅 3.3%;利润总额 9.5 亿元,与上年基本持平。其中,股份公司资产总额为 84 亿元,增幅 11.6%;所有者权益 45 亿元,增幅 18.4%;营业收入 41 亿元,增幅 18%;利润总额 6.8 亿元,增幅 28.7%。

3. 加大改革力度,提高创新能力,企业治理能力现代化水平显著增强

集团坚持人才强企战略,积极推进干部人事制度改革,全面贯彻民主、公开、竞争、择优的方针,健全干部管理体制,在创

新机制等方面进行改革探索，选人用人公信度和满意度逐年提高；在职位设置方面，推行党政领导班子交叉任职，加大干部交流力度，增强领导班子整体功能；在领导结构方面，年龄结构、专业结构、知识结构不断改善，领导干部队伍素质不断提高；在干部储备方面，建立了45岁以下干部为主体的集团公司中层管理岗位后备干部队伍，为提高集团核心竞争力、推动科学发展提供坚强的组织保证和人才支撑。以德为先、德才并举、五湖四海的选人用人格局逐步形成。

集团党组管理的干部达125人，比集团成立之初增长近一倍；调整任免干部近200人次，覆盖全部14个成员单位；公开选拔了103名后备干部和300名"三个一百"人才。累计培训3000多人次，建立了多层次、多主题、涵盖国内外的教育培训体系，结合实际、学以致用的学习格局逐步形成。

4. 积极推动产业升级，由点带面实现突破

集团积极实施数字化战略，"（1+6）×4"的数字化战略架构初步形成，在专业数据库建设和内容资源数字化方面取得了不错的进展，在数字渠道和数字服务平台的建设方面取得了一定的突破，在企业经营管理流程数字化方面也有稳步推进，尤其是"译云""易阅通""中华经典古籍库"等项目建设取得突出成就，为集团数字化战略拉开了格局、打下了基础、开辟了阵地。

2015年，集团数字化收入达到8.77亿元，同比增长30.7%。"中华经典古籍库""百种精品工具书"数据库等一些重点项目，依

托优质内容资源、专业研发团队和新技术的有机融合，取得了明显的社会效益和可期待的经济效益；百科三版、"易阅通"、"华音"、"译云"、"影像中国"、大佳网等一批特色平台积极推进，"译云"的智能翻译日均访问量达 3000 万次，覆盖 32 个语种，在全球首创直播视频同步字幕翻译技术；"诗词中国"项目，打造了一个即时交互的创作、交流、传播多功能移动终端平台；数媒公司成功举办首届"海峡两岸原创文学创作大赛"，集聚了一批品质较好的网络原创作品资源；翻译业务数字化和"自出版"也正在酝酿新的突破。

5. 不断推进和优化资源整合，充分发挥集约优势

集团正在积极推进集团化战略，以更好地配置资源、提高效率，充分发挥集约优势。在外部整合方面，集团先后重组了研究出版社、新华印刷有限公司、上海九久读书人公司等一批企业，进一步增强了集团的品牌竞争力。在内部整合方面，资金集中管理成效显著，全年净收益 1.2 亿元，节约财务费用 1010 万元；纸张整合销售收入 5.62 亿元，集团外收入同比增长 71%；印务整合初见成效，新华印刷承接的集团内业务同比增长 65%。接下来，集团即将召开集团化战略推进会，就并购重组、内部整合等重大事项进行总体部署。

6. "走出去"工作持续推进，国际影响不断提升

通过实施国际化战略，集团在版权、项目、翻译、数字化、人才和机制六个方面进行了全面部署，经过几年的努力，取得了

一系列突破，国际影响力持续攀升，国际合作取得实效，海外传播能力不断增强，版权输出品质和数量持续提高，尤其是在"一带一路"国家倡议中发挥了文化产业的表率作用。

2015年，我们举办了首届"一带一路"主题论坛，与阿拉伯出版商协会签署战略合作协议；BIBF邀请阿联酋作为主宾国，集团50%的版权输出"一带一路"国家；《普什图语汉语词典》作者荣获阿富汗总统颁发的杰出贡献勋章，《中华文明的核心价值观》输出俄语、哈萨克语、吉尔吉斯语等11个语种，《丝路文库》出版8种阿拉伯经典。

我们"2015中国图书对外推广计划"综合排名第一，版权输出实现8%增长。荣获伦敦书展"国际出版卓越贡献主席大奖"和三个提名奖，获奖数量位居全球第一。BIBF吸引82个国家和地区的2302家参展商，参展规模位居全球第二。中图圆满承办中非媒体领袖峰会，获得国新办主要领导表扬。与学习出版社合作首发了9个语种的《百年潮·中国梦》影像产品，与杜克、夏威夷、剑桥大学等出版社签署了《中国近现代经典文库》英文版战略合作协议。

三、中国出版集团未来发展展望——"十三五"构想

在最近的一系列调研活动中，集团上下纷纷表示，"三化目标""六大战略"经受了"十二五"发展的实践检验，对"十三五"

仍然具有战略统领和战略指导的意义。但是，也应该看到，宏观经济形势不同了，我们的经济规模不同了，出版业强弱分化的趋势更加明显了。客观上看，我们已处在一个新的发展阶段。经研究，我们明确将"调速度、调结构、强导向、强质量、强动力、强党建"作为"十三五"期间深化"三六构想"的新的战略重点。

调速度：我们将集团的发展速度调整为年增 6.5% ～ 8% 这个有一定弹性的区间，既和国家宏观经济走势相适应，也和我们2015 年确定的 8% 的指标相衔接。从过去出版产业逆势上扬和2015 年股份公司比较强劲增长的情况看，多数出版单位保持中高速增长，经过努力是完全可以做到的。对于集团整体而言，保规模、中高速应该是我们经济工作的基本追求。

调结构：宏观上，在扩大现有优势板块的基础上，做大做强新兴产品板块；在巩固现有渠道的基础上，增强线上线下的市场竞争能力；在股份公司增强专业化发展优势、持续做大文化影响的基础上，集团公司要积极探索适度多元，培育新的经济板块；微观上，要优化出版结构，增加数字出版的比重，调整专业书与大众书、畅销书与常销书、新版书与重印书比例，控制丛书、套书、全集等大部头项目出版节奏，压缩平庸低效图书占比，提升单品种创利能力。

强导向：主要做法是一方面强化总裁办公会、党组会专议导向制度，强化导向管理的十二项机制，召开全集团重大选题论证会，加大导向管理培训力度；另一方面围绕党和国家工作大局，积极做好主题出版，加大资金精准投放。

强质量：主要做法是建立内部质量通报制度，确保出版物质量合格。同时树立新的质量观，使大家认识到，强出版质量就是强出版主业、强内容创新、强文化影响。选题要力求站在时代的前沿，站在历史的深处，攀登文化的高峰，打造影响当代、传诸后世的时代精品。

强动力：强化精神性动力，增强责任感和使命感；强化科技性动力，加快推动数字化升级；强化资本性动力，努力提高资本运作水平；强化管理性动力，不断加大资源整合力度；强化制度性动力，持续创新体制机制。

强党建：严格按照中央要求，坚决落实党风廉政建设的主体责任和监督责任，落实好组织领导、队伍建设、正风肃纪、规范权力、支持保障、示范表率责任，各级纪检组织发挥好监督、执纪、问责作用。各级群团组织要积极建设具有集团特色的企业文化，凝聚企业发展的思想动力。

我们2016年及"十三五"工作的目标，是通过努力，实现发展方式从规模扩张型向规模和质量效益结合型转变，从资源发展型向资源和创新驱动结合型转变，从速度增长型向速度和协调发展结合型转变，最终实现集团产业从"又快又好"向"又好又快"的协调、可持续发展的转变。

进一步深化出版体制改革面临的形势、问题与对策分析★

　　"十二五"时期,我国出版体制改革阶段性地完成了以集团化、证券化为重要标志的规模化发展,出版产业的整体实力有了显著提升。出版在文化领域率先推进政企、政事、政资、管办"四分开",实现印刷复制单位、发行单位、经营性图书音像电子出版社、非时政类报刊出版单位转企改制"四到位",推动公益性出版单位编辑宣传和生产经营"两分离"。成功组建130多家出版传媒集团,其中以图书出版为主的集团35家。与2010年相比,2015年全国出版、印刷和发行服务实现营业收入21449.4亿元,增长73.3%;利润总额1678.5亿元,增长56.0%。

　　在出版业总体增长的情况下,如表1第一部分所示,唯有图书保持强劲增长,其他类型的传统出版物均表现为不同程度

★　作为中央党校第41期中青一班一支部学员的毕业论文,撰于2017年1月10日。载于《出版广角》2017年3月上期。

的衰退。如表 1 第二部分所示，出版物的产品贸易、版权贸易中，输出增长明显，逆差缩小明显，表明出版产品的国际竞争力有所增强。如表 1 第三部分所示，数字出版营业收入 5 年增长了318.70%，在出版营业收入中所占比重由 2010 年的 8.5% 增加到2015 年的 20.5%，增长势头十分强劲，并在实施出版"走出去"战略、扩大出版的国际竞争力中发挥了后来居上的重要作用。

表1　2010～2015 年中国出版物的出版和贸易变动情况

一	2010 年总品种	2015 年总品种	增长率	2010 年总印数	2015 年总印数	增长率
图书	328387 种	475768 种	44.88%	71.71 亿册（张）	86.62 亿册（张）	20.79%
报纸	1939 种	1906 种	−1.70%	452.14 亿份	430.09 亿份	−4.88%
期刊	9884 种	10014 种	1.32%	32.15 亿册	28.18 亿册	−12.34%
录音制品	10639 种	9860 种	−7.32&	2.39 亿盒（张）	2.34 亿盒（张）	−2.09%
录像制品	10913 种	5512 种	−49.49%	1.85 亿盒（张）	0.6 亿盒（张）	−67.57%
电子出版物	11173 种	10091 种	−9.70%	2.59 亿张	2.14 亿张	−17.3%
二	2010 年贸易量	2015 年贸易量	增长率	2010 年贸易额	2015 年贸易额	增长率
出口书报刊	945.46 万册（份）	2112.45 万册（份）	123.43%	3711.00 万美元	7942.60 万美元	114.03%
进口书报刊	2881.87 万册（份）	2811.75 万册（份）	−2.43%	26008.58 万美元	30557.53 万美元	17.49%
出口音像电子出版物	101.87 万盒（张）	11.98 万盒（张）（含数字产品）	−88.24%	47.16 万美元	2542.97 万美元（含数字产品）	5292.22%

（续表）

进口音像电子出版物	62.95 万盒(张)	11.62 万盒(张)（含数字产品）	−81.54%	11382.70 万美元	24207.67 万美元（含数字产品）	112.67%
输出版权	5691 种	10471 种	83.99%			
引进版权	16602 种	16467 种	−0.81%			
三	2010 年收入	2015 年收入	增长率	说明		
数字出版总量	1051.79 亿元	4403.85 亿元	318.70%	2006 年 213 亿元		
移动出版	349.8 亿元	1055.9 亿元	201.86%	指彩铃、铃声、移动游戏		
网络游戏	323.7 亿元	888.8 亿元	174.58%			
网络广告	321.2 亿元	2093.7 亿元	551.84%			
电子书	24.8 亿元	49 亿元	97.58%			
博客	10 亿元	11.8 亿元	18.00%			
网络期刊	7.49 亿元	15.85 亿元	111.62%			
数字报纸	6 亿元	9.6 亿元	60.00%	指报纸网络版，不含手机报		
网络动漫	6 亿元	44.2 亿元	636.67%			
在线音乐	28 亿元	55 亿元	96.43%			
在线教育	—	180 亿元				

但与此同时，出版产业依照既有模式发展的速度已越来越接近天花板，最近几年作为出版核心业务的内容生产出现了下滑趋势，出版产业在发展质量和发展效率等方面暴露出的问题也越来越多。在"十三五"时期，如何通过深化出版体制改革，进一步

解放出版生产力，真正解除束缚产业发展的传统体制和僵化机制，使产业发展满足新时期的新要求，在推进"四个全面"战略布局、提升文化自信中更好地发挥作用，是一个值得深入研究的重要课题。

一、改革的新形势和新要求

党的十八大以来，以习近平同志为核心的党中央，先后提出"五位一体"总体布局、"四个全面"战略布局、五大发展理念和"四个自信"的治国理念，包括出版产业在内的文化产业，在国家总体战略中处于越来越重要的地位，在实现"两个一百年"奋斗目标的历史进程中所担负的责任也越来越大。

加快文化改革发展，对于坚定文化自信、增强文化自觉、建设文化强国至关重要，对于探索提供"中国方案"、提高国家文化软实力、建构新的全球治理体系至关重要。

出版产业要跟上新形势、适应新要求，一方面要始终坚持把社会效益放在首位，实现社会效益和经济效益的有机统一；另一方面也必须保持又好又快的增长，将强大的竞争力和传播力体现在实实在在的各项发展指标上，切实实现产业发展。在到2020年全面建成小康社会的整体指标中，有经济的指标、社会的指标，也有文化的指标。文化的一个重要指标，就是文化产业要成为国民经济的支柱性产业。按照经济学界的共识，就是这个产业的增加值要占到 GDP 的 5% 以上。据测算，到 2020 年，我国 GDP 总量要达到 100 万亿～ 110 万亿元这样一个总量，文化产业要成为支柱产业应当达到 5 万亿～ 6 万亿元的规模。而在 2014 年和 2015 年，文化及相关产业的增加值分别为 2.39 万亿元和 2.72 万亿元，分别占 GDP 的 3.76% 和 3.97%；相应的，出版产业的增加值分别为 5500 亿元和 8400 亿元，在文化产业中所占的比例分别是 23% 和 31%。这组数字说明，文化产业正在向支柱产业逼近，而其中的出版产业则在其中担当着"领头羊"的作用。未来五年，出版业要继续保持这样的份额，年均增长速度应当保持在 8%～ 9%。

出版产业要实现这样的指标，依靠当前的发展模式和发展质量，是力不从心的。因此，必须进一步深入推进出版体制改革，重点破解制约产业快速健康发展的桎梏，使出版企业成为真正有活力的市场主体，优化产业资源的配置，充分解放和发展其生产力。

二、"十三五"之前出版体制改革的成就与问题

最近一轮的出版体制改革始于 21 世纪初，其力度和速度前所未有，为出版产业的快速发展提供了强劲动力。最近十多年来的体制改革，撮其大要，主要在以下几个方面有了巨大突破，但同时也存在相应的问题。

（一）企业化和市场化

出版的企业化与市场化进程是一致的，对于出版单位来说是企业化，对出版行业来说则是市场化。

2002年，党的十六大第一次明确地把文化区分为公益性的"文化事业"和经营性的"文化产业"，将发展各类文化事业和文化产业置于同等重要的位置。"文化产业"的发展策略主要分三个步骤：

第一步是由事业单位转制为企业。国有资产的所有权和经营权分开，授权出版单位经营国有资产，为出版企业实现法人治理、建立现代企业制度创造了基础条件。

第二步是在保持国有资产绝对控股的前提下，推进出版企业进行股份制改造，容许资本多元化，为完善现代企业的法人治理结构提供了资本条件。

第三步是推进出版企业进入资本市场，不仅容许符合条件的出版企业在国内外上市融资，而且鼓励出版企业进行跨地域、跨行业、跨国界的战略投资，包括进行企业间的联合、兼并与重组，为出版企业真正成为市场经济竞争主体提供了发展条件。

在体制机制改革的现实步骤上，按照"区别对待、分类指导、循序渐进、逐步推开"的原则，出版单位转制为企业经历了从试点到全面铺开的过程。在中央一系列政策和行政主管部门一系列措施的强力推动下，出版业的转企改制一时风生水起。至2010年，全部的地方出版社、103 家高校出版社和 158 家中央出版社完成了转企改制。

但是，到目前为止，在出版单位普遍转为企业的情况下，出版行业的市场化程度仍然还不够高，还存在着不少计划经济的残存与影子。这方面的主要问题有：

一是产业格局同质化严重。我国的出版社大体上可以分为国家级出版社、中央部委所属出版社、地方出版社、大学出版社四大类。国家级出版社有十几家，原由新闻出版总署直接领导，通过组建中国出版集团公司率先完成转企改制，是综合性出版机构。中央部委所属出版社有 200 家左右，大学出版社有 100 家左右，这两类出版社占总量的一半，根据主管部委和高校的性质及专业分工，又可分为社科综合类、法律类、科技类、教育类、财经类、军事类等。这些出版社之间有分工，但分工过细，有大量的交叉重叠。地方出版社则体现出更大的重构性，基本上都是由人民、教育、文艺、美术、古籍、少儿、科技等类型社组成。从地区上看，我国出版社最集中的地方当数北京，有 220 家左右，其次是上海，有近 40 家。其余各省的出版社数量大体相当，都在十几家左右。如此的条块排列，组合成了我国当下出版社的基本格局，就是领域分割、区域分割、专业过细、同质严重。

二是出版物结构不合理。突出地表现在教材教辅占用出版资源的比例过大，出版利润的相对单一化驱动明显。由于教材教辅市场的高利润，致使各家出版单位都想从中分一杯羹。2015 年，全国新华书店系统、出版社自办发行单位纯销售收入 781 亿元，其中教材教辅约占 60% 即 470 亿元左右。鉴于教材教辅基本由各省出版、发行，各省之间的竞争不够充分，省域割据和地方保护明显，形成了市场资源的垄断。

在图书纯销售十多年来缓慢增长的同时，图书库存的总量却在持续快速增加。自 2005 年开始，总库存即超过了纯销售，且存销比逐年拉大。2012 年纯销售 712.6 亿元，总库存 884 亿元；2014 年纯销售为 778 亿元，总库存 1010 亿元；2015 年纯销售 781 亿元，总库存业界估算已达 1200 亿元。存销比的放大说明出版业的"供给侧结构性改革"迫在眉睫，应当从选题、提印、考评三个方面寻求突破。

出版范围的高度相似性和过度的同质化竞争又使得出版物的整体质量得不到保障，精品力作匮乏，扛鼎之作鲜见。如此单一而重构的出版结构不利于我国出版市场持续健康地发展。

三是地区壁垒高筑。随着各地出版集团的组建，尤其是各省新华发行集团划拨给出版集团后，各地出版集团因对本省市场的绝对控制而实力陡增。各地纷纷"划地而治"、控制本地市场，出版产业中的"市场空间结构"失衡现象由此产生。全国范围内，华东、中南为最具竞争力的出版物发行市场，东北、西北、西南等偏远地区自是不可同日而语，即便北京、上海两地，虽然市场吸收能力强，但也因两地的出版企业多、竞争剧烈而难以望华东、中南之项背。地域分割和壁垒，是各地出版发行集团组建以来遇到的新课题。尽管政策层面上极力推动跨地域连锁经营，但短时间内这一"省域壁垒"仍难以打破，跨地区并购仍然举步维艰。

（二）集团化

2002 年后，我国陆续改造和组建了 35 家企业性的出版集团，这些集团已经成为国内出版竞争的主体。2015 年，全国排名前10 位的出版集团共含有 98 家出版社，数量占全国的 16.8%，将近 1/6；动销品种占有率为 24.4%，将近 1/4；销售码洋占有率则为 35.3%，超过 1/3。这组数字说明，前 10 家集团已经具备较强的竞争优势。但与此同时，2015 年，全国 35 家出版集团共有246 个下属出版社，占全国的 42.1%；动销品种占有率为 44.7%，销售码洋占有率为 50.8%。这组数字则说明，从全部出版集团来看，纳入集团的出版社与集团外的出版社相比，在产品生产能力方面的相对优势并不大。

占据强势地位的出版集团，为新的出版产业格局作出了三个方面的贡献：一是省级集团在各自地域内出现了一家独大的出版实体，不仅整合了旗下出版单位的出版资源，而且为本地域的出版文化产业链延伸和完善提供了强大的力量；二是从全国范围内来看，出版产业内部出现了势均力敌、相互竞争的十来家出版实体，市场竞争的规律将更为顺畅地引入到出版产业内部，为出版产业进一步的体制改革提供了新的动力；三是培育了能与国际出版巨头开展竞争的出版实体。

但是目前的集团化格局仍然存在不少问题：

一是产权结构单一，内部活力不够。国际大型出版集团大多是所有权与经营权分离，企业所有者并不直接参与企业经营，激励约束机制比较健全，经营管理更加高效。我们的集团产权结构比较单一，经过股份制改造的集团，国有比例仍然过高，导致其他股东参与治理和经营的积极性不高，内部活力不够，竞争力有待提升。

二是经营规模较小，集团化优势不突出。国际大型出版集团大多有上百年历史，经过了无数次的兼并重组，其资产规模、经营规模等主要数据远远高于国内的出版集团。国内的集团目前仍然以内生增长为主，且对教材教辅的依赖性较大，经济增长点不多。融资上市的出版集团，在并购对象的选择上也有诸多限制。

"十二五"期间，虽然 TOP10 出版集团的市场占有率有所提升，但总体而言市场集中度仍然偏低。与发达国家相比，比如在法国

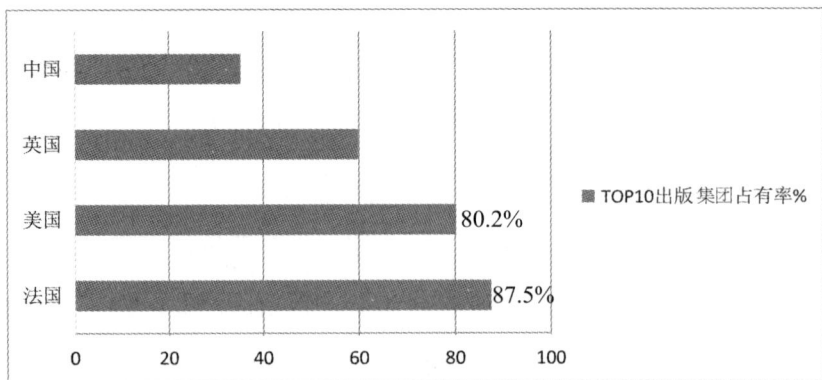

图 1　2015 年相关国家出版市场集中度

（见图 1），位于榜单前 10 位的出版商控制了 87.5% 的份额；在美国，10 大出版商的市场份额高达 80.2%。

韩国营业额超过 1500 亿韩元的大型企业不超过 9 家，大都是教育出版社。波兰年收入超过 400 万英镑的 35 家大型出版社持有市场份额的 75%，排名前 5 的出版社市场占比达 37%。在英国，5 大出版社（不包括独立出版联盟）的市场份额达 50.8%，前 10 大出版社的市场份额高达 59.8%。

从图 2 可以看出，"十二五"期间，我国 TOP10 出版集团市场集中度情况。这些集团市场占有率的提升与动销品种占有率的提升，粗看是基本同步，但仔细分析就可以发现：动销品种占有率五年间上升了 22.62%，但销售码洋市场占有率仅提升 15.32%。这说明市场份额的提高，主要还是依靠品种规模的扩张，出版效

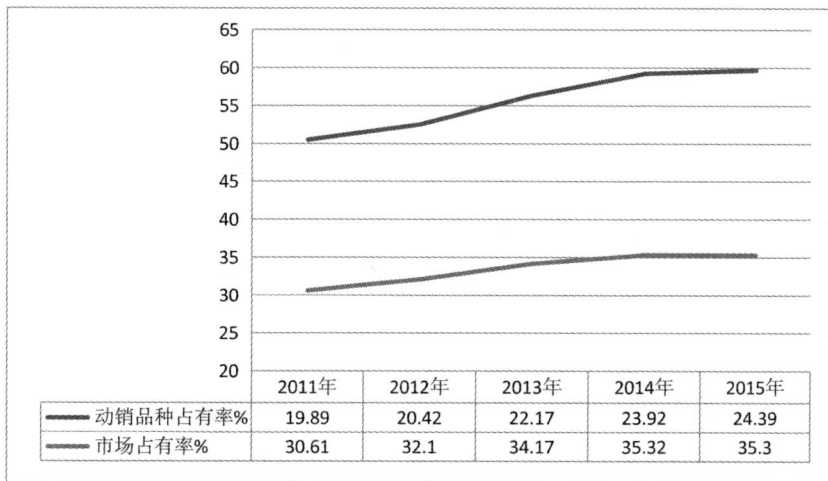

	2011年	2012年	2013年	2014年	2015年
动销品种占有率%	19.89	20.42	22.17	23.92	24.39
市场占有率%	30.61	32.1	34.17	35.32	35.3

图 2 "十二五"期间中国 TOP10 出版集团市场集中度

率不但没有显著提高，反而在下降。集团化的成效并不显著。

三是产业范围狭窄。国际大型出版集团多数是包括图书出版的跨媒体、跨地区、跨国经营的，其业务范围涵盖影视、广告、数据服务、教育、资讯等许多方面，单纯的出版集团并不多见。我们的集团则多数划区域为牢、划行业为牢，在产权关系等方面没有打破地域壁垒，在多媒体经营方面受到政策制约，因而多以传统出版为主，虽然多数名为"传媒集团"，但实际上大都还没有形成成熟的多元经营结构。

四是资本运作能力弱。收购与兼并已经成为国际出版集团扩张的主要方式，大规模兼并使得许多跨国集团在海外的收入超过了本土收入。我们的集团则受到区域行政管理和所有制形式等多种因素的制约，受到地方、部门及行业保护主义的钳制，通过兼并重组实现外延式扩张的欲望受到压抑，总体上的资本运作能力不强。

（三）国际化

随着集团化与证券化进程的加快，中国出版企业的实力也在快速增长，其对国际市场的重视程度也越来越高。出版"走出去"在作为国家战略要求的同时，也成为企业的市场化选择。近年来，中版、中国教育、凤凰、中南、浙江等 5 家出版集团陆续进入全球出版企业 50 强，还有不少出版、印刷、发行以及新媒体企业在境外上市，进行海外并购、设立海外机构的案例也越来越多。

中国出版企业的国际化进程正在加快。

整体上看，我国的出版品种规模是世界第一、遥遥领先；出版市场规模位列全球第三，五大出版国的位次基本确立。但是，我国的出版在国际化方面还有三大欠缺：

一是从企业的影响力看，目前还没有一家出版集团达到国际超大型出版集团的规模，没有一家集团是跨国公司，参与国际出版经营、国际出版业资本运作和兼并重组的能力还比较弱。

二是从出版物的影响力看，我们的图书、报刊在国际上畅销的很少，对全球文化的辐射力、影响力还比较弱，我们的出版产品目前还主要是提供给国内消费。

三是从出版人的影响力看，我们的职业出版家、出版经纪人、版权经纪人队伍还不够强，在国际上的影响力和整合国际出版资源的能力虽然这些年有所提升，但还远远不够。一些出版企业的领导人是由官员转过来的，短期内还有一个先要适应国内出版生态，然后才有可能参与国际出版竞争的问题。

总之，在加快出版"走出去"，提高出版国际化水平方面，我们还任重道远。

三、对策分析

"十三五"时期，出版体制改革进入深水区。只有进一步下决心打破体制机制的束缚，啃下束缚产业发展的几块硬骨头，才能促进出版产业在激烈的产业转型期健康快速发展。我以为主要应当采取如下对策：

一是通过管办分离，打破地区壁垒。通过探索建立出版系统全国直管模式、彻底实现管办分离等办法，打破地区壁垒对产业发展的严重制约。目前出版集团虽已成为出版产业的主力军，但其明显的"省域"格局，一方面助长了地方保护主义的盛行，提高了产业兼并重组的难度；另一方面也增加了出版物流通的成本，不能充分发挥中国这个大市场的竞争优势——而这一竞争优势，是诸如电商、物流、高铁等其他产业相对于海外所具有的明显优势。不打破地域壁垒，就不利于出版资源在国内的整合、流通，阻碍统一、开放、竞争、有序的全国出版大市场的健全，也不利于国内出版企业参与海外竞争。打破地域壁垒的关键，是进一步加大地方出版企业管办分离的力度。目前，各个出版集团虽然名义上实现了与当地新闻出版广电局、宣传部的管办分离，但其人事权、财政权甚至决策权，都还牢牢地掌控在主管部门手中。探索建立出版系统的全国直管模式，真正实现集团与当地或所在行业主管部门的管办分离，是一条可行的道路。

二是通过资产重组，打造龙头企业。通过全国范围内的资产重组、放开市场竞争等办法，尽快打造一家或几家出版龙头企业，整合国内市场，参与国际竞争。出版集团虽然已经成为出版产业骨干力量，但从行业集中度这一指标来看，出版产业仍处于分散经营状态，没有哪一家或者哪几家出版企业，能够真正称得上是出版龙头、行业巨头。反观其他行业，石油系统的中石油、中石化、中海油，电信领域的中国移动、中国联通、中国电信，都是行业内真正的龙头企业，都能够对国内资源进行有效配置，都能够打破地域壁垒，都具备和海外巨头展开竞争的经济实力。出版产业本身规模就不大，再分散在各个行政、行业区划内，几十家集团各自为战，就很难通过市场行为产生一家或几家龙头企业。具备品牌优势和产品竞争力的中国出版集团、中国科技出版集团等中央出版企业，受地方保护主义所限，也很难通过资本运作，实质性地跨地区发展，在与国际出版巨头的竞争中，也很难占据优势。打破这一格局，需要中央政府下决心进行全国性的出版集团资产重组，就像当年对于石油、电信等行业的重组那样。

三是放宽行业政策，鼓励跨行业融合发展。在坚持把社会效益放在首位、实现社会效益和经济效益相统一的前提下，国家出台相关政策和举措，打破行业壁垒，鼓励出版集团向全媒体集团发展。如前所述，业务单一是国内出版集团的主要缺陷，造成这一缺陷的原因是多方面的，但行业壁垒是主因。目前已经上市的出版企业，已经解决了发展资金不足的问题，但从其市场表现来看，其战略方向尚不明确，虽大多表示要跳出出版做出版，但在介入影视、教育、新闻、广告等相关领域时，依然困难重重，其中既有人才匮乏、激励机制不到位的问题（因政策限制无法到位），也有行业限制的问题（因政策限制，有的是不允许，有的需要办理多种许可证）。

从上市出版企业过去几年的发展来看，出版板块的毛利率在企业内各个板块中的排名呈下滑趋势，说明各企业都在积极尝试开拓利润率更高的业务板块。但这些业务，能否与出版业务产生良好互动，是否有助于出版集团向全媒体集团转型，还有待观察。

从表2可以看出，2011年，7家上市企业的出版业务毛利率均位居各业务板块前3之列；而到2014年，已有3家企业的出版业务毛利率跌出前3。一些企业出版业务毛利率排名下滑的原因，是由于其投资、培育的新业务板块毛利率较高，如凤凰传媒，2011年到2014年，其出版业务毛利率一直稳定在31%以上，但其主营业务板块从2011年的2个增加至2014年的7个，新增的软件业务毛利率为78.64%、游戏业务为72.26%、影视业务为53.44%，都远远高于出版业务；中南传媒和中文传媒也存在类似情况，中南传媒四年间出版业务毛利率稳定在27.5%上下，但新成长起来的金融服务业务毛利率高达63.63%；中文传媒出版业务毛利率虽从20%上升到了近22%，但由于其他业务板块的崛起，出版业务毛利率排名仍下滑至第4位。值得注意的是，出版业务毛利率下滑较为突出的中南传媒和中文传媒，其出版业务收入和利润占比在7家企业中也同样居后，也从一个角度说明了出版业务毛利率的下滑与其在企业各业务板块中地位下降的联系。

表2　2011～2014年7家上市出版企业出版业务毛利率排名变化情况

企业＼毛利率排名＼年度	2011	2012	2013	2014
凤凰传媒	2	4	4	6
中南传媒	3	3	4	5
长江传媒	1	1	1	1
大地传媒	1	1	1	1
中文传媒	2	2	2	4
出版传媒	2	1	1	1
时代出版	2	2	1	2

　　放宽文化相关领域的行业政策，贯通"大文化"产业，在政策上支持出版与广播、影视、演艺、网络科技、教育培训等方面的跨行业融合发展，是推动出版集团向全媒体集团转型、实现相关多元发展的重要途径。

　　四是放宽行政管理，放权力、强动力。体制机制创新不够，已成为束缚出版产业转型发展的主要问题，也是进一步深化出版体制改革所必须聚焦的问题所在。行业主管部门要进一步放权，处理好政府与市场的关系，做到不越位、不缺位、不错位。其中最重要的，就是不越位。原有的管理模式中，行政化色彩还有很大的残存；对企业经营者的管理往往等同于对公务员的管理；对产业外资本进入的限制，制约了国企与民企的合作；对产品内容的限制，造成内容创新较难、审读成本升高；整个出版生产过程，事前、事中、事后都需要通过行政部门，影响了生产效率和效益；

由政府主导的各种出版活动，比如每年有大大小小的十几个会展、评比，增加了企业成本。因此，需要在保证出版的政治方向和社会效益导向的前提下，改变行政化管理方式，放宽行政管理，通过进一步放权，强化动力与活力。

五是集中财力，建立出版国际化并购产业基金。从国际大型出版企业的发展经验来看，国家力量在出版产业的"走出去"进程中发挥了重要作用。无论是二战期间的美国出版业，还是经济崛起后的日本出版业，都在国家意志的引领下，实现了出版业的国际化发展。他们最重要的做法之一，就是在国家层面进行顶层设计，在资金、渠道、人才、政策等方面给予或明或暗的支持。我国在出版"走出去"方面的投入近年来一直在加大，但总的来说，资金的扶持还是不够集中，资金扶持的重点还是单个产品或项目。建议今后的资金和政策扶持重点，主要放在企业海外并购的方向上，真正推动中国出版企业在海外扩张、拓展，形成跨国经营的真正的国际出版传媒集团。

企业、职工同发展　开拓、稳健谱新篇★

　　新华书店总店过去三年特别是 2016 年取得的成绩，不仅为下一步更好更快发展奠定了基础，同时也给集团的整体发展增光添彩，增加了一股很重要的力量，在集团的地位、分量越来越重。总店这三年来各项工作取得的突出进展，是新班子、业务骨干和总店全体职工共同努力的结果。

　　对于总店近三年特别是 2016 年所做的工作，我谈三点看法。

　　第一点，实现了负责任的增长。首先，集团要求的增长，和国家宏观经济趋势一样，这几年一直在调整。2016 年下半年以来，总书记在各个场合讲，经济工作要稳中求进。对于总店，由于历史上的原因，底子比较薄，基础比较弱，如果也按照 6% ～ 8% 的速度增长，就会错失一些良机。因此，当前总店班子制定的 10% 以上的、比集团平均速度高得多的增长速度，于总店是必要的，于集团也是必须的，这样一个速度的取舍、进退的取舍，

★　2017 年 1 月 20 日，在新华书店总店 2017 年度工作会议上的讲话。

我认为是负责任的，是符合总店内在要求和发展实际的。其次，2016 年收入增长了 17%，利润增长了 104%，这个很重要。但是更重要的一个数据是职工的平均收入增长了 38%，这个增长速度非常重要。过去我们有不少单位对于企业收入的增长很在意，但是对于职工的收入增长不太在意，这是忘记了党领导下国企的宗旨，我们的宗旨就是为人民服务、为本企业的职工服务。如果我们企业的发展与职工收入的增长、与职工个人事业的成长不能够紧密地关联起来，谈发展就是无本之木。在保障全体在岗员工收入增长的基础上，调整收入分配的差距，以杠杆作用激励大家积极性，也是一个负责任的做法。第三，这样的一个增长，使得总店在集团的地位，在行业的地位得到大大的改善，为未来进一步的拓展打下了一个好的基础。像总店这样一个改革开放初期做出了牺牲的企业，现在发展势头不错，对于行业、对于集团地位的巩固，都起到了至关重要的作用。这也是一种责任；互联网形式下，总店这样的一个老品牌能够通过融合发展获得新生，也是一种担当。

第二点，总店这几年的业绩为今后的发展攒足了底气。一个是文化创意产业园，这个项目很重要。2015 年，特别是 2016 年，在十分困难的情况下，改扩建工程有序推进，这是一个了不起的成绩。一期工程的顺利完成，意味着我们将来发展有了底气和基本的经济收入来源，我们做其他业务拓展的时候，少了后顾之忧。第二个有底气的地方就是，打造了中国发行网和大中专教材采选系统项目。这两个项目是集团重点项目，集团班子主要领导参与论证，并多次听取汇报。项目在推进过程中肯定会遇到困难，也会有新的问题需要我们面对和解决，在新的融合发展的形势下，把行业内外相关的人和资源整合起来，做与总店品牌相关联的，但同时又与时俱进的开拓，这是我们未来业务发展的方向。我们找到了一个好的发展方向。第三个底气是这一两年，新开拓的活动和项目，如国际出版论坛、《国际出版周报》，这些对于我们扩大在业界、国际上的影响，争取进一步的合作，逐步实现两个效益奠定了很好的基础。

第三点，大家看到了总店重新崛起的希望。2014 年以前，一度感到没有目标，看不到希望，有问题就容易爆发；现在也不是没有问题了，没有困难了，但因为大家看到了希望，大家明白在总店这个范围内，困难和问题是能够解决的，通过班子坚强有力的领导，通过全体职工的努力，我们能够面对和解决这些问题。人心思发展，管理有秩序，经营渐入佳境，人才队伍得到优化，找到了自己的定位和总店发展的联系，每个人都会投身到有希望的工作中。

对下一步的工作，我提几点希望和建议。

第一，加强党建，在统一思想中解放思想。按照习总书记系列重要讲话的精神，根据四个全面战略布局和六中全会全面从严治党的要求，把企业党的建设摆在一个优先的位置。从集团总部到各单位，党的领导不仅在思想上、政治上要加强，而且在组织上也要加强。加强的目的是什么呢？首先是要解决方向和定力的问题。四个意识中，政治、大局、核心意识都要落在看齐意识上，要向以习近平同志为核心的党中央看齐，目的是为了统一思想，要实现"两个一百年"这样一个宏伟的目标，没有一个统一的思想和意识很难做到。总店的同志应当有深刻体会，没有一个坚强有力的班子，总店的思想很难统一起来。在统一思想的基础上，要有一个好的思想路线和组织路线，好的组织路线是保障政治路线的实施和推进，一个企业要统一到谋发展这个轨道上。要上下一心，思想路线和组织路线要为这样一个目标服务。为实现"十三五"规划的目标，总店要在统一思想的基础上解放思想，在统一思想的大前提下开动脑筋，形成一个生动活泼、开拓创新的局面。班子定大的方针和原则，在这个前提下，具体怎么做、机制怎么改、新业务应该怎么开拓，要鼓励大家积极讨论、畅所欲言，这就是解放思想。比如，现在引进了一些人才，但是人才还是很匮乏，还要继续引进高端人才。引进高端人才以后或者引进过程中，必然会面临一些问题，待遇低了人才进不来，待遇高了又涉及工资总额、与原有职工干部的平衡等问题。为了未来的发展，我们能否承受给特殊人才支付更高的报酬、更好的待遇？这里有一个认知和牺牲的问题，说起来简单，做起来难。所以说机制改革，特别是引进高端人才是有难度的，这里面就有一个解放思想的问题。业务创新也有一个解放思想的问题，"一网一系统"，这里面就有一个当期投入和未来收益的关系，也有一个相关部门配合、协调主体业务和现有业务的平衡的问题，得有所取舍。因此，解放思想不是空想，而是与我们的实际工作相联系的。

第二，积极开拓，以品牌经营带动企业经营。总店已经取得了比较好的成绩，奠定了比较好的基础，但是还远远不够。总店目前最大的优势还是品牌优势，所以要紧紧围绕品牌这个资源优势来带动各项业务的发展。实际上，我们也正是这样做的——以品牌带动资本运营市场运作，以品牌带动融合发展，带动行业资源的整合，比较有代表性的是我们的"一网一系统"；以品牌带动产业服务，如我们搞的各种活动，像新华驿站；以品牌带动拓展国际影响，包括《国际出版周报》，起点高，影响力强，而且有特色；以品牌吸纳人才、吸引投资，已经开了个好头。所以大家要充分爱护总店这个品牌，无论在总店内部还是行业里面，要像爱护自己生命一样爱护这个品牌、维护这个品牌。

第三，稳定求进，以务实的精神落实既定的规划。"十三五"规划体现了总店上下的智慧，凝聚了大家的希望，集团也是充分肯定的，关键在于一件一件落实好。首先就是规划里面提到的重大项目落地生根。如"一网一系统"，不仅有进度问题，也要有效益问题，既要看到项目设计的合理之处和光明前景，更要注意的是规划如何落实。不光是执行项目的公司，其他部门也要积极配合，集团也会加大支持的力度，以实干的精神求实效。还有一个问题就是管理，现在总店的管理趋于完善，但还远远不够，离现代企业制度还有很大的差距。与一些先进的国有企业相比，我们在管理的科学性和先进性上，还有提升空间。最后就是人才，一方面需要引进外部优秀人才，一方面要进一步把现有人才的能量激活，要创新激励机制。人才建设抓得好，企业才有源源不断的发展动力。

站在新的起点，展望新的一年，希望大家在畅想总店未来的同时，也畅想自己，把自己的活力放大出来；在畅想总店未来的同时，也畅想集团，为集团建设多出力、多作贡献。